학으로 R 마스터하기

금융공학으로 R 마스터하기

R로 거래전략을 최적화하고
내 손으로 위기 관리 시스템 구축하기

에디나 벨린게르, 페렌츠 일레, 밀란 바딕스, 아담 바나이,
게르게이 더로치, 바바라 도모토르, 게르게이 개블러,
대니엘 허브런, 페테르 주하즈, 이스트반 마르기타이,
발라츠 마커스, 피테르 메드베예프, 줄리아 몰나,
발라츠 아르패드 슈스, 아그네스 투짜, 타마스 바다스,
커터 바러디, 어그네시 비도비츠던치 지음

김지영 옮김

Packt>

i!i
에이콘

| 지은이 소개 |

에디나 벨린게르 Edina Berlinger

부다페스트 코르비누스 대학Corvinus University에서 경제학으로 박사 학위를 취득했다. 동 대학 부교수로, 기업 금융과 투자, 금융 리스크 관리를 가르치고 있다. 금융 학과장이자 헝가리안 사이언스 아카데미의 위원장이기도 하다. 전문 분야는 대출 시스템과 리스크 관리, 네트워크 분석이다. 학생 대출 디자인과 유동성 관리, 이기종 에이전트 모델, 시스템 리스크와 같은 여러 연구 프로젝트를 이끌었다.

이 작업은 헝가리안 사이언스 아카데미Hungarian Academy of Sciences의 모멘텀 프로그램Momentum Programme(LP-004/2010)의 지원을 받았다.

페렌츠 일레 Ferenc Illés

외트뵈시 로란드Eötvös Loránd University 대학교에서 수학으로 석사 학위를 받았다.

졸업 후 몇 년 동안 계리 금융 수학을 연구하기 시작했으며, 코르비누스 대학교에서 박사 학위를 시작할 예정이다. 최근에는 은행에서 일했으며, 현재 통계 모델을 R로 만들고 있다. 그는 큰 네트워크나 계산 복잡도에 관심이 많다.

4

밀란 바딕스 Milán Badics

부다페스트 코르비누스 대학에서 금융으로 석사 학위를 받았다. 지금은 박사 학생이며, PADS PhD 장학 프로그램의 회원이다. 그는 금융 경제를 가르치고 있으며, 주요 연구 주제는 데이터 마이닝 방법을 이용한 시계열 예측과 금융 시그널 프로세싱, 이자율 모델에 대한 민감도 분석이다. 2014년 5월 헝가리 증권 거래소에서 주최한 X에서 상을 받았다.

아담 바나이Ádám Banai

부다페스트 코르비누스 대학에서 투자 분석과 리스크 관리로 석사 학위를 취득했다. 2008년 헝가리 중앙은행의 금융 안정 부서에 합류했다. 2013년부터 금융 시스템 분석회MNB의 응용 연구 및 스트레스 테스팅 부서의 책임자다. 2011년 이후 코르비누스 대학에서 박사 학위를 공부하고 있다. 주요 연구 분야는 솔벤시 스트레스 테스팅과 펀딩 유동성 리스크, 시스템 리스크다.

게르게이 더로치 Gergely Daróczi

열정적인 R 패키지의 개발자이자 랩포터Rapporter의 R 기반 웹 애플리케이션 창립자/CTO다. 현재 로스앤젤레스의 CARD.com에서 리드 R 개발자로 일하고 있으며, 사회학 박사다. 여러 해 동안 통계를 가르치고 데이터 분석 프로젝트를 하는 것 외에 10년의 R 프로그램 환경 경험이 있다. 사회학에 관한 여러 저널 기사 외에『R과 만나는 금융공학 – 기본편』(에이콘, 2016)의 공동 저자며, 『Mastering Data Analysis with R』(Packt, 2015)의 저자기도 하다.

바바라 도모토르 Barbara Dömötör

부다페스트 코르비누스 대학의 조교수다. 2008년 박사 학위를 시작하기 전에 여러 은행에서 근무했다. 기업 헤징에 대한 박사 논문을 썼다. 기업 금융과 금융 리시크 관리, 투자 분석에 대해 강의하고 있다. 주요 연구 분야는 금융 시장과 금융 리스크 관리, 기업 헤징이다.

게르게이 개블러 Gergely Gabler

2014년부터 헝가리 국립 은행 감독원의 비지니스 모델 분석 부서의 책임자다. 그전에는 2008년부터 에르스테 헝가리 은행에서 거시 경제 리서치 부서를 이끌었다. 2009년에 부다페스트 코르비누스 대학에서 금융 수학으로 석사 학위를 취득했다. 2010년 이후 부다페스트 코르비누스 대학에서 게스트 강의를 하고 있다.

대니엘 허브런Dániel Havran

헝가리 과학 연구원에서 박사 후 연구원으로 일하고 있다. 부다페스트 코르비누스 대학의 파트 타임 조교수기도 하다. 기업 금융과 크레딧 리스크 매니지먼트를 가르치고 있다. 2011년에 부다페스트 코르비누스 대학에서 경제로 박사 학위를 받았다.

헝가리 과학 아카데미의 박사 후 연구원 과정에 감사를 전한다.

페테르 주하즈Péter Juhász

부다페스트 코르비누스 대학에서 경영학으로 박사 학위를 받았으며, CFA를 갖고 있다. 조교수로써 기업 금융과 비지니스 평가, 엑셀의 VBA 프로그래밍, 커뮤니케이션 스킬을 강의하고 있다. 연구 분야는 무형 자산 평가와 비지니스 성과 분석 및 모델링, 공공 조달과 스포츠 매니지먼트의 금융 이슈다. 헝가리 회사의 금융 성과에 대한 여러 기사와 책의 저자다. 정기적으로 SME를 위한 컨설턴트로 일하고 있을 뿐 아니라 EY 비지니스 아카데미의 시니어 트레이너다.

이스트반 마르기타이 István Margitai

CEE 지역의 주요 은행 ALM 팀의 분석가다. 주로 방법론적인 이슈나 상품 모델링, 내부 이전 프라이싱 주제를 다룬다. 2009년 헝가리에서 자산−부채 관리로 경력을 시작했다. 통계적 유동성 관리와 유동성 플리닝에 경험이 있다. 부다페스트 코르비누스 대학에서 투자와 리스크 매니지를 전공했다. 연구 주제는 은행의 거시 경제와 시장 구조, 시장의 유동성이다.

발라츠 마커스 Balázs Márkus

10년 넘게 금융 파생 상품을 갖고 일했다. 카본 스왑부터 T−bond 퓨처에 이르기까지 다양한 종류의 파생 상품을 거래해왔다. 부다페스트 은행의 외환 파생 상품 책임자다. 헝가리 국립 은행의 파트 타임 분석가이자 소규모 독점 거래 및 컨설팅 회사의 이사다. 현재 부다페스트 코르비누스 대학에서 동적 헤징의 역할에 대한 박사 학위 과정에 있다.

피테르 메드베예프Péter Medvegyev

부다페스트 마크 카롤리 대학에서 경제로 석사 학위를 받았다. 1977년에 졸업한 후 헝가리 매니지먼트 개발 센터에서 컨설틴트로 일하기 시작했다. 1985년 경제학으로 박사 학위를 취득했다. 1993년부터 부다페스트 코르비누스 대학의 수학 부서에서 일하고 있다. 대학에서 통계 프로세스, 수학 금융, 그 외 수학에 관련된 여러 과목을 가르치고 있다.

줄리아 몰나 Julia Molnár

부다페스트 코르비누스 대학에서 금융으로 박사 학위를 받았다. 주요 연구는 금융 네트워크와 체계적 리스크, 금융 기술 이노베이션이다. 2011년부터 맥킨지 앤 컴퍼니에서 일하고 있으며, 은행과 관련된 여러 디지털과 이노베이션 분야에 참여하고 있다.

발라츠 아르패드 슈스 Balázs Árpád Szűcs

부다페스트 코르비누스 대학에서 금융으로 박사 학위를 받았다. 동 대학교의 금융 대학에서 리서치 어시스트로 일하고 있다. 투자 분석과 위기 관리에 석사 학위를 갖고 있다. 옵티멀 익스큐션과 시장 미세 구조, 볼륨 예측 연구에 관심이 있다.

아그네스 투짜 Ágnes Tuza

부다페스트 코르비누스 대학의 응용 경제 학위를 갖고 있으며, 파리 HEC 국제 금융의 입학생이다. 모건스탠리에서의 구조 상품 평가와 보스턴 컨설팅 그룹에서 관리 컨설팅의 경력이 있다. 활동적인 거래자며, 15살부터 관심 있었던 기술적 분석을 이용한 투자 아이디어를 갖고 TV에 매월 출연하고 있다. 여러 금융에 관련된 주제로 코르비누스 대학에서 티칭 어시스턴트로 일하고 있다.

타마스 바다스 Tamás Vadász

부다페스트 코르비누스 대학에서 경제로 석사 학위를 받았다. 졸업 이후 금융 서비스업에서 컨설턴트로 일하고 있다. 현재 금융으로 박사 학위를 공부하고 있으며, 주요 연구 분야는 금융 경제와 은행의 리스크 관리다. 코르비누스 대학에서 금융 경제와 투자, 기업 금융을 가르쳤다.

커터 바러디 Kata Váradi

2013년부터 부다페스트 코르비누스 대학의 금융 조교수다. 2009년 코르비누스 대학에서 금융으로 졸업했으며, 2012년 헝가리 주식 시장의 시장 유동성 리스크 분석이라는 논문으로 박사 학위를 받았다. 연구 분야는 시장 유동성과 고정 인컴 시큐리티, 헬스케어 시스템의 네트워크다. 연구 외에 기업 금융과 투자, 가치 평가, 다문화 금융 관리를 가르치고 있다.

어그네시 비도비츠던치 Ágnes Vidovics-Dancs

부다페스트 코르비누스 대학의 금융 대학의 박사 소지자이자 조교수다. 이전에는 헝가리 정부의 부처 관리 부서에서 주니어 리스크 매니저로 일했다. 주요 연구 분야는 정부 부채 관리와 주권 불이행이다. CEFA와 CIIA를 갖고 있다.

| 기술 감수자 소개 |

매튜 길버트^{Matthew Gilbert}

캐나다 토론토에 기반을 두고 있는 CPPIB의 글로벌 매크로 그룹에서 분석가로 일하고 있다. 워터루 대학에서 양적 금융으로 석사 학위를 받았으며, 퀸스 대학에서 응용 수학과 매커니컬 엔지니어로 학사 학위를 받았다.

닥터 하리 쉔커 굽타^{Dr. Hari Shanker Gupta}

알고리즘 트레이딩 시스템 개발 분야에서 일하고 있는 시니어 리서치 분석가다. 그 이전에는 인디아의 뱅갈로르에 있는 인도 과학 연구소에서 박사 후 연구원이었다. 인도 과학 연구원에서 응용 수학과 과학 계산으로 박사 학위를 받았다.

바나라스 힌두 대학교에서 수학으로 석사 학위를 받았다. 석사 과정 중 뛰어난 성과로 4번의 골드 메달을 받았다.

수학과 과학 계산 분야에서 명망 있는 저널에 5개의 논문을 발표했다. 수학과 통계 분야에서 일했던 경험이 있다. 이는 수치 방법, 편도 방정식, 수학 금융, 데이터 분석, 시계열 등을 포함한다. 맵랩이나 통계 프로그램 언어인 R, 파이썬 등을 편하게 다룰 수 있다. 『R과 만나는 금융공학 - 기본편』(에이콘, 2016)과 『파이썬 라이브러리를 활용한 데이터 분석』(한빛미디어, 2013)

라탄 만하타^{Ratan Mahanta}

계산 금융의 석사 학위를 갖고 있다. GPSK에서 시니어 분석가로 일하고 있다. 3년 반 동안 판매자 입장의 리스크 컨설팅 회사에서 트레이딩과 개발을 했던 경험이 있다. 오픈소스 플랫폼에서 양적 거래 거래 분야를 프로그래밍한 알고리즘이 있다. 지적 호기심이 많고, 열심히 일하며, 시장이 직면하고 있는 어려운 문제를 푸는 것을 좋아한다. 현재 거래 전략을 개발하고 있다. 다음과 같은 분야의 전문가다.

- 양적 거래: FX, 주식, 퓨처, 옵션, 파생 상품의 엔지니어링
- 알고리즘: 편도 방정식, 통계적 미분 방정식, 몬테-카를로^{Monte-Carlo}, 머신 러닝
- 코드: R, Shiny by RStudio, C++, 맵랩, HPC, 과학 계산
- 데이터 분석: 빅데이터 분석(EOD부터 TBT까지), 블룸버그, 퀸토피안
- 전략: Vol-Arbitrage 무차익, 바닐라와 이색 옵션 모델링, 트렌드 팔로잉, 평균 전환, 공적분, 몬테-카를로 시뮬레이션, 밸류앳 리스크, 스트레스 테스팅, 바이 사이드 거래 전략, 크레딧 리스크 모델링, 크레딧 레이킹

『빅데이터 통계 분석과 오픈소스 R』(성안당, 2016), 『Machine Learning with R cookbook』(팩트출판사, 2015)을 리뷰했다.

| 옮긴이 소개 |

김지영(kim.jiyoung00821@gmail.com)

계산 과학^{Scientific computation}과 통계학을 전공했다. 수년간 컨설팅사와 외국 보험사에서 위험 관리를 위한 수학적 모델 구축과 모델의 프로그래밍 구현, 상품 개발 등의 업무를 담당한 바 있다. 현재 미국의 실리콘 밸리에서 경력을 넓히기 위해 노력하고 있다.

| 옮긴이의 말 |

R은 오픈소스 프로그램으로 통계 및 데이터마이닝을 비롯한 여러 분야에서 사용되고 있다. 하지만 금융 분야에서의 활용은 의외로 잘 알려져 있지 않은 것 같다. 이 책은 금융 이론의 수학적 개념을 살펴봄과 동시에 통계 언어로 알려진 R을 통해 실제 데이터에 모델을 적용함으로써 금융 모델을 좀 더 쉽게 이해하는 데 도움을 준다. 1장부터 차근차근 따라 하다 보면 직접 금융 모델을 구축하고 프로그래밍하는 것이 어렵지 않게 느껴질 것이다. 이론 이해와 모델 구현을 통해 독자들이 좀 더 쉽게 R과 금융 모델에 접근할 수 있게 되길 기대한다. 끝으로 책이 나오는 데 많은 도움을 주신 에이콘출판사 관계자 분들과 항상 옆에서 응원해주는 남편과 딸 한나에게 감사의 마음을 전한다.

| 차례 |

이 책은 『R과 만나는 금융공학 – 기본편』의 속편이다. 정량 금융에서 R을 이용한 모델 구축을 좀 더 심도 있게 배우고 싶어하는 독자를 위한 책이다. 이 책에서는 경험 금융(1~4단원), 금융공학(5~7단원), 트레이딩 전략의 최적화(8~10단원), 은행 관리(11~13단원)와 같은 새로운 주제를 다룬다.

▍이 책의 구성

1장, 시계열 분석에서는 공적분cointegration(structural)과 벡터 자기 회귀 모델vector autoregressive models, 임펄스–응답 함수impulse-response functions, 변동성 비대칭 GARCH 모델volatility modeling with asymmetric GARCH models, 뉴스 충격 곡선news impact curves과 같은 중요한 개념을 다룬다.

2장, 요인 모델에서는 다요인 모델을 구축하고 구현하는 방법을 소개했다. 주요인 분석principal component analysis을 통해 자산 수익률을 설명하는 5개의 독립된 요인을 판별한다. 예제로 파마와 프렌치 모델Fama and French model을 실제 시장 데이터셋으로 재현했다.

3장, 거래량 예측에서는 일별 거래량 예측 모델intraday volume forecasting model을 다뤘으며, DJIA 인덱스 데이터를 이용해 R로 구현했다. 이 모델은 거래량 대신 회전율turnover을 사용했으며, 동적 요인에서 계절 요인seasonal components을 분리했다. 그리고 이 두 가지를 독립적으로 예측했다.

4장, 빅데이터 – 고급 분석에서는 R을 이용해 오픈소스 데이터에 접근해 큰 데이터셋에서 여러 분석을 실행했다. 예제로 K–평균 군집K-means clustering과 선형 회귀 분석 모델linear regression model을 빅데이터에 적용했다.

5장, FX 파생 상품에서는 파생 상품 프라이싱을 위한 블랙 숄즈 모델Black-Scholes model을 일반화했다. 블랙 숄즈 모델의 확장인 마그레이브 수식Margrabe formula을 프로그래밍해 주식 옵션과 환율 옵션, 교환 옵션 퀀토 옵션을 프라이싱했다.

6장, 금리 파생 상품과 모델에서는 이자율 모델과 이자율 파생 상품에 대한 개요를 제공한다. 블랙 모델은 캡cap과 캐플렛caplet을 프라이싱할 때 사용한다. 또 바시첵Vasicek이나 CIR과 같이 이자율 모델도 소개했다.

7장, 이색 옵션에서는 이색 옵션을 소개했으며, 이색 옵션과 평범한 바닐라 옵션 간의 관계를 설명했다. 그리고 파생 상품 프라이싱 함수에 대한 그릭 추정을 다뤘다. 이색 옵션 중 하나인 더블-노-터치 바이너리 옵션Double-No-Touch(DNT) binary option을 자세하게 다뤘다.

8장, 최적 헤징에서는 파생 상품을 헤지할 때 일어날 수 있는 실질적인 문제를 분석한다. 여기서는 포트폴리오를 재정렬하는 이산 시간discrete time과 거래 비용으로 인한 문제를 다뤘다. 헤지 전략을 발견하기 위해 다른 수치 최적 알고리즘numerical-optimization algorithms을 사용했다.

9장, 기본적 분석에서는 기본적 기초에 근거한 투자 전략을 구축하는 방법을 다룬다. 최고의 실적을 내는 주식을 선택하기 위해, 과거 성과에 따라 회사의 클러스터를 생성하고, 의사 결정 나무decision tree로 초과 성과 회사를 분리해낸다. 이를 바탕으로 주식 결정 규칙을 정의하고 백테스트backtest한다.

10장, 기술적 분석과 뉴럴 네트워크, 로그옵티멀 포트폴리오에서는 기술적 분석뿐 아니라 뉴럴 네트워크와 로그옵티멀 포트폴리오와 같은 관련된 전략을 개략적으로 설명한다. 단일 자산(비트코인)의 가격을 예측하거나 트레이딩 타이밍의 최적과 포트폴리오(NYSE 주식) 분배와 같은 문제들도 다뤘다.

11장, 자산과 부채 관리에서는 R을 이용해 은행의 자산과 부채를 관리하는 과정을 보였다. 여기서는 데이터 생성, 이자율 리스크의 측정과 리포트, 유동성 리스크 관리, 비만기 예금을 다뤘다.

12장, 자본 적정성에서는 바젤 협정Basel Accords의 규정에 대해 간략하게 소개했다. 그리고 은행의 자본 적정성을 결정하기 위해 과거 데이터와 델타-노멀delta-normal, 몬테-카를로 시뮬레이션 방법을 이용해 최대 예상 손실액value-at-risk을 계산했다.

13장, 시스템 리스크에서는 금융 시스템에 영향을 미치는 주요 금융 기관을 식별하기 위해 네트워크 이론network theory에 바탕을 둔 두 가지 방법을 소개했다. 이것은 중심-주변 모델core-periphery model과 전염 모델contagion model이다.

게르게리 더로치가 거의 모든 장의 프로그램 코드 리뷰에 기여했다.

▌ 준비 사항

이 책에서 제공하는 모든 코드는 R 콘솔에서 실행한다. 그러므로 우선 R 콘솔이 컴퓨터에 설치돼 있어야 한다. R 콘솔은 대부분 운영 체제에 설치가 가능한 무료 소프트웨어로 http://r-project.org에서 다운로드할 수 있다. 비록 이 책에서 R과 연동이 가능한 고급 편집기 및 개발 환경에 대해 다루진 않지만, Emacs, Eclipse, vi, Notepad++와 같은 훌륭한 플러인들이 존재한다. 가능하면 RStudio 사용을 추천한다. RStudio는 R에 최적화된 오픈소스 IDE다.

R 설치를 제외하고, 사용자가 제공한 R 패키지들을 사용할 것이다. 이 패키지들은 R 아카이브 네트워크에서 쉽게 다운로드해 설치할 수 있다. 패키지를 설치하기 위해 다음과 같이 R 콘솔에서 install.packages 명령어를 사용할 수 있다.

```
> install.packages('Quantmod')
```

설치 후엔, 패키지들을 다음과 같이 사용 전, 현재 R 세션에서 로딩해야 한다.

```
> library(Quantmod)
```

더 많은 자료가 필요하면, 무료 R 매뉴얼을 R 홈페이지에서 찾아볼 수 있다.

이 책의 대상 독자

이 책은 기본 금융 개념에 익숙하며 프로그램 경험이 있는 독자들을 대상으로 한다. 하지만 정량 금융을 이미 알고 있거나 R 프로그래밍 경험이 있다고 하더라도 이 책을 통해 배울 수 있는 바가 있을 것이다. 이미 이 중 한 가지 주제의 전문가라면, 이 책은 다른 주제를 쉽게 배울 수 있도록 도와준다. 하지만 모든 장들을 완벽하게 익히려면 정량 금융을 어느 정도 알고 있어야 하며, R에 대한 기본 지식도 필요하다. 이 책에서 두 가지 스킬을 모두 얻을 수 있다.

편집 규약

이 책에서는 다른 정보들과 구별되는 여러 스타일의 텍스트를 찾을 수 있을 것이다. 이 스타일 그리고 이들의 의미와 관련된 설명은 다음과 같다.

모든 명령어의 인풋이나 아웃풋은 다음과 같이 표현된다.

```
# 길이가 1,000인 2개의 시계열을 생성하자.
set.seed(20140623)          # 랜덤시드(Random seed)를 고정
N <- 1000                   # 시뮬레이션의 길이를 정의하기
x <- cumsum(rnorm(N))       # 정규 랜덤워크를 시뮬레이션하기
gamma <- 0.7                # 처음 파라미터 값 지정하기
y <- gamma * x + rnorm(N)   # 공적분 시리즈를 시뮬레이션하기
plot(x, type='l')           # 두 시리즈를 그래프로 그리기
lines(y,col="red")
```

새로운 용어나 **중요한 단어**는 볼드체로 표현된다. 메뉴나 대화 창의 단어들은 다음과 같이 표현된다.

"다른 유용한 시각화 예제는 로그 스케일의 밀도를 살펴보는 것이다."

 주의해야 하거나 중요한 내용은 이 박스로 표기한다.

 참고 사항이나 요령은 이 박스로 표기한다.

▌ 독자 의견

독자들의 피드백은 언제나 환영이다. 이 책의 좋았던 점과 나빴던 점에 관한 솔직한 생각을 알려주길 바란다. 독자들의 피드백은 우리가 독자들이 가장 얻고자 하는 책을 개발하는 데 있어 매우 소중하다.

일반적인 의견은 이 책을 메일 제목으로 해서 feedback@packtpub.com으로 보내면 된다. 특정 분야의 책을 쓰거나 기여하는 데 관심이 있다면 www.packtpub.com/authors에 있는 저자 가이드를 참고하기 바란다.

▌ 고객 지원

팩트출판사의 고객이 된 것에 감사드리며, 몇 가지 도움이 되는 사항을 알려 구매와 동시에 최대한의 편의를 제공해드리고자 한다.

예제 코드 다운로드

책에 사용된 모든 예제는 http://www.packtpub.com에서 다운로드할 수 있다. 다른 곳에서 책을 구매했을 경우에는 http://www.packtpub.com/support에 방문해 등록한 후이메일을 통해 직접 받아볼 수 있다.

에이콘출판사의 도서정보 페이지 http://www.acornpub.co.kr/book/mastering-r-quant-finance에서도 예제 코드를 내려받을 수 있다.

컬러 이미지 다운로드

이 책에서 사용한 스크린샷이나 도표의 컬러 이미지를 파일로 제공한다. 컬러 이미지는 책의 내용을 이해하는 데 도움을 줄 것이다. 파일은 에이콘출판사의 도서정보 페이지 http://www.acornpub.co.kr/book/mastering-r-quant-finance에서 내려받을수 있다.

오탈자

책 내용의 정확성에 만전을 기하지만 실수는 늘 생기는 법이다. 책을 읽다가 문장이나 소스 코드에서 실수가 발견되면 즉시 알려주길 바란다. 이런 협조를 통해 다른 독자들이 겪을 혼란을 줄일 수 있고, 이 책의 다음 버전을 개선하는 데 큰 도움이 될 것이다.

오탈자를 발견하면 http://www.packtpub.com/submit-errata에 접속해 책을 선택하고 Errata Submission Form 링크를 클릭해 오탈자에 관한 상세 사항을 입력하면 된다. 오류 내용이 확인되면 팩트 웹 사이트에 올려지거나 책의 **정오표**Errata 섹션에 있는 정오표목록에 추가된다. 이전에 제출된 정오표를 확인하려면 https://www.packtpub.com/books/content/support 페이지의 검색 필드에 책명을 입력하면 된다.

한국어판은 에이콘출판사의 도서정보 페이지 http://www.acornpub.co.kr/book/mastering-r-quant-finance에서 찾아볼 수 있다.

저작권 침해

인터넷상의 저작권 침해는 모든 매체에 걸쳐 계속 진행되고 있는 문제다. 팩트출판사는 저작권과 라이선스 보호를 매우 심각하게 인식하고 있다. 인터넷에서 팩트출판사 발간물의 불법 복제를 발견하면 이에 관한 조치를 취할 수 있도록 해당 웹 사이트의 주소와 이름을 즉시 알려주기 바란다. 의심되는 불법 복제본의 링크와 함께 copyright@packtpub.com으로 연락하면 된다.

가치 있는 콘텐츠를 제공하려는 저자와 팩트출판사를 보호하기 위한 독자의 도움에 깊이 감사드린다.

질문

이 책에 관한 질문은 questions@packtpub.com으로 문의하기 바라며, 팩트출판사는 문제 해결을 위해 최선을 다할 것이다. 한국어판에 관한 질문은 이 책의 옮긴이나 에이콘출판사 편집 팀(editor@acornpub.co.kr)로 문의해주길 바란다.

01

시계열 분석

1장에서는 고급 시계열 분석 방법을 살펴보고, R을 통해 이를 구현해본다. 시계열 분석^{time} series analysis이라는 주제만으로도 수백 권의 책을 쓸 수 있을 만큼 굉장히 광범위하기 때문에(마지막 부분인 참고 자료 페이지에서 이론 및 R 프로그램의 중요 자료 리스트를 찾아볼 수 있음) 1장에서는 필요한 부분만 선택적으로 다룬다. 1장은 실증 금융empirical finance 부분과 계량 트레이딩quantitative trading에 대해 중점적으로 다룬다. 미리 강조하지만, 1장은 독자들이 추후 시계열 분석에 대해 더 깊이 연구하는 데 도움을 준다.

이전 책이였던 『R과 만나는 금융공학 – 기본편』(에이콘, 2016)에서는 시계열 분석의 기본 주제인 선형 단변량 시계열 모델linear univaritate time series modeling과 **자기회귀 누적 이동 평균** autogressive integrated moving average, ARIMA 모델, 변동성을 모델링하는 **일반화 자기회귀 조건부 이분산**generalized autoregressive conditional heteroskedasticity, GARCH 모델을 다뤘다. 시계열 분석을 위해 R을 사용해본 적이 없다면, 1장부터 읽길 권한다.

이 책에서는 이전 시계열 주제보다 한 단계 위의 주제인 공적분cointegration과 벡터 자기 회귀 모델vector autoregressive model, 임펄스 응답 함수impulse-response functions, 지수 GARCH 모델exponential GARCH model과 임계 GARCH 모델threshold GARCH model을 포함하는 변동성 비대칭 GARCH 모델asymmetric GARCH models, 뉴스 충격 곡선을 다룬다. 관련 이론을 먼저 설명하고, 다변량 시계열 모델을 통해 실제로 이것을 적용하기 위한 통찰력을 갖출 수 있도록 한 후, 이와 관련된 유용한 R 패키지들과 기능을 설명한다. 이와 아울러 간단하고 시각적인 예제를 통해 R 프로그래밍 언어의 사용 방법을 단계별로 소개한다.

▌ 다변량 시계열 분석

금융 자산 가격 변동과 기술적인 분석, 계량적 트레이딩quantitative trading은 보통 단변량으로 수식화된다. 이와 관련해 '증권 가격의 상승 또는 하락이 예측이 가능한지?', '특정 증권이 상승 또는 하락하는 경향이 있는지?', '매수해야 하는지, 매도해야 하는지? 등과 같은 기본적인 의문을 갖게 된다. 이들 모두가 중요한 고려 사항이지만, 투자자는 보통 이보다 복잡한 상황에 직면하기 때문에 시장을 단순히 독립적인 상품들의 모음으로 보고 의사결정을 하는 경우는 극히 드물다.

상품을 독립적으로 본다면, 이 상품은 자기상관성을 갖지 않게 되며non autocoreelated, 효율적 시장 가설efficient market hypothesis에서 지적한 바와 같이, 예측이 불가능해질 것이다. 하지만 상품 간의 상관관계는 확실히 존재한다. 그렇다면 이것은 투기 또는 헤징과 같은 거래 활동에 사용될 수도 있다. 이런 문제들은 왜 계량 금융에서 다변량 시계열 분석multivariate time series analysis을 이용해야 하는지를 알려준다. 1장에서는 계량 경제학의 두 가지 중요한 개념인 공적분과 벡터 자기회귀 모델 그리고 이의 응용에 대해 논의한다.

공적분

이제부터 시계열 벡터 y_t를 사용한다. 이것은 독립된 시계열 $y_t^{(1)}$, $y_t^{(2)} \cdots y_t^{(n)}$으로 이뤄져 있으며, 예를 들어, 각각 다른 금융 상품의 가격 변화를 표현한다. 우선 공적분 데이터 cointegrating data series가 무엇인지 정의해보자.

$n \times 1$ 시계열 벡터인 y_t의 각 시계열이 각기 d번 적분된다면 공적분이라고 말한다(실제 시계열 자료는 한 번 적분되는데, 이는 이 시계열이 단위근 비정상 과정nonstationary unit-root process 또는 랜덤워크random walk라는 것을 의미한다). 반면, $d-1$번 적분되는 선형 결합인 $\beta' y_t$가 있다(일반적으로 차수가 0일 때 정상 과정stationary process이라고 한다).

n개의 시계열이 모두 랜덤워크로 보이더라도 직관적으로 볼 때 이 정의는 장기간에 걸쳐 n개의 시계열 모두에 작용하는 경제에 어떤 힘이 존재한다는 것을 의미한다. 공적분 관계를 갖는 간단한 예제 데이터로 해밀턴Hamilton(1994)의 두 벡터와 R로 기본적인 시뮬레이션을 실행한다.

$$x_t = x_{t-1} + u_t, \quad u_t \sim N(0,1)$$

$$y_t = \gamma x_t + v_t, \quad v_t \sim N(0,1)$$

통계적인 검정으로 y_t의 단위근unit root을 확인할 수 있다. 단위근 검정은 R에서 tseries 패키지나 urca 패키지를 이용해 실행할 수 있다. 여기서 우리는 urca 패키지를 사용한다. 다음 R 코드를 통해 길이가 1,000인 두 시계열 데이터에 시뮬레이션할 수 있다.

```
# 길이가 1,000인 2개의 시계열 데이터 생성
set.seed(20140623)          # 랜덤 값 설정
N <- 1000                   # 시뮬레이션 길이 정의
X <- cumsum(rnorm(N))       # 정규분포에서 랜덤워크 생성
gamma <- 0.7                # 초기 파라미터 값 설정
y <- gamma * x + rnorm(N)   # 공적분 시계열 데이터 생성
plot(x, type='l',col = "blue") # 시계열 데이터 그래프 생성
```

```
lines(y,col="red")
legend(50,30,c("x","y"), lty=c(1,1), lwd=c(2.5,2.5),col=c("blue","red"))
```

위 코드의 결과는 다음과 같다.

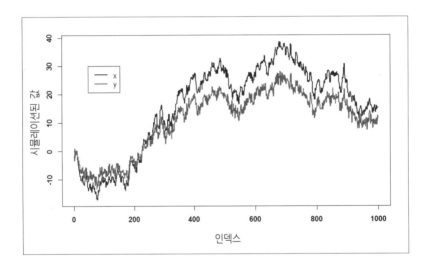

두 시계열 데이터는 랜덤워크를 따르는 것으로 보인다. urca 패키지에 있는 증강 디키 풀러 테스트augmented dickey fuller test를 통해 두 시계열의 정상성stationarity을 테스트할 수 있다. R에서는 이 방법뿐 아니라 기타 다른 테스트 방법 또한 사용할 수 있다. 귀무가설null hypothesis 은 이 시계열이 단위근 가정unit root을 따른다고 가정하고 있다. 검정 통계값test statistic이 임계값critical value보다 작다면, 귀무가설을 기각한다.

```
# 통계적 검정
install.packages('urca');library('urca')
# ADF test를 각 모의 시계열 데이터에 적용
summary(ur.df(x,type="none"))
summary(ur.df(y,type="none"))
```

두 시계열 데이터의 검정 통계값이 모두 일반적인 유의수준(1%, 5%, 10%)인 임계값보다 작기 때문에 귀무가설을 기각할 수 없다. 그러므로 두 시계열 데이터 모두 단위근 과정을 따른다는 결론을 내릴 수 있다.

이제 두 시계열 데이터를 다음 식과 같이 선형 결합linear combination한 후, 그래프를 생성해보자.

$$z_t = y_t - \gamma x_t$$

```
z = y - gamma*x        # 두 시계열 데이터의 선형 결과값을 생성
plot(z,type='l')
```

위 코드의 결과는 다음과 같다.

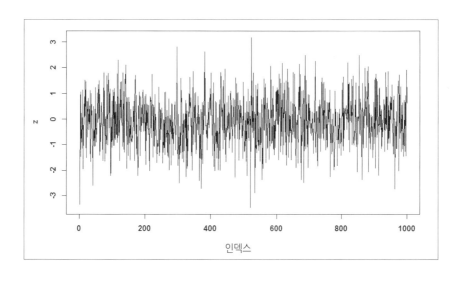

z_t가 백색 잡음 과정white noise process이라는 것은 명확해 보인다. 단위근에 대한 기각은 ADF 검정의 결과를 통해 확인할 수 있다.

```
summary(ur.df(z,type="none"))
```

실제 데이터를 다룰 때는 γ 값을 정확히 알 수 없기 때문에 선형 회귀 모델linear regression model을 통해 추정해야 한다. 공적분을 검정하는 이 방법은 흔히 이글 그렌저 방법engle-granger method으로 알려져 있다. 다음과 같은 두 절차를 통해 공적분을 검정할 수 있다.

1. y_t와 x_t의 선형 회귀식을 OLS 추정 방법을 통해 구한다.
2. 단위근을 위한 잔차 검정을 시행한다.

 n개의 시계열 데이터에 가능한 독립된 공적분 벡터는 $0 < r < n$ 개다. 그러므로 모든 $n > 2$의 공적분 관계들은 유니크하지 않다. $r > 1$에 대해서는 1장의 후반에서 간단하게 논할 것이다.

간단한 선형 회귀식은 lm 함수를 이용해 구할 수 있다. 잔차들은 선형 회귀식 객체에서 다음 예제와 같은 과정을 통해 구할 수 있다. ADF 검정도 일반적인 방법으로 구할 수 있으며, 이를 통해 유의수준 내에서 귀무가설의 기각이 가능한지 확인할 수 있다. 이때 주의해야 할 사항은 1장의 후반에서 다룬다.

```
# 공적분 관계 추정
coin <- lm(y ~ x -1)              # 절편이 없는 회귀식
coin$resid                        # 잔차
summary(ur.df(coin$resid))        # 잔차에 ADF 검정 적용
```

지금까지 논의한 이론적인 부분을 성공적인 트레이딩 전략에 적용할 수 있는지 살펴보자. 이와 관련해 공적분 관계를 설명하기 위해 **통계적 차익 거래**statistical arbitrage 또는 페어 트레

이딩pair trading의 개념을 최대한 간단히 논해본다. 접근 방법은 두 시계열 간의 스프레드spread에 기반을 둔 트레이딩 전략에 초점을 맞추고 있다. 두 시계열이 공적분 관계에 있다면, 둘의 정상성 선형 결합이 0으로 회귀할 것이라 예상할 수 있다. 우리는 상대적으로 비싼 것을 매도하고, 싼 것을 매수해 이익을 발생시키거나 이들이 원상태로 회귀될 때까지 기다려볼 수도 있다.

 통계적 차액 거래는 일반적으로 많은 정교한 통계적 경제적 테크닉에서 사용된다. 이것은 통계적 측면에서 자산의 가격 측정이 이론적 평형 모델(equilibrium model)과 비교해 상대적으로 잘못된 경우를 이용하는 것을 목표로 한다.

여기에서 찾아볼 수 있는 경제적 직관은 무엇일까? 시계열의 선형 결합으로 만들어진 공적분 관계는 통계적인 모델이 아닌, 경제적인 힘economic forces에 의해 결정되며, 때로는 변수들 간에 장기적 관계long-term relationships라고도 불린다. 예를 들어, 같은 업종 내에 유사한 회사는 비슷하게 성장할 것이고, 금융 상품의 현물, 선물 가격을 통해 차익을 얻기 힘들 것이다. 서로 연관된 두 나라 간의 환율 또한 서로 비슷하게 움직이며, 단기 그리고 장기 금리도 서로 유사할 것이다. 통계적 또는 이론적으로 예상되는 동조화로 인한 편차는 다양한 계량적 거래 전략을 가능케 한다.

공적분 개념은 이후에 좀 더 논하고, 우선 벡터 자기회귀 모델vector autoregressive model, VAR에 대해 먼저 다룬다.

벡터 자기회귀 모델

벡터 자기회귀 모델은 단변량univariate 자기회귀 모델autoregressive model, AR의 다변량적인 확장이라고 생각할 수 있다. 이 모델은 응용 계량 경제학의 논문 심스Sims(1980)에서 소개돼 대중화됐다. VAR 모델은 계량 경제학과 금융 분야에서 가장 중요한 다변량 시계열 모델이다. R 패키지 vars를 통해 VAR 모델을 사용할 수 있다. 이 패키지에 대한 자세한 설명은 패프^{Pfaff}(2013)의 논문을 확인해보길 바란다. 계량 경제학적 이론은 해밀턴(1994), 루케폴^{Lütkepohl}(2007), 세이^{Tsay}(2010), 마틴^{Martin}(2013)의 논문을 참고하길 바란다. 이 책에서는 VAR 모델에 관한 직관적 개념을 간단히 논한다.

모델은 길이가 n인 벡터 시계열 y_t로 시작한다. VAR 모델은 각 변수의 시차값을 선형 함수로 나타낸 것이다. 차수^{order} p로 표현된 VAR 모델은 다음과 같이 표현할 수 있다.

$$y_t = A_1 y_{t-1} + \cdots + A_p y_{t-p} + u_t$$

위 식에서 A_i는 $i = 1 \cdots p$ 까지의 $n \times n$ 행렬 계수를 의미한다. 그리고 u_t는 벡터 백색 잡음 과정을 따르는 양의 정부호 상관 행렬$^{positive\ definite\ covariance\ matrix}$이다. 벡터 백색 잡음 과정은 자기상관성^{autocorrelation}이 없음을 가정한다. 하지만 각 변수들 간의 동시적인 상관관계는 있을 수 있다. 즉, u_t는 비대각 상관관계 행렬$^{non\ diagonal\ covariance\ matrix}$을 갖고 있다.

행렬 표기법은 VAR 모델의 특징을 명확히 나타낸다. 모든 변수들은 그 자신 및 다른 변수의 과거 값에 의해 표현될 수 있다. 여기서 동시 종속성$^{contemporaneous\ dependencies}$은 명확하게 모델로 표현되진 않는다. 그 덕분에 모델을 최소 자승법$^{ordinary\ least\ square}$으로 추정할 수 있고, 방정식으로도 표현할 수 있다. 이를 축약 VAR 모델$^{reduced\ form\ VAR\ model}$이라고 하며, 이와 반대되는 것이 구조 모델$^{structural\ form\ model}$이다. 구조 모델은 2장에서 다룬다.

축약 VAR 모델은 동시 효과를 가정하지 않는다. 이는 자칫하면 지나친 간소화로 인해 임펄스 응답$^{impulse-response}$ 관계를 야기할 수 있다. 즉, 특정 변수가 충격^{shock}으로 인해 신호의 변화를 일으켜 잘못된 응답을 이끌어낼 수 있다. 이를 해결하기 위해 구조적 VAR(SVAR) 모델이 소개됐으며, 이 모델은 변수들 간의 동시 효과를 설명할 수 있다.

$$A y_t = A_1^* y_{t-1} + \cdots + A_p^* y_{t-p} + B \in_t$$

여기서 $A_i^* = A A_i$이며 $B \in_t = A u_t$이다. 그러므로 구조적 표현은 축약 모델 모수 행렬 A의 곱으로 표현될 수 있다. 이는 동시성과 변수들 간의 구조적 관계를 나타낸다.

축약 모델에서 동시 종속성$^{\text{contemporaneous dependency}}$은 모델로 표현되지 않았다. 그로 인해 이 종속성은 오차항$^{\text{error term}}$에서 표현됐다. 즉 $\boldsymbol{u}_t$의 상관 행렬$^{\text{covariance matrix}}$은 $\sum_{u_t} = E\left(\boldsymbol{u}_t \boldsymbol{u}_t^{'}\right)$로 표현된다. SVAR 모델은 동시 종속성이 모델화돼 있다(좌변의 A 행렬), 그리고 오차항은 상관성을 갖지 않는다. 그러므로 $E\left(\boldsymbol{\epsilon}_t \boldsymbol{\epsilon}_t^{'}\right) = \sum_{\epsilon}$ 상관 행렬은 대각 행렬이다. 여기서 오차 부분을 구조적 충격$^{\text{structural shocks}}$으로 표현한다.

SVAR 모델의 흥미로운 부분이자 어려운 문제 중 하나는 모델 판별 부분이다. 추가 제약 없이 행렬 A의 모수를 추정할 수 없다.

축약 모델에서 직교인^{orthogonal} 잔차값들을 직교 상태^{orthogonal}로 만드는 모수 행렬을 추정하는 것은 언제나 가능하다. 상관 함수는 양의 준 정부호$^{\text{positive semidefinite}}$ 상관 행렬이며, LDL 분해$^{\text{Cholesky decomposition, 촐레스키 분해}}$를 적용할 수 있다. 이것은 언제나 $E\left(\boldsymbol{u}_t \boldsymbol{u}_t^{'}\right) = \sum_u$ 관계를 갖고 있는 하삼각 행렬$^{\text{lower triangle}}$ L과 대각 행렬^{diagonal} D로 표현할 수 있다. 여기서 $\sum_u = LDL^T$를 선택해 구조 모델의 상관 행렬은 $A = L^{-1}$로 나타낼 수 있다. 이는 다시 $\sum_{\epsilon} = E\left(L^{-1}\boldsymbol{u}_t \boldsymbol{u}_t^{'}\left(L^{'}\right)^{-1}\right) = L^{-1} \sum_u \left(L^{'}\right)^{-1}$로 표현할 수 있다. 이제 우리가 의도한 대로 $\sum_u L\Sigma_\epsilon L^T$는 대각 함수라는 결론을 내릴 수 있다. 이 접근 방법에 의해 추상적인 재귀$^{\text{arbitrary recursive}}$ 구조를 공식에 도입할 수밖에 없다. 이 방법은 irf( ) 함수로 수행할 수 있다.

모델의 모수들을 판별하는 데에는 여러 가지 방법이 존재한다. 여기서 모수는 단기와 장기 모수 제약, 임펄스 반응^{impulse response}의 부호 제약을 포함한다(프라이–파간^{Fry-Pagan}(2011) 참조). 아직 R에서는 이 중 많은 방법을 지원하지 않고 있다. 이 책에서는 가장 일반적으로 쓰이는 단기 모수 제약을 사용한다. 이는 보통 A 모델과 B 모델, AB 모델로 불리며 vars 패키지에서 기본적으로 지원된다.

- A 모델의 경우, $B = I_n$이며, 매트릭스 A의 제약은 $\sum_\epsilon = A\mathrm{E}\left(u_t u_t'\right)A' = A\sum_u A'$ 와 같은 공분산 행렬로 나타난다. 모델이 판별 가능하려면 $n(n+1)/2$개의 추가 제약이 필요하다. 이것은 삼각형 행렬 도출 과정을 상기시킨다(하지만 이런 특정한 형태가 요구되는 것은 아니다).

- 이와 별개로 잔차에 제약을 줘 구조적인 형태를 표현할 수 있다. 이를 B(B 모델)라 고 하며, 상관관계 구조를 갖고 있다, 여기서는 $A = I_n$와 $u_t = B\epsilon_t$로 표현한다.

- AB 모델은 A와 B 모두에 제약을 준다. 그리고 이 제약들과 구조적 모델은 $Au_t = B\epsilon_t$와 같이 연결될 수 있다.

보통 VAR 모델을 구축하는 가장 큰 이유는 임펄스 반응 분석 때문이다. 본질적으로 임펄스 반응 함수는 변수들이 다른 변수에 가해지는 충격^{Shock}에 대해 어떻게 반응하는지를 나타낸다. 시스템이 K개의 변수로 이뤄져 있다면, K^2개의 임펄스 반응 함수로 나타낼 수 있다. 단변량의 경우, 이와 유사하게 임펄스 반응은 VAR 과정의 벡터 이동 평균^{moving average representation, VMA}으로부터 수학적으로 도출될 수 있다(뤼슬^{Lütkepohl}(2007) 참조).

VAR 구현 예제

예제에서 다음 변수를 이용해 3개의 VAR 모델을 구축한다.

- 자기자본 수익률: 2004년 1월 1일부터 2014년 3월 3일까지 마이크로소프트 사의 지수

- 주식 지수: 2004년 1월 1일부터 2014년 3월 3일까지 S&P500의 지수

- 2004년 1월 1일부터 2014년 3월 3일까지 미국 정부채의 금리

기본적인 목적은 추가 변수를 이용해 주식 시장 지수를 예측하고 임펄스 반응들을 판별하는 것이다. 여기서 주어진 주식과 전체 주식 시장 전체, 채권 시장에 숨겨진 장기적인 관계가 존재한다고 가정해보자. 우선 R 프로그램을 통해 데이터 처리 작업 후, 경제적 의미가 아닌 이론적인 개념을 간단한 예제를 이용해 설명한다. 우리는 vars와 quantmod 패키지를 사용한다.

이 패키지는 다음과 같이 설치하고 로딩할 수 있다.

```
install.packages('vars');library('vars')
install.packages('quantmod');library('quantmod')
```

Quantmod 패키지는 온라인에서 직접 금융 데이터를 받을 수 있는 여러 툴을 제공한다. 이 책에서 다룰 많은 금융 자료는 이 패키지에 의존하고 있다. 여기서 우리는 데이터를 받기 위해 getSymbols( ) 함수를 사용한다.

```
getSymbols('MSFT', from='2004-01-02', to='2014-03-31')
getSymbols('SNP', from='2004-01-02', to='2014-03-31')
getSymbols('DTB3', src='FRED')
```

우선, yahoofinance는 주식과 주가 지수 시계열 데이터로 이용되며, src='yahoo' 인수로 지정해 호출해보자. 이를 통해 주식의 개장일 시작가, 최고가, 최저가, 종가, 총 거래량, 조정가 데이터를 받을 수 있다. 다운로드된 데이터들은 xts 데이터 클래스로 저장되며, 변수명은 자동으로 티커ticker로 정해진다(MSFT와 SNP). 일반적인 plot 함수를 통해 종가 그래프를 그릴 수 있지만, quantmod의 chartSeries 함수를 통해 더 멋진 그래프를 그릴 수 있다.

다운로드된 데이터들의 컴포넌트는 다음과 같이 손쉽게 구할 수 있다.

```
Cl(MSFT)        # 종가
Op(MSFT)        # 개방 시 시작가
Hi(MSFT)        # 일별 최고가
Lo(MSFT)        # 일별 최저가
ClCl(MSFT)      # 당일 수익률
Ad(MSFT)        # 일별 조정 종가
```

위 함수를 사용해 일별 수익률을 다음과 같이 그래프로 나타낼 수 있다.

```
chartSeries(MSFT)       # 쇼트컷을 이용해 예제를 그래프로 그리기
```

그래프의 스크린샷은 다음과 같다.

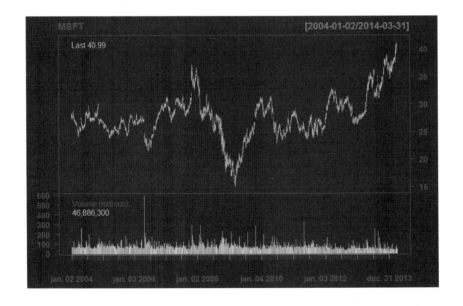

금리는 FRED^{federal reserve economic data, 연방 준비 경제 데이터}에서 다운로드할 수 있다. 현재 버전의 인터페이스에서는 날짜 중 일부만 취할 수 없지만, 데이터들은 xts 데이터 클래스로 저장되기 때문에 다음과 같이 원하는 날짜만 취할 수 있다.

```
DTB3.sub <- DTB3['2004-01-02/2014-03-31']
```

저장된 주가(비정상성 과정을 가정)가 정상성을 따르도록 변환해야 한다. 이를 위해 수익률에 대해 로그 변환을 취하고, 조정된 과정을 계산한다.

```
MSFT.ret <- diff(log(Ad(MSFT)))
SNP.ret  <- diff(log(Ad(SNP)))
```

VAR 모델을 구축하기 전, 마지막으로 데이터 클린징 작업이 필요하다. 데이터를 자세히 보면 T-Bill 수익률 시계열 데이터에 결측값이 존재하며, 데이터들의 길이가 모두 같지 않다는 것을 볼 수 있다(특정일에 금리는 존재하지만, 주가는 결측된 데이터가 존재). 우리는 이런 데이터 문제를 해결하기 위해 가장 쉬운 방법을 사용한다. 데이터들을 모두 병합^{Merge}(3개의 데이터를 모두 갖고 있지 않은 데이터는 제거한다)하고, NA 값을 가진 데이터들을 모두 제거한다. merge 함수의 join 인수를 통해 병합 작업을 수행할 수 있다(더 자세한 설명은 merge 함수의 help 문서를 참고하길 바란다).

```
dataDaily <- na.omit(merge(SNP.ret,MSFT.ret,DTB3.sub), join='inner')
```

여기서 VAR 모델은 주로 적은 빈도의 데이터에 적용된다. 데이터를 월별 또는 분기별 빈도 데이터로 변환하고 싶다면 다음 함수를 사용한다. 다음 함수로 해당 기간 동안의 일별 시작가, 최고가, 최저가, 종가를 구할 수 있다.

```
SNP.M <- to.monthly(SNP.ret)$SNP.ret.Close
MSFT.M <- to.monthly(MSFT.ret)$MSFT.ret.Close
DTB3.M <- to.monthly(DTB3.sub)$DTB3.sub.Close
```

간단한 축약 VAR 모델은 vars 패키지의 VAR( ) 함수를 통해 추정할 수 있다. 함수의 인수들로 모수들을 표현할 수 있다. 다음 예제에서는 최대 4 시차들로 공식을 표현하도록 지정했고, 아카이케 정보 척도값akaike information criterion을 통해 가장 좋은 모델(가장 낮은 AIC 값을 가진 모델)을 선택하게 했다.

```
var1 <- VAR(dataDaily, lag.max=4, ic="AIC")
```

좀 더 확실한 모델을 선택하고 싶다면 VARselect( ) 함수를 사용할 수 있다. 이 함수는 더 많은 정보 척도값을 제공해준다.

```
VARselect(dataDaily,lag.max=4)
```

결과값은 varest 클래스의 객체다. 추정된 모수 그리고 이외의 다른 통계적 결과들은 summary( ) 함수 또는 show( ) 함수를 통해 구할 수 있다.

```
summary(var1)
var1
```

이외에 다른 좋은 방법이 있다. 일반적인 plot 함수를 varest 클래스에 적용하면, 적합값과 잔차, 잔치들의 자기상관성, 부분 자기상관성들을 포함한 모든 변수의 그래프를 각각 생성해준다(이때 다음 그래프를 보고 싶다면 Enter를 계속 누른다). 이외에도 사용자들이 직접 설정할 수 있는 여러 기능이 존재한다. 더 자세한 사항을 알고싶으면 vars 패키지의 문서를 참조하기 바란다.

```
plot(var1)          # 각 변수들의 적합값과 잔차값의 그래프
coef(var1)          # 추정된 변수들의 간단한 요약값
residuals(var1)     # lm의 잔차 리스트
fitted(var1)        # 적합값들
Phi(var1)           # VMA 행렬 계수
```

추정된 VAR 모델로 예측값을 구하기 위해선 간단히 원하는 신뢰 구간을 입력한 predict
함수를 사용하면 된다.

```
var.pred <- predict(var1, n.ahead=10, ci=0.95)
```

임펄스 반응은 우선 irf( ) 함수를 사용해 수치적으로 생성돼야 한다 그리고 plot( ) 함수
를 사용해 그래프를 그릴 수 있다. 이를 통해 다시 각 변수별로 임펄스 반응 함수와 부스
트랩을 통한 신뢰 구간이 포함된 그래프가 생성된다.

```
var.irf <- irf(var1)
plot(var.irf)
```

이제 앞서 논한 A 모델과 같이 변수 제약을 통한 구조적 VAR 모델을 추정해보자. SVAR
모델 구축을 위해 필요한 제약은 이 예제에서 $\dfrac{K(K-1)}{2}$개, 즉 3개다.

 좀 더 상세한 설명은 뤼슐(Lütkepohl, 2007)을 참고하라. 추가로 요구되는 제약의 수는
$\dfrac{K(K+1)}{2}$ 지만, 대각선에 있는 요소들은 1로 정규화돼 앞에 있던 숫자를 남겨둔다.

SVAR 모델을 시작하기 위해 이미 추정된 축소적 형태의 VAR 모델(var1)을 수정해 사용
할 수 있다. 우선 이를 위해 적절한 구조적 제약 행렬을 사용해야 한다. 우선 간단하게 다
음 제약들을 사용한다.

- S&P 주가 지수 충격은 마이크로소프트와 동시적 효과를 갖지 않는다.
- S&P 주가 지수 충격은 금리와 동시적 효과를 갖지 않는다.
- 정부채 금리 충격은 마이크로소프트와 동시적 효과를 갖지 않는다.

이 제약들은 SVAR의 A 행렬에서 다음과 같이 0으로 표시된다.

$$
\begin{matrix}
1 & a_{12} & a_{13} \\
0 & 1 & 0 \\
0 & a_{32} & 1
\end{matrix}
$$

R에서 SVAR을 추정하기 위해 A 행렬을 모수로 설정할 때, 추정해야 하는 모수 위치는 NA 값을 취해야 한다. 이는 다음과 같은 명령어를 통해 진행할 수 있다.

```
amat <- diag(3)
amat[2, 1] <- NA
amat[2, 3] <- NA
amat[3, 1] <- NA
```

마지막으로 SVAR 모델을 다음과 같이 추정하고 임펄스 반응 함수를 plot 함수를 통해 그래프를 그릴 수 있다.

```
svar1 <- SVAR(var1, estmethod='direct', Amat = amat)
irf.svar1 <- irf(svar1)
plot(irf.svar1)
```

VAR과 VECM의 공적분

마지막으로 이제까지 학습한 내용들을 참고해 공적분된 VAR과 **벡터 오차 수정 모델**vector error correction models, VECM에 대해 논한다.

우선 공적분된 변수들의 체계로 시작한다(트레이딩식으로 설명하면 이는 같은 펀더멘탈에 근간을 둔 유사한 주식이라고 생각하면 된다). 이전에 논의한 표준 VAR 모델은 변수들이 정상성을 따를 때만 추정할 수 있었다. 단위근 모델을 제거하는 관습적인 방법은 시계열 데이터를 차분하는 것이다. 하지만 공적분된 시계열 데이터의 경우, 이는 과도한 차분 문제를 일으켜 정보가 유실될 수 있다. 특히 변수들 간의 장기적 동조화 정보가 유실될 수 있다. 결국 우리는 정상성 변수들뿐 아니라 공적분된 비정상성 변수들의 장기적 관계까지 설명할 수 있는 공적분된 VAR 모델을 만들길 원한다. 이런 목적으로 만들어진 것이 벡터 오차 수정 모델vector error correction model, VECM이다. 벡터 오차 수정 모델은 *p-1*의 차수를 가진 VAR 모델과 공적분된 관계의 오차가 수정된 항으로 이뤄져 있다. 직관적으로 주식 시장을 예로 들면, VECM 모델은 주식의 수익률의 단기적인 관계와 장기적인 가격들 간의 동조화 편차의 수정값들의 관계를 설명해주고 있다.

두 변수를 갖고 있는 VECM은 다음과 같이 표현할 수 있다. y_t는 2개의 비정상성 단위근 $y_t^{(1)}, y_t^{(2)}$로 이뤄진 벡터다. 이것은 공적분 벡터 $\boldsymbol{\beta} = (1, \beta)$로 공적분된다.

$$\Delta y_t = \boldsymbol{\alpha \beta}' y_{t-1} + \boldsymbol{\psi}_1 \Delta y_{t-1} + \cdots + \boldsymbol{\psi}_1 \Delta y_{t-p+1} + \in_t$$

여기에서 $\Delta y_t = y_t - y_{t-1}$와 첫 번째 부분을 보통 오류 검증 구간이라고 부른다.

실무적으로 공적분을 검증하고 오차 검증 모델을 추정하기 위한 두 가지 방법이 있다. 2개의 변수인 경우에 Engle-Granger 방법이 아주 유용하다. 다변량, 최대 공적분 관계가 $(n-1)$인 경우, Johansen 절차가 달라야 한다. 비록 이론적인 설명은 이 책의 범위를 훨씬 벗어나지만, 추후 학습을 위해 간단하게 실질적인 구현 및 참조 사항들을 제공한다.

VECM과 관련해 R에 제공하는 기능들을 설명하기 위해 2차 시장(유통 시장)의 3개월 그리고 6개월 정부채의 금리의 예를 들어보자. 이는 FRED database에서 다운로드할 수 있다. 기간은 1984년부터 2014으로 잡아보자. ADF augmented dickey fuller 검정은 단위근이 기각되지 않을 수 있는지에 대한 귀무가설을 검정한다.

```
library('quantmod')
getSymbols('DTB3', src='FRED')
getSymbols('DTB6', src='FRED')
DTB3.sub = DTB3['1984-01-02/2014-03-31']
DTB6.sub = DTB6['1984-01-02/2014-03-31']
plot(DTB3.sub)
lines(DTB6.sub, col='red')
```

간단한 선형 회귀 분석을 통해 2개의 시계열 데이터의 공적분 관계를 추정할 수 있다. 코딩을 단순화하기 위해 2개의 시계열 변수 x1, x2와 벡터 시계열인 y를 정의한다. 다른 변수명을 정하는 규칙은 따로 설명하지 않아도 이해하기 쉬울 것이다.

```
x1=as.numeric(na.omit(DTB3.sub))
x2=as.numeric(na.omit(DTB6.sub))
y = cbind(x1,x2)
cregr <- lm(x1 ~ x2)
r = cregr$residuals
```

변수들의 선형 결합인 회귀식의 잔차가 정상성을 따른다면 2개의 시계열 데이터는 공적분 관계에 있다. 이는 ADF 검증을 통해 검증해볼 수 있다. 하지만 일반적으로 사용되는 임계값은 이 경우 적합하지 않기 때문에 정확한 값을 사용해야 한다(Phillips and Ouliaris(1990) 참고).

공적분 유무를 판단하기 위해 좀 더 적합한 필립스/올리아리스 검정 방법을 사용해야 한다. 이는 tseries와 urca 패키지에 구현돼 있다. tseries의 기본적인 명령어는 다음과 같이 실행할 수 있다.

```
install.packages('tseries');library('tseries');
po.coint <- po.test(y, demean = TRUE, lshort = TRUE)
```

귀무가설은 두 시계열이 공적분 관계를 갖고 있지 않다고 가정한다. 그러므로 p 값이 작으면 귀무가설을 기각하고 공적분 관계를 확인할 수 있다.

요한슨 공적분 검증^{Johansen-Procedure}은 1개 이상의 가능한 공적분 관계에 적용할 수 있다. 이와 관련해 다음과 같이 urca 패키지에서 구현할 수 있다.

```
yJoTest = ca.jo(y, type = c("trace"), ecdet = c("none"), K = 2)
summary(yJoTest)


######################
# 요한슨 공적분 검증 # ####################

Test type: trace statistic, with linear trend

Eigenvalues(lambda).
[1] 0.0160370678 0.0002322808

Values of teststatistic and critical values of test:
Test   10pct  5pct   1pct
r <= 1 | 1.76   6.50   8.18    11.65
r = 0  | 124.00 15.66  17.95   23.52

Eigenvectors, normalised to first column:
(These are the cointegration relations)


DTB3.l2  DTB6.l2
DTB3.l2   1.000000    1.000000
DTB6.l2  -0.994407   -7.867356
Weights W:
(This is the loading matrix)

DTB3.l2     DTB6.l2
DTB3.d -0.037015853    3.079745e-05
DTB6.d -0.007297126    4.138248e-05
```

검정 통계량인 $r = 0$(공적분 없음)은 임계값보다 크므로 귀무가설을 기각한다. $r \leq 1$인 경우에는 귀무가설을 기각할 수 없다. 그러므로 공적분 관계가 존재한다고 결론지을 수 있다. 공적분 벡터는 정규화된 고유 벡터normalized eigenvector의 첫 번째 열값이다.

마지막 단계는 이 시스템을 대표하는 VECM을 얻는 것이다. 이는 OLS 회귀식을 시차로 차분된 변수들에 적용하는 것이고, 오차항은 이전에 계산된 공적분 관계에서 파생된다. $r = 1$ 모수는 다음과 같이 공적분 순위를 나타낸다.

```
>yJoRegr = cajorls(yJoTest, r=1)
>yJoRegr

$rlm

Call:
lm(formula = substitute(form1), data = data.mat)

Coefficients:
           x1.d        x2.d
ect1      -0.0370159  -0.0072971
constant  -0.0041984  -0.0016892
x1.dl1     0.1277872   0.1538121
x2.dl1     0.0006551  -0.0390444

$beta
              ect1
x1.l1      1.000000
x2.l1     -0.994407
```

예상한 것과 같이 오차 보정항의 계수는 음수다. 이는 장기 평형 단계의 단기 편차 변수들이 제로 평형 편차를 갖게 한다.

쉽게 이변량 경우를 체크해볼 수 있다. 요한슨의 공적분 검증은 Engle-GrangeR을 수반하는 ECM의 단계별 구현 방법과 동일하다. 이는 R 코드를 통해 확인해볼 수 있다.

변동성 모델링

경험적인 금융^{empirical finance}에서 금융 시계열의 변동성은 시간에 따라 변화된다. 하지만 변동성은 관찰되지 않기 때문에 이것을 측정하고 예측하는 것은 어렵다. 보통 변화되는 변동성 모델은 세 가지 경험적인 관찰에 의해 영향을 받는다.

- **변동성 클러스터링**: 이는 경험적 관찰에 따른 것으로 금융 시장에서 안정기 이후에는 안정기가 계속되는 반면, 혼란기는 혼란기 이후 계속된다는 것을 의미한다.
- **자산 수익률의 비정상 상태**: 자산 수익률의 꼬리 분포가 정규분포에 비해 상대적으로 두껍다는 것을 경험적 분석으로 확인할 수 있다.
- **레버리지 효과**: 이는 변동성이 가격의 상승과 감소와 다르게 반응한다는 관찰에 기인한다. 가격이 하락했을 때의 변동성이 같은 크기의 가격이 상승했을 때보다 크다.

다음 코드는 S&P 자산 가격을 통해 이 현상을 보여주고 있다. 이미 사용한 방법을 통해 yahoofinance에서 데이터를 다운로드할 수 있다.

```
getSymbols("SNP", from="2004-01-01", to=Sys.Date())
chartSeries(Cl(SNP))
```

일일 수익률의 시계열 데이터를 구하기 위해 종가의 수익률에 로그값을 취한 값을 계산한다. 비록 단순해 보이는 계산이지만, quantmod 패키지는 이보다 더 간단한 방법을 제공한다.

```
ret <- dailyReturn(Cl(SNP), type='log')
```

변동성 분석을 통해 자기상관성과 부분 자기상관성에서 벗어날 수 있다. 우리는 로그 수익률이 서로 상관관계가 없다는 것을 예상하지만, 절댓값을 취한 로그 수익률의 제곱값은 유의미한 자기상관성을 보여준다. 이것은 로그 수익률은 서로 상관관계를 갖고 있지 않지만, 독립은 아니라는 것을 의미한다.

par(mfrow=c(2,2)) 함수를 다음과 같이 사용한다. 이를 통해 R의 4개의 다른 그래프를 하나의 그래프에서 볼 수 있다.

```
par(mfrow=c(2,2))
acf(ret, main="Return ACF");
pacf(ret, main="Return PACF");
acf(ret^2, main="Squared return ACF");
pacf(ret^2, main="Squared return PACF")
par(mfrow=c(1,1))
```

위 코드를 통해 생성된 그래프는 다음과 같다.

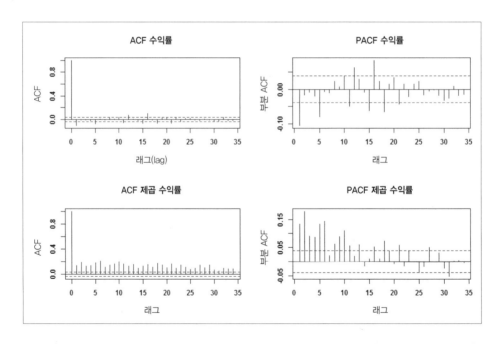

그리고 S&P의 일 로그 수익률에 대한 히스토그램과 경험적 분포 같은 평균 및 표준편차를 가진 정규분포를 비교해보자. 그 다음에 density(ret) 함수를 사용해 비모수 경험적 분포를 계산한다. 이를 위해 함수 curve( )를 추가 매개변수인 add=TRUE를 사용해 이미 존재하는 그래프에 선을 추가한다.

```
m=mean(ret);s=sd(ret);
par(mfrow=c(1,2))
hist(ret, nclass=40, freq=FALSE, main='Return histogram');curve(dnorm(x,
mean=m,sd=s), from = -0.3, to = 0.2, add=TRUE, col="red")
plot(density(ret), main='Return empirical distribution');curve(dnorm(x,
mean=m,sd=s), from = -0.3, to = 0.2, add=TRUE, col="red")
par(mfrow=c(1,1))
```

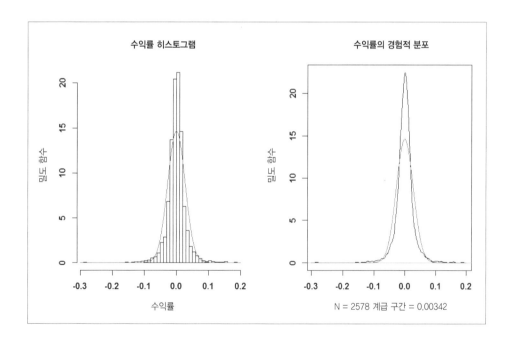

초과 첨도와 두꺼운 꼬리를 갖고 있는 건 확실해 보인다. 하지만 샘플 경험 분포가 정규 분포(왜도가 3)에 비해 초과 첨도를 갖는 것을 moments 패키지를 통해 수치적으로 쉽게 확인할 수 있다. R은 다른 소프트웨어와 달리 초과 첨도값이 아닌 다음과 같은 명목상의 값을 보여준다.

```
install.packages('moments');library('moments');
kurtosis(ret)
daily.returns
     12.64959
```

그래프의 윗쪽이나 아래쪽 꼬리 부분을 확대해보는 것이 유용할 수 있다. 이것은 단순한 재조정을 통해 얻을 수 있다.

```
# 꼬리 확대
plot(density(ret), main='Return EDF - upper tail', xlim = c(0.1, 0.2),
ylim=c(0,2));
curve(dnorm(x, mean=m,sd=s), from = -0.3, to = 0.2, add=TRUE, col="red")
```

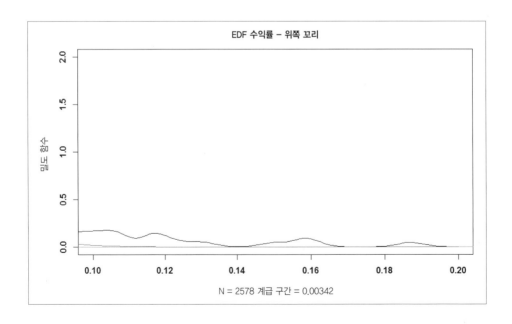

다른 유용한 시각화 예제는 **로그 스케일**^{log-scale}의 밀도를 보거나(다음 그래프 중 왼쪽) 또는 QQ-plot(오른쪽)을 보는 것이다. 이 둘은 보통 밀도를 비교할 때 사용된다. QQ-plot은 경험적인 사분위수^{quantiles}와 이론적인(정규) 분포를 같이 그린 것이다. 정규분포를 따르는 샘플의 경우, 일직선의 형태를 띠어야 한다. 이 일직선으로 부토의 편차는 두꺼운 꼬리를 나타낸다.

```
# 로그 스케일의 밀도 그래프
plot(density(ret), xlim=c(-5*s,5*s),log='y', main='Density on log-scale')
curve(dnorm(x, mean=m,sd=s), from=-5*s, to=5*s, log="y", add=TRUE,
col="red")

# QQ-plot
qqnorm(ret);qqline(ret);
```

위 코드를 통해 생성된 그래프는 다음과 같다.

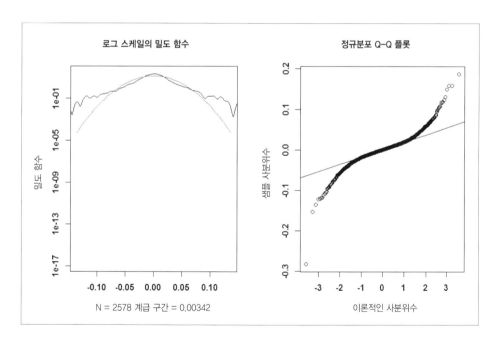

이제 변동성 모델링을 다뤄보자.

금융 계량 경제학에는 크게 변동성과 관련된 두 가지의 모델링 방식이 있다. GARCH - family 접근 방법(Engle, 1982 and Bollerslev, 1986)과 **확률론적인 변동성**stochastic volatility, SV 모델 방식이다. 두 가지 방식을 구분하기 위한 GARCH 방식 모델과 SV 방식의 차이는 우선 GARCH 방색 모델은 과거 관찰값이 주어진 상태에서 조건부 분산을 구하는데 반해 SV-model의 변동성은 주어진 정보로는 측정할 수 없다는 점이다. 그러므로 측정 공식에 의해 필터링돼야 한다(예: Andersen - Benzoni, 2011). 달리 말하면, GARCH-형태 모델들은 과거 관찰값을 사용해 변동성을 추정한다. 하지만 SV 모델들은 변동성이 숨겨진 확률 과정을 갖고 있으며 수익 실현은 변동성 과정의 추론을 위한 측정 공식으로 사용돼야 한다.

1장에서는 두 가지 이유로 GARCH 접근 방법을 기본적으로 다룬다. 첫 번째로 실무에서 GARCH가 더 많이 사용되고 있으며, 두 번째로 다양한 방법론적인 배경으로 인해 아직 R에서 SV 모델을 제공하지 못하고 있기 때문이다. 그리고 실제 구현을 위해 여러 유의미한 수정이 필요하다.

rugarch 패키지를 이용한 GARCH 모델링

모델링을 위한 몇 가지 R 패키지가 존재한다. 이 중 가장 유명한 패키지는 rugarch와 rmgarch(다변량 모델), fGarch다. 하지만 tseries 패키지 또한 GARCH 함수들을 포함하고 있다. 1장에서 우리는 rugarch 패키지의 모델링 기능들을 사용한다. 1장에서 사용할 표기법들은 rugarch 결과값 및 문서에서 사용된 표기법이다.

표준 GARCH 모델

GARCH(p,q) 과정은 다음과 같이 표현할 수 있다.

$$\epsilon_t = \sigma_t \eta_t$$

$$\sigma_t^2 = \omega + \sum_{i=1}^{q} \alpha_i \in_{t-i}^2 + \sum_{j=1}^{q} \beta_j \sigma_{t-j}^2$$

여기서 $\in_t$은 보통 조건 평균식(ARMA 과정)의 교란항이고, $\eta_t \sim \text{i.i.d.}(0,1)$이다. 즉, 조건부 변동 과정은 σ_{t-j}^2 lag와 lag의 관찰값의 제곱($\in_t$)의 선형식으로 표현된다. 경험적 연구에서 GARCH(1,1)을 이용해 적절하게 데이터를 적합할 수 있다.

GARCH(1,1)의 조건부 분산을 장기 변동성 $\frac{\omega}{1-\alpha-\beta}$과 최종 예측 분산 σ_{t-1}^2, 새로운 정보 $\in_{t-1}^2$의 가중평균으로 간단하게 생각하는 것이 유용할 수 있다. 하지만 가장 큰 단점은 대칭성을 갖고 있기 때문에 분산과 레버리지 효과의 비대칭성을 표현할 수 없다는 것이다. 모델의 변동성은 매우 직관적이다. η_t의 큰 양(음)의 충격은 $\in_t$의 가치를 증가(감소)시키며, 차례대로 σ_{t+1} 값을 증가(감소)시켜 더 큰(작은) $\in_{t+1}$ 값을 갖게 한다. 충격은 지속되며 이것은 변동성 클러스터. 첨도^{Leptokurtic}의 성격을 알아보기 위해서는 약간의 유도식이 필요하다. 세이^{Tsay}(2010)의 예를 참조하자.

우리의 경험적 예시로 2006년 1월 1일부터 2014년 3월 31일까지 Apple Inc.의 일별 종가를 계산한 수익을 분석해보자. 이 분석을 시작하기 전에 애플 데이터의 특징을 파악하기 위해 1장의 데이터 분석 부분을 다시 살펴볼 것을 추천한다.

패키지가 설치돼 있지 않다면 우선 첫 번째 패키지를 설치해야 한다.

```
install.packages('rugarch');library('rugarch')
```

데이터를 얻기 위해 평소와 같이 패키지와 함수를 이용하고 종가에 바탕을 둔 수익률 시리즈를 계산하자.

```
# 애플 데이터를 로드하고 로그-수익률을 계산하기
getSymbols("AAPL", from="2006-01-01", to="2014-03-31")
ret.aapl <- dailyReturn(Cl(AAPL), type='log')
chartSeries(ret.aapl)
```

rugarch의 프로그램 로직은 다음과 같이 생각할 수 있다. 목적(적합과 필터링, 예측, 시뮬레이션)이 무엇이든 우선 모델을 시스템 오브젝트로 구체화해야 한다. 그리고 이것을 관련된 함수에 투입해야 한다. ugarchspec( )을 호출해 모델을 구체화할 수 있다. 다음 코드는 상수 μ만 사용하는 간단한 GARCH(1,1) 모델을 구체화한다.

```
garch11.spec = ugarchspec(variance.model = list(model="sGARCH",
garchOrder=c(1,1)), mean.model = list(armaOrder=c(0,0)))
```

이 모델을 데이터에 적합하기 위한 확실한 방법은 일별 시계열을 바탕으로 최대 우도 maximum likelihood를 통해 모수를 추정하는 것이다.

```
aapl.garch11.fit = ugarchfit(spec=garch11.spec, data=ret.aapl)
```

이 함수는 여러 다른 결과 중 $\mu, \omega, \alpha_1, \beta_1$ 모수 추정값을 제공한다.

```
coef(aapl.garch11.fit)
         Mu           omega        alpha1        beta1
1.923328e-03  1.027753e-05  8.191681e-02  8.987108e-01
```

추정값과 여러 진단 테스트는 생성된 오브젝트의 show( ) 방법으로 구할 수 있다. 다른 여러 통계와 모수 추정, 일반적인 오류, 공분산 행렬 추정은 적절한 코멘드를 이용해 구할 수 있다. 모든 리스트를 확인하려면 ugarchfit 오브젝트 클래스를 이용할 수 있다. 가장 중요한 것들은 다음 코드에서 볼 수 있다.

```
coef(aapl.garch11.fit)          # 추정 계수
vcov(aapl.garch11.fit)          # 변수 추정의 공분산 매트릭스
infocriteria(aapl.garch11.fit)  # 공통된 정보의 기준 목록
newsimpact(aapl.garch11.fit)    # 뉴스 충격 곡선 계산
signbias(aapl.garch11.fit)      # Engle - Ng 부호 바이어스 테스트
```

```
fitted(aapl.garch11.fit)       # 적합된 데이터 얻기
residuals(aapl.garch11.fit)    # 잔차 얻기
uncvariance(aapl.garch11.fit)  # 조건 없는(장기) 분산
uncmean(aapl.garch11.fit)      # 조건 없는(장기) 평균
```

표준 GARCH 모델은 두꺼운 꼬리와 변동성 클러스터를 표현할 수 있다. 하지만 레버리지 효과로 나타나는 비대칭을 설명하기 위해서는 좀 더 고급 모델이 필요하다. 비대칭 문제를 시각화해 접근하기 위해 이제 뉴스 충격 곡선의 개념을 설명한다.

뉴스 충격 곡선은 Pagan과 Schwert(1990), Engle과 Ng(1991)가 소개했으며, 충격에 반응하는 변동성의 변화 크기를 시각화하는 유용한 툴이다. 이 이름은 충격을 뉴스가 시장 움직임에 미치는 영향이라고 해석하는 데서 유래됐다. 여러 다른 사이즈의 충격에 대한 조건부 변동성의 변화를 그래프로 그릴 수 있으며, 변동성의 비대칭 효과를 간결하게 표현할 수 있다. 다음 코드에서 첫 번째 라인은 앞에서 정의한 GARCH(1,1) 모델에 대한 뉴스 충격을 수치적으로 계산하며, 두 번째 라인은 시각적인 플롯을 생성한다.

```
ni.garch11 <- newsimpact(aapl.garch11.fit)
plot(ni.garch11$zx, ni.garch11$zy, type="l", lwd=2, col="blue",
main="GARCH(1,1)- News Impact", ylab=ni.garch11$yexpr, xlab=ni.
garch11$xexpr)
```

다음 명령어에 대한 스크린샷은 다음과 같다.

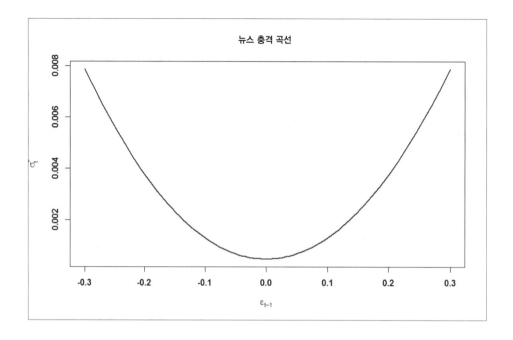

예상했듯이, 긍정적이고 부정적인 충격에 반응하는 비대칭은 존재하지 않는다. 이제 비대칭 효과도 포함할 수 있는 모델을 다룬다.

지수 GARCH 모델

지수Exponential GARCH 모델(EGARCH)은 넬슨(1991)이 소개했다. 접근법은 직접적으로 조건부 변동성의 로그를 모델링한다.

$$\epsilon_t = \sigma_t \eta_t$$

$$\log \sigma_t^2 = \omega + \sum_{i=1}^{q} \left(\alpha_i \eta_{t-i} + \gamma \left(|\eta_{t-i}| - E|\eta_{t-i}| \right) \right) + \sum_{j=1}^{q} \beta_j \log \left(\sigma_{t-j}^2 \right)$$

여기서 E는 기대 연산자다. 이 모델 공식은 변동성 프로세스가 진화할 때 곱셈을 허용한다. 비대칭성은 α_i 변수에 내포돼 있다. 음의 값은 실제 데이터에서 관찰할 수 있는 것처럼 프로세스가 음의 충격에 더 많이 반응한다는 것을 의미한다.

모델을 적합하기 위해 바꿔야 할 유일한 모수는 EGARCH 모델의 타입을 설정하는 것이다. Fitting 함수를 실행하면 추가 변수를 추정할 수 있다(coef()).

```
# 평균 방정식에 상수만 있는 EGARCH(1,1) 모델을 지정한다.
egarch11.spec = ugarchspec(variance.model = list(model="eGARCH",
garchOrder=c(1,1)), mean.model = list(armaOrder=c(0,0)))
aapl.egarch11.fit = ugarchfit(spec=egarch11.spec, data=ret.aapl)

coef(aapl.egarch11.fit)
        Mu      omega      alpha1       beta1      gamma1
0.001446685 -0.291271433 -0.092855672 0.961968640 0.176796061
```

뉴스 충격 곡선은 충격에 대한 조건부 변동성의 반응으로 강한 비대칭성을 반영한다. 그리고 비대칭성 모델의 필요성을 확인한다.

```
ni.egarch11 <- newsimpact(aapl.egarch11.fit)
plot(ni.egarch11$zx, ni.egarch11$zy, type="l", lwd=2, col="blue",
main="EGARCH(1,1)- News Impact",
ylab=ni.egarch11$yexpr, xlab=ni.egarch11$xexpr)
```

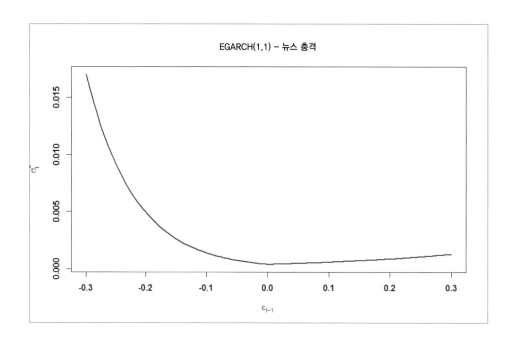

EGARCH(1,1) – 뉴스 충격

임계 GARCH 모델

또 다른 중요한 예는 TGARCH 모델이며, 더 설명하기 쉽다. TGARCH는 특정 임계값보다 아래에 있거나 위에 있는 모델 모수를 명시적으로 구분한다. TGARCH 는 좀 더 일반적인 비대칭성 ARCH 클래스의 서브 모델이다. 하지만 응용 금융 경제에 폭넓게 소개돼 있기 때문에 이것은 따로 다룬다.

TGARCH 모델은 다음과 같은 수식을 갖는다.

$$\in_t = \sigma_t \eta_t$$

$$\sigma_t^2 = \omega + \sum_{i=1}^{q} \left(\alpha_i + \gamma_i I_{t-i} \right) \in_{t-i}^2 + \sum_{j=1}^{q} \beta_j \sigma_{t-j}^2$$

여기서 $I_{t-i} = \begin{cases} 1 & \in_{t-1} < 0 \text{ 일 경우} \\ 0 & \in_{t-1} \geq 0 \text{ 일 경우} \end{cases}$

설명은 간단하다. ARCH 계수는 이전 오류 기간의 부호에 의존한다. γ_1 이 양의 부호를 갖는다면 음의 부호를 갖는 오류 기간은 조건부 변동성에 더 큰 효과를 갖게 된다. 이전에 레버리지 효과를 살펴본 것과 같다.

R 패키지에서 임계^Threshold GARCH 모델(TGARCH), rugarch는 가족 GARCH 모델이라 불리는 더 일반적인 GARCH 모델 클래스의 프레임 워크로 구현된다(Ghalanos, 2014).

```
# 평균 방정식에 상수만 있는 TGARCH(1,1) 모델을 지정한다.
tgarch11.spec = ugarchspec(variance.model = list(model="fGARCH",
submodel="TGARCH", garchOrder=c(1,1)),
        mean.model = list(armaOrder=c(0,0)))
aapl.tgarch11.fit = ugarchfit(spec=tgarch11.spec, data=ret.aapl)

> coef(aapl.egarch11.fit)
        Mu       omega      alpha1        beta1        gamma1
0.001446685 -0.291271433 -0.092855672  0.961968640   0.176796061
```

특정 기능적 형태 때문에 임계에 대한 뉴스 충격 곡선은 다른 응답을 표현할 때 유연하지 않다. 그리고 다음에서 확인할 수 있듯이 0점에 꼬임이 있다.

```
ni.tgarch11 <- newsimpact(aapl.tgarch11.fit)
plot(ni.tgarch11$zx, ni.tgarch11$zy, type="l", lwd=2, col="blue",
main="TGARCH(1,1)- News Impact",
ylab=ni.tgarch11$yexpr, xlab=ni.tgarch11$xexpr)
```

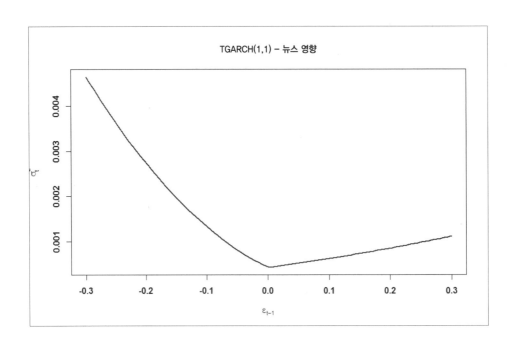

시뮬레이션과 예측

Rugarch 패키지를 이용해 특정 모델을 쉽게 시뮬레이션할 수 있다. 물론 시뮬레이션을 하기 전에 ugarchspec( )에서 모델의 모수를 지정해야 한다. 이는 fixed.pars를 통해 실행할 수 있다. 모델의 모수를 지정한 후, 시계열 데이터를 주어진 조건부 평균 그리고 GARCH 모델을 시뮬레이션할 수 있다.

```
garch11sim.spec = ugarchspec(variance.model = list(garchOrder=c(1,1)),
  mean.model = list(armaOrder=c(0,0)),
    fixed.pars=list(mu = 0, omega=0.1, alpha1=0.1,
      beta1 = 0.7))
garch11.sim = ugarchpath(garch11sim.spec, n.sim=1000)
```

모델을 추정한 후, 다음과 같이 ugarchforecast를 사용해 값을 예측할 수 있다.

```
aapl.garch11.fit = ugarchfit(spec=garch11.spec, data=ret.aapl, out.
sample=20)
aapl.garch11.fcst = ugarchforecast(aapl.garch11.fit, n.ahead=10,
n.roll=10)
```

예측된 시계열 데이터와 조건부 변동을 시각화하기 위해 plot 함수를 사용할 수 있다.

```
plot(aapl.garch11.fcst, which='all')
```

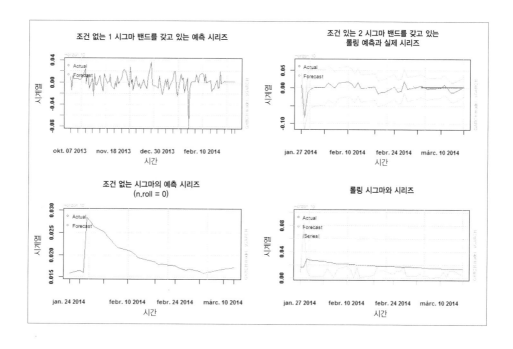

┃ 요약

1장에서 시계열 데이터의 중요한 개념인 공적분, 벡터 자기회귀 그리고 GARCH-type
의 조건부 변동성 모델들을 다뤘다. 이와 함께 계량과 경험적 금융에 R을 적용할 수 유용한 방법들을 논해봤다. 예제를 통해 독자들이 여러 도움을 받았길 바란다. 그러나 다시 한 번 말하지만, 시계열과 계량 경제학 이론 그리고 R 프로그램의 관점에서 봤을 때 1장에서 다룬 내용은 극히 일부에 불과하다. R 언어는 인터넷에 문서화가 잘돼 있고, R 사용자 모임은 여러 명의 R 전문가들로 이뤄져 있다. 독자들이 이 책에서 다룬 것을 넘어 본인 스스로 R 공부를 멈추지 않길 바란다. 문제가 생긴다면, 이에 대한 해답은 인터넷에서 찾을 수 있을 것이다. R 패키지들의 문서 및 help 파일들을 자주 사용하길 바라며, http://cran.r-project.org/를 자주 방문하길 바란다. 남은 장에서는 더욱 많은 예제와 R 기능, 패키지, 함수를 다룰 것이다.

▌ 참고문헌

- Andersen, Torben G; Davis, Richard A.; Kreiß, Jens-Peters; Mikosh, Thomas(ed.)(2009). Handbook of Financial Time Series

- Andersen, Torben G. and Benzoni, Luca(2011). Stochastic volatility. Book chapter in Complex Systems in Finance and Econometrics, Ed.: Meyers, Robert A., Springer

- Brooks, Chris(2008). Introductory Econometrics for Finance, Cambridge University Press

- Fry, Renee and Pagan, Adrian(2011). Sign Restrictions in Structural Vector Autoregressions: A Critical Review. Journal of Economic Literature, American Economic Association, vol. 49(4), pages 938-60, December.

- Ghalanos, Alexios(2014)Introduction to the rugarch package

- http://cran.r-project.org/web/packages/rugarch/vignettes/Introduction _to_the_rugarch_package.pdf

- Hafner, Christian M.(2011). Garch modelling. Book chapter in Complex

Systems in Finance and Econometrics, Ed.: Meyers, Robert A., Springer

- Hamilton, James D.(1994). Time Series Analysis, Princetown, New Jersey

- Lütkepohl, Helmut(2007). New Introduction to Multiple Time Series Analysis, Springer

- Murray, Michael. P.(1994). A drunk and her dog: an illustration of cointegration and error correction. The American Statistician, 48(1), 37−39.

- Martin, Vance; Hurn, Stan and Harris, David(2013). Econometric Modelling with Time Series. Specification, Estimation and Testing, Cambridge University Press

- Pfaff, Bernard(2008). Analysis of Integrated and Cointegrated Time Series with R, Springer

- Pfaff, Bernhard(2008). VAR, SVAR and SVEC Models: Implementation Within R Package vars. Journal of Statistical Software, 27(4)

- Phillips, P. C., & Ouliaris, S.(1990). Asymptotic properties of residual based tests for cointegration. Econometrica: Journal of the Econometric Society, 165−193.

- Pole, Andrew(2007). Statistical Arbitrage. Wiley

- Rachev, Svetlozar T., Hsu, John S.J., Bagasheva, Biliana S. and Fabozzi, Frank J.(2008). Bayesian Methods in Finance. John Wiley & Sons.

- Sims, Christopher A.(1980). Macroeconomics and reality. Econometrica: Journal of the Econometric Society, 1−48.

- Tsay, Ruey S.(2010). Analysis of Financial Time Series, 3rd edition, Wiley

02

요인 모델

많은 경우, 금융 자산 평가는 할인된 현금 흐름discounted cash flow 방법에 바탕을 두고 있다. 따라서 현재 가치는 할인된 미래 현금 흐름의 가치로 계산한다. 따라서 자산의 가치를 평가하기 위해 돈의 시간 가치와 주어진 자산의 리스크를 반영할 수 있는 적절한 수익률을 알아야 한다. 기대 수익률을 평가하는 모델에는 크게 **자본 자산 가격 결정 모델**capital asset pricing model, CAPM과 **차익 거래 가격 결정 모델**arbitrage pricing theory, APT이 있다. CAPM은 평형 모델인 반면, APT는 무차익 원칙을 바탕으로 한다. 따라서 두 접근 방법은 출발점과 내부 논리가 굉장히 다르다. 하지만 사용하는 시장 요인Factor에 따라 최종 프라이싱 수식은 유사할 수 있다. CAPM와 APT의 비교는 Bodie-Kane-Marcus(2008)를 참조하자. 이론적인 모델을 테스트할 때는 선형 회귀식을 이용한다. CAPM은 다로치Daróczi(2013) 등에서 자세히 다뤘기 때문에 2장에서는 APT를 중점적으로 다룬다.

2장은 두 파트로 나뉜다. 첫 번째 파트에서는 일반적인 APT 이론을 소개하고 Fama and French의 논문에서 다룬 3요인 모델을 다룬다. 두 번째 파트에서는 R을 이용해 데이터를 추출하는 방법과 실제 시장 데이터에서 가격 결정 변수를 추정하는 방법을 소개한다. 그리고 마지막으로 좀 더 최근 샘플을 이용해 유명한 Fama-French 모델을 다룬다.

▎ 차익 거래 프라이싱 이론

차익 거래 프라이싱 이론^{arbitrae pricing theory, APT}는 시장의 자산 수익률은 거시 경제와 특정 회사 요인에 의해 결정되며, 자산 수익률은 다음과 같은 선형 요인 모델에 의해 생성된다는 가정을 바탕으로 한다.

$$r_i = E(r_i) + \sum_{j=1}^{n} \beta_{ij} F_j + e_i \quad (1)$$

여기서 $E(r_i)$는 자산 i의 기대 수익률을 의미하며, F_j는 j번째 요인의 예상하지 못한 변화, $\beta_{ij} F_j$는 해당 요인에 따른 i번째 증권의 민감도, e_i는 예상치 못한 특정 회사의 사건에 의해 발생한 수익률을 의미한다. 따라서 $\sum_{j=1}^{n} \beta_{ij} F_j$는 랜덤한 체계적^{systematic} 효과, e_i는 시장 요인으로 표현할 수 없는 비체계적 효과^{non-systemic}를 나타낸다. $\sum_{j=1}^{n} \beta_{ij} F_j$와 e_i는 예상하지 못하기 때문에 0 평균을 갖고 있다.

이 모델에서 요인들은 서로 독립적이며 회사 특정 리스크^{firm-specific risk}다. 따라서 자산 수익률은 두 가지에서 파생된다. 시장의 모든 자산에 영향을 미치는 체계적^{systemic} 리스크와 특정 회사에만 영향을 미치는 비체계적^{non-systemic} 리스크다. 비체계적 리스크는 포트폴리오에서 더 많은 자산을 추가함으로써 다양화할 수 있다. 이와 반대로 체계적 리스크는 전체 주식 시장에 영향을 미치는 경제 전반에 걸친 리스크에 영향을 받기 때문에 다양화할 수 없다(Brealey-Myers, 2005).

모델의 결과로 실현된 자산의 수익률은 여러 무작위 요인의 선형 조합으로 표현할 수 있다(Wilmott, 2007).

APT의 다른 중요한 가정은 다음과 같다.

- 시장에는 다음 기간을 위해 포트폴리오를 최적화하는 한정된 숫자의 투자자들이 있다. 투자자들은 동등한 정보를 갖고 있으며, 마켓파워를 갖고 있지 않다.
- 계속 거래되고 있는 무위험 자산과 한정된 숫자의 위험 자산이 있다. 따라서 회사 특정 리스크는 다양화를 통해 제거할 수 있다. 회사 특정 리스크가 없는 포트폴리오를 '다양화가 잘된 포트폴리오'라고 부른다.
- 차익 수익 기회가 생길 때 투자자들은 즉시 가격이 낮게 책정된 증권은 사고, 높게 책정된 증권은 파는 이성적인 판단을 한다. 그리고 최대한 많은 무위험 수익을 얻기 위해 노력한다. 따라서 가격이 잘못 책정된 증권들은 그 즉시 사라진다.
- 요인 포트폴리오가 존재하며 계속 거래된다. 요인 포트폴리오는 한 가지 요인에만 반응하는 다양화가 잘된 포트폴리오다. 특히, 특정 요인에 대한 베타는 1이며, 그외 다른 요인에 대한 베타는 0이다.

앞의 가정에 따르면, 포트폴리오의 리스크 프리미엄은 포트폴리오의 리스크 프리미엄 요인의 가중 합과 같다는 것을 알 수 있다(Medvegyev–Száz, 2010). 다음의 가격 측정 식은 2개의 요인 모델에서 나왔다.

$$E\left(r_i - r_f\right) = \beta_{i1}\left(r_1 - r_f\right) + \beta_{i2}\left(r_2 - r_f\right)(2)$$

여기서 r_i는 i번째 자신의 수익률이며, r_f는 무위험 수익률, β_{i1}는 첫 번째 체계적 요인에 대한 i번째 주식의 리스크 프리미엄의 민감도, $\left(r_1 - r_f\right)$는 이 요인의 리스크 프리미엄이다. 유사하게, β_{i2}는 두 번째 요인의 추가 수익률 $\left(r_2 - r_f\right)$에 대한 i번째 주식의 리스크 프리미엄 민감도다.

APT를 구현할 때는 다음과 같은 형태의 선형 회귀식을 이용한다.

$$\left(r_i - r_f\right) = \alpha_i + \beta_{i1}\left(r_1 - r_f\right) + \beta_{i2}\left(r_2 - r_f\right) + \varepsilon_i \ (3)$$

여기서 α_i는 상수, ε_i는 자산의 비체계적이며 회사 특정 리스크다. 다른 변수들은 앞에서 설명한 것과 같다.

모델에 한 가지 요인만 있다면 이것은 시장 프트폴리오의 수익률이며, CAPM과 APT의 가격 결정 식은 동일하다.

$$E\left(r_i - r_f\right) = \beta_i\left(r_m - r_f\right)(4)$$

이 경우, 다음과 같이 실제 시장 데이터에 테스트할 수 있다.

$$\left(r_i - r_f\right) = \alpha_i + \beta_i\left(r_m - r_f\right) + \varepsilon_i \ (5)$$

여기서 r_m은 시장 인덱스로 표현되는 시장 포트폴리오의 수익률이다(예: S&P 500). 이것이 수식 5을 인덱스 모델이라 부르는 이유다.

APT의 구현

구현은 네 가지 스텝으로 나눌 수 있다. 요인 식별과 요인 계수 추정, 요인 프리미엄 추정, APT를 이용한 가격 측정이다(Bodie 등. 2008).

1. **요인 식별**: APT는 요인에 대해 언급하지 않으므로 경험적으로 식별해야 한다. 이 요인들은 주로 주식 시장 수익률이나 이플레이션, 비지니스 사이클 등의 거시 경시 경제 요인이다. 거시 경제 요인을 사용할 때의 가장 큰 문제점은 서로 독립적

이 아니라는 것이다. 요인을 식별할 때는 주로 요인 분석을 이용한다. 하지만 요인 분석으로 확인된 요인을 항상 경제적으로 설명하지 못할 수도 있다.

2. **요인 계수 추정**: 다변량 선형 회귀 분석 모델의 계수를 추정하기 위해 수식 3의 일반적인 형태를 이용한다.

3. **요인 프리미엄 추정**: 요인 추정은 과거 데이터를 바탕으로 한다. 요인 포트폴리오의 과거 프리미엄 시계열 데이터 평균을 이용한다.

4. **APT를 이용한 가격 책정**: 수식 2에 적당한 변수를 치환해 모든 자산의 기대 수익률을 계산할 수 있다.

Fama-French의 세 가지 요인 모델

FFama와 Frech는 1996년에 다중 요인 모델을 소개했다. 여기서 거시 경제 요인 대신 기업 지표를 요인으로 사용했다. 이 요소가 자산의 시스템 리스크를 더 잘 설명하고 있음을 발견했기 때문이다. Fama와 Frech는 시장 포트폴리오 수익률 생성 요인으로 회사 규모와 시가-장부가 비율을 인덱스 모델에 추가했다(Fama and French, 1996).

회사 규모 요인은 작고 큰 회사 수익률의 차이(r_{SMB})를 이용해 산출한다. 변수의 이름인 SMB는 "small minus big"에서 유래했다. 시가-장부가 요인(r_{HML})은 높고 작은 시가-장부가 비율을 갖는 회사 수익률의 차이로 계산한다. 변수의 이름인 HML은 "high minus low"에서 유래했다.

모델은 다음과 같다.

$$r_i - r_f = \alpha_i + \beta_{iM}\left(r_M - r_f\right) + \beta_{iHML}r_{HML} + \beta_{iSMB}r_{SMB} + e_i \ (6)$$

여기서 α_i는 상수이자 비정상적인 수익률, s는 비정상적인 이자율을 나타내는 상수, r_f는 무위험 수익률이다. β_{iHML}은 i번째 자산의 시가−장부가 비율에 대한 민감도인 반면, β_{iSMB}는 i번째 자산의 규모 요인에 대한 민감도다. β_{iM}은 시장 인덱스에 대한 i번째 주식의 리스크 프리미엄에 대한 민감도, $(r_M - r_f)$는 이 요인의 리스크 프리미엄, e_i는 평균이 0인 비체계적인 특정 회사의 리스크다.

▌ R 모델링

앞으로의 절에서는 R을 이용해 앞에서 소개한 모델을 구현하는 방법을 배운다.

데이터 선택

4장, '빅데이터 − 고급 분석'에서는 오픈소스에서 데이터를 가져와 효율적으로 다루는 방법을 자세하게 설명한다. 2장에서는 주식 가격의 시계열과 관련 정보를 얻고 요인 모델 추정에 사용하는 방법을 다룬다.

R에서는 다음과 같이 작업할 수 있다.

```
stocks <- read.table("stocks.csv", header = TRUE, sep = ";")
```

이제 AMEX와 NASDAQ, NYSE에 상장된 6,500개의 주식을 포함하는 R 오브젝트를 생성했다. str 명령어를 사용하면 데이터셋에 포함된 변수를 확인할 수 있다.

```
str(stocks)
'data.frame':   6551 obs. Of    8 variables:
$ Symbol   : chr    "AA-P" "AAMC" "AAU" "ACU" ...
$ Name     : chr    "Alcoa Inc." "Altisource Asset Management Corp"...
$ LastSale : num    87 1089.9 1.45 16.58 16.26 ...
```

```
$ MarketCap : num     0.00 2.44e+09 9.35e+07 5.33e+07 2.51e+07 ...
$ IPOyear   : int     NA NA NA 1988 NA NA NA NA NA NA ...
$ Sector    : chr     "Capital Goods" "Finance" "Basic Industries"...
$ Industry  : chr     "Metal Fabrications" "Real Estate"...
$ Exchange  : chr     "AMEX" "AMEX" "AMEX" "AMEX" ...
```

여기서 필요 없는 변수는 삭제하고 Fama-French 모델을 추정하는 데 필요한 회사의 시
가총액과 장부가액을 다른 데이터베이스에서 가져올 수 있다.

```
stocks[1:5, c(1, 3:4, ncol(stocks))]
  Symbol  LastSale MarketCap BookValuePerShare
1   AAU      1.29  83209284               0.68
2   ACU     16.50  53003808              10.95
3   ACY     16.40  25309415              30.13
4   ADGE     2.32 115577574               0.19
5   ADK      4.05  70897048               0.70
```

한 달의 USD LIBOR로 계산할 수 있는 무위험 수익률의 시계열이 필요하다.

```
install.packages("Quandl")
library(Quandl)
Warning message:
package 'Quandl' was built under R version 3.1.0
LIBOR <- Quandl('FED/RILSPDEPM01_N_B',
start_date = '2010-06-01', end_date = '2014-06-01')
Warning message:
In Quandl("FED/RILSPDEPM01_N_B", start_date = "2010-06-01", end_date
= "2014-06-01"). It would appear you aren't using an authentication
token. Please visit http://www.quandl.com/help/r or your usage may be
limited.
```

데이터는 LIBOR 변수에 지정돼 있기 때문에 경고 메시지는 무시할 수 있다.

데이터를 수집하기 위한 Quandl 패키지와 tseries, 그 외 다른 패키지는 4장, '빅데이터 – 고급 분석'에서 좀 더 자세히 다룬다.

이는 주식 가격을 얻는 데 사용할 수 있으며, S&P 500 인덱스는 시장 포트폴리오로 사용된다.

주식 가격 테이블(2010년 6월 1일부터 2014년 6월 1일까지 약 5,000개의 주식 가격 시계열)이 생성됐으며, 첫 번째와 마지막 열은 다음과 같다.

```
d <- read.table("data.csv", header = TRUE, sep = ";")
d[1:7, c(1:5, (ncol(d) - 6):ncol(d))]
          Date       SP500    AAU    ACU    ACY    ZMH    ZNH ZOES ZQK ZTS
ZX
1 2010.06.01  1070.71    0.96   11.30  20.64  54.17  21.55  NA  4.45  NA  NA
2 2010.06.02  1098.38    0.95   11.70  20.85  55.10  21.79  NA  4.65  NA  NA
3 2010.06.03  1102.83    0.97   11.86  20.90  55.23  21.63  NA  4.63  NA  NA
4 2010.06.04  1064.88    0.93   11.65  18.95  53.18  20.88  NA  4.73  NA  NA
5 2010.06.07  1050.47    0.97   11.45  19.03  52.66  20.24  NA  4.18  NA  NA
6 2010.06.08  1062.00    0.97   11.35  18.25  52.99  20.96  NA  3.96  NA  NA
7 2010.06.09  1055.69    0.98   11.90  18.35  53.22  20.45  NA  4.02  NA  NA
```

데이터가 하드 드라이브에 저장돼 있다면 쉽게 read.table 함수로 데이터를 읽을 수 있다. 4장, '빅데이터 – 고급 분석'에서 인터넷에서 직접 데이터를 수집하는 방법을 다룬다.

이제 필요한 모든 데이터를 갖고 있다. 시장 포트폴리오(S&P 500)와 주식 가격, 무위험 수익률(한 달 LIBOR) 데이터베이스를 깨끗하게 하기 위해 누락값과 0 또는 음수 가격을 제거한다. 이것을 가장 쉽게 할 수 있는 방법은 다음과 같다.

```
d <- d[, colSums(is.na(d))== 0]
d1= as.matrix(d[, 2:ncol(d)])
d <- d[, c(T, colMins(d1)> 0)]
```

colMins 함수를 사용하기 위해 matrixStats 패키지를 사용한다. 이제 데이터를 사용해 보자.

주성분 분석을 이용한 APT 추정

실제로 요인 분석을 실행하는 것은 쉽지 않다. 증권의 수익률에 영향을 미치는 매크로 변수를 구분하는 것이 어렵기 때문이다(Medvegyev – Száz, 2010, pp. 42). 많은 경우, 수익률에 영향을 미치는 잠재 요인을 찾기 위해 주성분 분석principal component analysis, PCA을 사용한다.

원래 다운로드한 6,500개의 주식 중 4,015개만 사용할 수 있다. 나머지는 누락됐거나 0 값을 갖고 있기 때문에 포함하지 않았다. 우선 이 절에서 필요하지 않은 처음 2개의 열을 삭제하고 S&P 500은 분리된 요인으로 간주한다. 따라서 주성분 분석에는 이것을 포함하지 않는다. 그리고 로그 수익률을 산출한다.

```
p <- d[, 3:ncol(d)]
r <- log(p[2:nrow(p), ] / p[1:(nrow(p)- 1), ])
```

PerformanceAnalytics 라이브러리의 return.calculate(data,method="log")를 이용해 주어진 자산의 로그 수익률을 산출하는 다른 방법도 있다.

주성분 요인 분석을 실행하기에 너무 많은 주식을 갖고 있기 때문에 적어도 25년 동안의 데이터를 갖거나 주식 수를 줄여야 할 필요가 있다. 요인 모델이 수십년 동안 안정적이기는 힘들다. 따라서 설명하기 위해 무작위로 주식의 10%만 선택하고 이 샘플에 대한 모델을 산출하자.

```
r <- r[, runif(nrow(r))< 0.1]
```

runif(nrow(r))<0.1은 4,013 차원의 0-1 벡터며, 테이블에서 약 10%의 열(이 경우 393)을 추출한다. 또한 다음과 같은 샘플 함수를 사용할 수 있으며, 이것에 대한 자세한 설명은 http://stat.ethz.ch/R-manual/R-devel/library/base/html/sample.html을 참조할 수 있다.

```
pca <- princomp(r)
```

위의 결과로 princomp 클래스 오브젝트를 생성했다. 이것은 8개의 속성attribute을 갖고 있으며, 이 중 가장 중요한 것은 로딩된 매트릭스와 표준편차를 포함하고 있는 sdev다. 첫 번째 주성분은 최대 분산을 갖고 있는 데이터셋인 벡터다.

주성분의 표준편차를 살펴보자.

```
plot(pca$sdev)
```

결과는 다음과 같다.

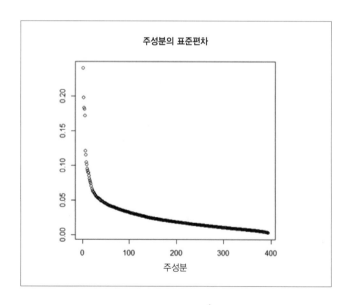

첫 번째 5개의 성분이 떨어져 있는 것을 볼 수 있다. 결과적으로 5개의 요인을 선택해야 하지만, 다른 요인들도 의미 있는 표준편차를 갖고 있으므로 단순히 몇 개의 요인만으로 시장을 설명할 수 있다.

5개의 요인으로 요인 모델을 추정하는 factanal 함수를 통해 이 결과를 다시 확인할 수 있다.

```
factanal(r, 5)
```

이 계산을 실행하기 위해서는 시간이 더 걸린다는 것을 알 수 있다. 요인 분석은 PCA와 관련이 있지만, 수학적인 측면에서는 좀 더 복잡하다. 위의 결과로 많은 속성을 갖고 있는 클래스 오브젝트인 factanal이 생성됐다. 하지만 결과 중 다음 부분만 필요하다.

```
               Factor1   Factor2   Factor3   Factor4   Factor5
SS loadings    56.474    23.631    15.440    12.092    6.257
Proportion Var  0.144     0.060     0.039     0.031     0.016
Cumulative Var  0.144     0.204     0.243     0.274     0.290
Test of the hypothesis that 5 factors are sufficient.
The chi square statistic is 91756.72 on 75073 degrees of freedom.The
p-value is 0
```

위의 결과는 5개의 요인 모델을 나타낸다. 하지만 설명 분산은 약 30%이므로 모델을 다른 요인으로 확장할 필요가 있다는 것을 의미한다.

파마-프렌치 모델 추정

5년 동안의 4,015 주식 가격으로 이뤄진 데이터 프레임과 LIBOR 시계열인 데이터 프레임을 갖고 있다. 우선 수익률을 산출하고 이것을 LIBOR과 결합할 필요가 있다.

우선 수학 계산을 할 수 없는 날짜는 삭제하고, 남아 있는 각각의 열에 대해 로그 수익률을 구한다.

```
d1 <- d[, 2:ncol(d)]
d2 <- log(tail(d1, -1)/head(d1, -1))
```

로그 수익률을 구한 후, 날짜를 수익률에 다시 합치고 마지막으로 두 데이터셋을 결합한다.

```
d <- cbind(d[2:nrow(d), 1], d2)
d[,1] = as.character(d[,1])
LIBOR[,1]= as.character(LIBOR[,1])
names(LIBOR)[2]='LIBOR'
d <- merge(LIBOR, d, by = 1)
```

데이터 프레임에서 실행할 수 있는 merge 함수는 명령문의 (inner)join과 같다.

결과는 다음과 같다.

```
print(d[1:5, 1:5])
      Date    LIBOR  SP500                AAU          ACU
2010.06.02    0.4    0.025514387    -0.01047130    0.034786116
2010.06.03    0.4    0.004043236     0.02083409    0.013582552
2010.06.04    0.4   -0.035017487    -0.04211149   -0.017865214
2010.06.07    0.4   -0.013624434     0.04211149   -0.017316450
2010.06.08    0.4    0.010916240     0.01025650   -0.008771986
```

LIBOR을 일별 수익률로 조정하자.

```
d$LIBOR <- d[,2] / 36000
```

LIBOR은 통화 시장 기준으로 일별(실제/360)로 표시돼 있으며 퍼센티지 시계열이기 때문에 LIBOR을 36,000으로 나눈다. 파마-프렌치 모델의 3개 변수를 산출할 필요가 있다. 데이터 선택 절에서 언급한 바와 같이 주식 데이터 프레임을 갖고 있다.

```
stocks[1:5, c(1, 3:4, ncol(stocks))]

   Symbol LastSale MarketCap BookValuePerShare
1    AAU     1.29  83209284              0.68
2    ACU    16.50  53003808             10.95
3    ACY    16.40  25309415             30.13
4   ADGE     2.32 115577574              0.19
5    ADK     4.05  70897048              0.70
```

가격 데이터를 갖고 있지 않은 주식들은 삭제한다.

```
> stocks = stocks[stocks$Symbol%in% colnames(d),]
```

총액을 변수로 갖고 있지만, 각 변수에 대해 시장가-장부가 비율을 산출할 필요가 있다.

```
stocks$BookToMarketRatio <-
  stocks$BookValuePerShare / stocks$LastSale
str(stocks)
'data.frame': 3982 obs. of        5 variables:
 $ Symbol           : Factor w/ 6551 levels "A","AA","AA-P",..: 14
72
.$ LastSale         : num  1.29 16.5 16.4 2.32 4.05 ...
 $ MarketCap        : num  8.32e+07 5.30e+07 2.53e+07 1.16e+08...
 $ BookValuePerShare: num  0.68 10.95 30.13 0.19 0.7 ...
 $ BookToMarketRatio: num  0.5271 0.6636 1.8372 0.0819 0.1728 ...
```

이제 SMB와 HML 요인을 산출해보자. 회사가 평균보다 크면 단순하게 BIG이라고 표시하자. 시장가-장부가 비율을 산출할 때도 같은 규칙을 적용한다.

```
avg_size <- mean(stocks$MarketCap)
BIG   <- as.character(stocks$Symbol[stocks$MarketCap > avg_size])
SMALL <- as.character(stocks[stocks$MarketCap < avg_size,1])
```

이 어레이array는 BIG과 SMALL 회사의 심벌을 포함하고 있다. 이제 SMB 요인을 정의할 수 있다.

```
d$SMB <- rowMeans(d[,colnames(d)%in%SMALL]) -
  rowMeans(d[,colnames(d)%in%BIG])
```

HML 요인은 다음과 같이 정의한다.

```
avg_btm <- mean(stocks$BookToMarketRatio)
HIGH <- as.character(
  stocks[stocks$BookToMarketRatio > avg_btm, 1])
LOW <- as.character(
  stocks[stocks$BookToMarketRatio < avg_btm, 1])
d$HML <- rowMeans(d[, colnames(d)%in%HIGH]) -
  rowMeans(d[, colnames(d)%in%LOW])
```

세 번째 요인을 계산하자.

```
d$Market <- d$SP500 - d$LIBOR
```

3개의 요인을 정의한 이후 Citigroup Inc.(Citi)와 Exelixis, Inc.(EXEL) 주식에 이것을 테스트해보자.

```
d$C   <- d$C - d$LIBOR
model <- glm(formula = "C ~ Market + SMB + HML", data = d)
```

일반 선형 모델general linear model, GLM 함수는 다음과 같이 실행된다. 데이터와 수식을 인수 argument로 취한다. 이 수식은 response~terms 형태의 스트링string이다. 여기서 response 는 데이터 프레임에서의 변수명이며, term은 모델의 예측 변수predictor를 표시한다. 따라서 데이터셋에서 + 부호로 구분되는 변수명으로 이뤄진다. 이 함수는 로지스틱 회귀 분석에 서도 사용될 수 있지만, 디폴트는 선형식이다.

모델의 결과는 다음과 같다.

```
Call:  glm(formula = "C~Market+SMB+HML", data = d)
Coefficients:
(Intercept)      Market         SMB          HML
0.002583       2.322486     0.336115      2.912915


Degrees of Freedom: 1001 Total (i.e. Null);  998 Residual
Null Deviance:       5.74
Residual Deviance:   5.326        AIC: -2394
```

모델 서머리 결과는 다음과 같다.

```
summary(model)
Call:
glm(formula = "C~Market+SMB+HML", data = d)
Deviance Residuals:
    Min      1Q    Median      3Q       Max
-0.09573  -0.01051  -0.00266  0.00567  2.26257


Coefficients:
Estimate Std. Error t value Pr(>|t|)
(Intercept)    0.002583   0.002350   1.099  0.27189
Market         2.322486   0.275166   8.440  < 2e-16 ***
SMB            0.336115   0.654617   0.513  0.60775
HML            2.912915   1.061474   2.744  0.00617 **
---
```

Signif. codes: 0 '***' 0.001 '**' 0.01 '*' 0.05 '.' 0.1 ' ' 1

(Dispersion parameter for gaussian family taken to be 0.005337046)

Null deviance: 5.7397 on 1001 degrees of freedom
Residual deviance: 5.3264 on 998 degrees of freedom
AIC: -2394

Number of Fisher Scoring iterations: 2

결과에 따르면 가장 유의한 요인은 시장 프리미엄이다. 이것은 Citigroup의 주식 수익률이 전체 시장과 같이 움직이는 것 같아 보인다는 것을 의미한다.

결과를 그래프로 표현하기 위해 다음과 같은 명령어를 사용한다.

```
estimation <- model$coefficients[1]+
  model$coefficients[2] * d$Market +
  model$coefficients[3]*d$SMB +
  model$coefficients[4]*d$HML
plot(estimation, d$C, xlab = "estimated risk-premium",
  ylab = "observed riks premium",
  main = "Fama-French model for Citigroup")
lines(c(-1, 1), c(-1, 1), col = "red")
```

다음 스크린샷은 Citigroup에 대해 예측된 파마-프렌치 모델의 리스크 프리미엄을 보여
준다.

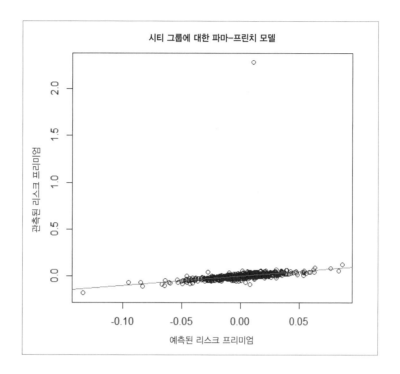

그래프를 살펴보면 수익률에 이상값이 있는 것을 볼 수 있다. 이것을 0으로 바꾸면 어떻
게 되는지 살펴보자.

```
outlier <- which.max(d$C)
d$C[outlier] <- 0
```

모델을 생성하기 위해 똑같은 코드를 실행하면 다음과 같은 결과를 얻는다.

```
model_new <- glm(formula = "C ~ Market + SMB + HML", data = d)
summary(model_new)
Call:
```

```
glm(formula = "C ~ Market + SMB + HML", data = d)
Deviance Residuals:
      Min        1Q     Median        3Q       Max
-0.091733  -0.007827  -0.000633  0.007972  0.075853
Coefficients:
              Estimate Std. Error t value Pr(>|t|)
(Intercept) -0.0000864  0.0004498  -0.192 0.847703
Market       2.0726607  0.0526659  39.355  < 2e-16 ***
SMB          0.4275055  0.1252917   3.412 0.000671 ***
HML          1.7601956  0.2031631   8.664  < 2e-16 ***
---
Signif. codes:  0 '***' 0.001 '**' 0.01 '*' 0.05 '.' 0.1 ' ' 1
(Dispersion parameter for gaussian family taken to be 0.0001955113)
    Null deviance: 0.55073 on 1001 degrees of freedom
Residual deviance: 0.19512 on  998 degrees of freedom
AIC: -5707.4
Number of Fisher Scoring iterations: 2
```

결과에 따르면 세 가지 요인들이 모두 유의하다.

GLM 함수를 이용해 R^2 값을 구할 수 없다. 선형 회귀 분석의 경우, 똑같은 방법으로 lm 함수를 사용할 수 있으며 모델 서머리를 통해 r.squared = 0.6446임을 알 수 있다.

이 결과는 변수가 Citi의 리스크 프리미엄 분산을 64% 이상 설명하고 있음을 가르킨다. 새로운 결과를 그래프에 그려보자.

```
estimation_new <- model_new$coefficients[1]+
  model_new$coefficients[2] * d$Market +
  model_new$coefficients[3]*d$SMB +
  model_new$coefficients[4]*d$HML
dev.new()
plot(estimation_new, d$C, xlab = "estimated risk-premium",ylab =
"observed riks premium",main = "Fama-French model for Citigroup")
lines(c(-1, 1), c(-1, 1), col = "red")
```

이 경우, 결과는 다음과 같다.

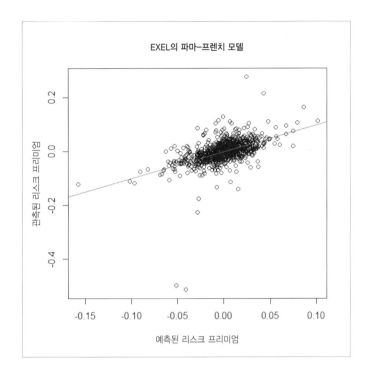

다른 주식인 EXEL에 모델을 테스트해보자.

```
d$EXEL <- d$EXEL — d$LIBOR
model2 <- glm(formula = "EXEL~Market+SMB+HML", data = d)
Call:  glm(formula = "EXEL~Market+SMB+HML", data = d)
Coefficients:
(Intercept)      Market          SMB           HML
-0.001773       1.843306     2.939551      -1.603047

Degrees of Freedom: 1001 Total (i.e. Null);  998 Residual
Null Deviance:        1.868
Residual Deviance: 1.355          AIC: -3765
```

모델 서머리 결과는 다음과 같다.

```
summary(model2)
Call:
glm(formula = "EXEL~Market+SMB+HML", data = d)
Deviance Residuals:
      Min        1Q      Median        3Q        Max
-0.47367   -0.01480    -0.00088   0.01500   0.25348
Coefficients:
             Estimate Std. Error t value Pr(>|t|)
(Intercept) -0.001773   0.001185  -1.495  0.13515
Market       1.843306   0.138801  13.280  < 2e-16 ***
SMB          2.939550   0.330207   8.902  < 2e-16 ***
HML         -1.603046   0.535437  -2.994  0.00282 **
---
Signif. codes: 0 '***' 0.001 '**' 0.01 '*' 0.05 '.' 0.1 ' ' 1

(Dispersion parameter for gaussian family taken to be 0.001357998)
    Null deviance: 1.8681 on 1001 degrees of freedom
Residual deviance: 1.3553 on 998 degrees of freedom
AIC: -3765.4
Number of Fisher Scoring iterations: 2
```

결과에 따르면 3요인은 모두 유의하다.

GLM은 R^2를 포함하지 않는다. 선형 회귀식의 경우, 똑같은 방법으로 lm 함수를 사용할 수 있으며, 모델 서머리를 통해 r.squared=0.2723임을 확인할 수 있다. 결과에 따르면 변수들은 EXEL의 리스크 프리미엄 분산을 27% 이상 설명할 수 있다.

다음과 같은 명령어를 이용해 결과를 그래프로 그릴 수 있다.

```
estimation2 <- model2$coefficients[1] +
  model2$coefficients[2] * d$Market +
  model2$coefficients[3]* d$SMB + model2$coefficients[4] * d$HML
plot(estimation2, d$EXEL, xlab = "estimated risk-premium",
  ylab = "observed riks premium",
```

```
    main = "Fama-French model for EXEL")
lines(c(-1, 1), c(-1, 1), col = "red")
```

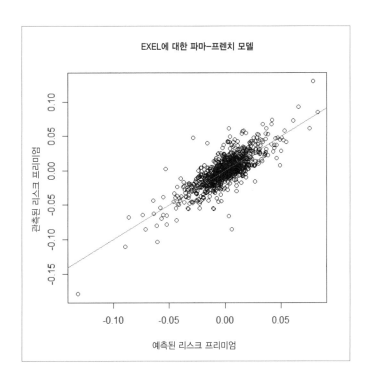

요약

2장에서는 다요인 모델을 만들고 구현하는 방법을 살펴봤다. 주요인 분석의 결과로 자산 수익률을 설명하는 5개의 독립된 요인을 찾았지만, 분산의 30%만 설명할 수 있으므로 이 변수들은 충분치 않아 보였다. 설명을 위해 유명한 파마-프렌치 모델을 실제 시장 데이터에 적용했으며, 시장 요인 외에 추가로 2개의 특정 회사 요인(SMB와 HML)을 사용했다. 주요인 분석과 요인 분석을 위해 이미 존재하는 함수를 사용했으며, 회귀 분석을 위해 일반 선형 모델을 사용하는 방법을 살펴봤다.

3개의 요인이 유의미함을 발견했다. 따라서 최근 샘플에서는 파마-프렌치 요인이 설명력을 갖고 있다는 결론을 내릴 수 있다. 더 나은 새로운 다요인 가격 책정 수식을 직접 만들어보고 테스트해보길 바란다.

▌ 참고문헌

- E.F. Fama, and K.R. French(1996), Multifactor Explanations of asset Pricing Anomalies, Journal of Finance 51, pp. 55−84

- Z. Bodie, A. Kane, and A. Marcus(2008), Essentials of Investment, Edition 7, McGraw−Hill Irwin

- P. Medvegyev, and J. Száz(2010), A meglepetések jellege a pénzügyi piacokon, Bankárképző, Budapest

- P. Wilmott(2007), Paul Wilmott Introduces Quantitative Finance, Edition 2, John Wiley & Sons Ltd, West Sussex

- G. Daróczi, M. Puhle, E. Berlinger, P. Csóka, D. Havran, M, Michaletzky, Zs. Tulassay, K. Váradi and A. Vidovics−Dancs(2013), Introduction to R for Quantitative Finance, Packt Publishing, Birmingham−Mumbai

- S.A. Ross(1976), Return, Risk and Arbitrage : in : Risk and Return in Finance, Cambridge, Mass, Ballinger

- Gy.Walter, E. Berlinger(1999), Faktormodellek az értékpapírpiacokon (Factormodels on securities' markets), Bankszemle, 43(4), pp. 34−43. ISSN 0133−0519

03

거래량 예측

증권 거래에서 가격을 결정하는 것은 오랜 기간 동안 많은 연구원의 주목을 받아왔다. 그 결과 가격과 관련된 다양한 이론과 모델, 경험적 증명empirical evidence이 존재한다. 계속 새로운 관점이 소개되고 있지만, 금융 지식은 굉장히 포괄적인 주제다. 가격의 변동에 대해 잘 이해하고 있지만, 이를 예측하는 일은 상당히 어렵다는 것에 대부분 동의한다.

이와 반대로 증권 거래에서 총 거래량trading volume과 관련된 부분은 상대적으로 적게 연구됐다. 총 거래량은 주식 거래 과정을 측정하기 위한 또 다른 기본적인 측도다. 가장 일반적으로 쓰이는 균형 가격 모델조차 활동 크기와 같이 총 거래량 값을 포함하지 않고 있다. 연구원들은 최근에 들어서야 거래량에 주목하기 시작했고, 가격 예측에 비해 거래량 예측이 훨씬 더 좋은 결과를 낼 수 있다는 것을 발견했다.

3장에서는 이미 다룬 이론적 내용과 R이 제공하는 함수를 통해 일 거래량 예측 모델을 소개한다.

▌ 동기

거래량에 대해 잘 이해하려는 것은 이론적인 이유뿐 아니라 실무적인 이유도 있다. 주문 주도 시장에서 발생한 매수 매도의 크기가 상대적으로 시장에 비해 크다면, 몇몇 가격을 크게 요동치게 만들 수 있다. 따라서 전체 거래의 평균 가격이 가장 좋은 가격 수준보다 높거나 낮게 돼 거래자가 손해를 입을 수 있다. 이런 현상을 보통 가격 충격price impact 이라고 한다. 이런 상황을 피하기 위해 노력해야 하며 발생하더라도 충격을 최소화해야 한다.

이를 위해서는 거래량을 분리해야 한다. 즉, 시장 거래량을 작게 나누고 거래를 서서히 시행해야 한다. 거래를 나누는 데에는 여러 가지 방법이 존재하지만 가장 대중적으로 쓰이는 방법은 **거래량 가중평균 가격**volume weighted average price, VWAP 전략이다. 이는 일일 가중평균, 즉 일 거래 대금을 일 전체 거래량으로 나눈 값이다. 장기 투자자는 중립 거래라고 불리는 평균 실행 가격이 일별 VWAP와 같은 경우를 반긴다. 하지만 몇몇 투자자는 장 마감쯤 돼서야 계산할 수 있는 VWAP를 그들의 일 거래에 나눠 맞춘다는 것에 대해 의문을 표한다. 그래서 보통 그들은 이 문제를 브로커들에게 위임한다. 브로커는 VWAP에 맞춰 거래하는 것을 보장하는 대신, 그에 따른 비용을 받는다. 이 비용은 예측 오류에 대한 완충 작용을 한다. 즉, 브로커는 이 비용을 위해 일 거래량에 대한 가장 정확한 예측을 해야 한다. 이를 위해 거래를 예측값과 유사한 비율로 분할해 가격 변동에 상관없이 VWAP에 도달할 수 있도록 한다. 그러므로 브로커에게는 정확한 거래량을 예측하는 것이 그들의 수익과 직접 비례하는 가치이자 비지니스 자산이다.

▌ 거래의 강도

거래 활동의 강도를 측정하는 데는 여러 가지 방법이 존재한다. 그중 가장 일반적으로 사용하는 측정값은 특정 기간 동안 거래된 주식의 거래량이다. 유동성이 주어졌을 때(자산이 얼마나 쉽게 거래가 되는지에 대한 척도) 각 주식의 절대 거래 활동은 다르다. 모델링을 위해 거래량을 백분율로 표시해주는 것이 좋다. 이 측도를 거래량 회전율turn-over이라 하며, 거래량을 이용해 다음과 같이 계산한다.

$$x_{i,t} = \frac{V_{i,t}}{TSO_{i,t}} \ (1)$$

여기서 x는 거래 회전율, V는 거래량, TSO는 상장된 전체 주식 수를 의미한다. 지수index i는 실제 주식, t는 기간을 의미한다.

앞에서 언급한 바와 같이, 거래량에 대해 기술된 몇 가지가 있지만, 명확한 것 중 하나는 거래량은 음수가 아닌, 거래된 주식 수라는 것이다. 거래량이 0인 경우는 거래가 전혀 없음을 의미하고, 이외의 경우는 모두 양수다. 또한 중요한 사실 중 하나는 몇몇 시장에서의 일 거래는 U자 형태를 띤다는 것이다(Hmaied, D. M., Sioud, O. B., and Grar, A.(2006), Hussain, S. M.(2011) 참조).

이것은 거래가 일 중 시장의 시가와 종가에 몰린다는 것을 의미한다. 이것에 대한 여러 설명이 있지만, 이 현상이 존재한다는 것은 확실해 보인다.

 독자는 카스트라(Kaastra, I), 보이드(Boyd, M. S.)(1995)와 룩스(Lux, T), 카이조지(Kaizoji, T)(2004)에 흥미가 있을 것이다. 여기서는 월별과 일별 데이터를 이용한 볼륨 예측 모델을 제안한다.

브라운리스(Brownless, C. T.), 갈리오(Gallo, G. M.)(2011)는 3장과 직접적인 관련이 있는 일별 데이터를 위한 볼륨 예측 모델을 만들었다.

다음 절에서 자세히 다루는 모델이 더 정확한 예측을 제공하므로(Bialkowski, J., Darolles, S., and Le Fol, G.(2008)이 제안), 지면상의 한계 때문에 3장에서는 후자에 대해서만 설명한다.

3장에서는 하루 동안의 주식 거래량을 예측하는 것에 대해 다룬다. 이 부분을 설명하는 모델은 다양하지만, Bialkowski, J., Darolles, S., and Le Fol, G.(2008)에서 다루고 있는 모델이 가장 정확하다.

▌거래량 예측 모델

이 절에서는 바이알코스키[Bialkowski, J.], 다롤레스[Darolles, S.], 레 폴[Le Fol, G.](2008)이 제안한 하루 거래량 예측 모델[volume forecasting model]에 대해 다룬다.

CAC40 데이터를 모델 검증에 사용했다. 이 데이터에는 2004년 9월 지수의 모든 주식 거래량 회전율[turn-over]을 포함하고 있다. 거래들은 20분 시간 단위로 집계됐으며, 그 결과 하루 총 25개의 관찰값들로 이뤄져 있다.

거래량 회전율[turn-over]은 두 가지 가법 요인으로 이뤄져 있다. 첫 번째는 계절형 요인(U자 모양)으로 각 주식의 일평균 거래량 회전율의 기대 수준을 나타낸다. 두 번째 요소인 변동 요인은 평균에서 값들이 조금씩 차이가 나는 것을 설명하기 위해 존재한다. 이는 특정일에 평균으로부터의 기대 편차를 설명한다.

분해법은 Bai, J(2003)의 모델에 기반을 두고 있다.

$$X = F\Lambda' + e = K + e \, (2)$$

여기서 X는 (TxN) 크기의 행렬로 초기 데이터를 포함하고 있으며, $F(Txr)$은 요인 행렬, $\Lambda'(Nxr)$는 요인 적재량[factor loading] 그리고 $e(TxN)$은 오차항이다. K는 공통 요인, T는 관찰 개수, N은 주식 수 그리고 r은 요인의 개수를 의미한다.

XX' 행렬은 (TxT) 크기를 갖는다. 고윳값[eigenvalue]과 고유 벡터[Eigenvector]를 결정하게 되면 Eig는 r개의 가장 큰 고윳값과 관련된 고유 벡터를 포함하게 된다. 추정된 요인 행렬은 다음과 같이 표시할 수 있다.

$$\tilde{F} = \sqrt{T}\,Eig\,(3)$$

추정된 적재 행렬^{loading matrix}의 전치^{transpose} 행렬은 다음과 같이 계산한다.

$$\tilde{\Lambda}' = \frac{\tilde{F}X}{T}\,(4)$$

마지막으로 공통 항의 추정값은 다음과 같다.

$$\tilde{K} = \tilde{F}\tilde{\Lambda}'\,(5)$$

모델은 가법성을 갖고 있기 때문에 동적 요인은 다음과 같이 추정할 수 있다.

$$\tilde{e} = X - \tilde{K}\,(6)$$

이제 공통 항과 동적 요인을 추정했다. 다음 단계는 예측을 진행하는 것이다. 여기서는 계절성 요인(U 모양)이 20일 동안 일정하다고 가정했다(주식마다 다름). 그러므로 예측은 다음 식을 이용해 계산한다.

$$\tilde{K}_{t+1,i} = \frac{1}{L}\sum_{l=1}^{L} K_{t+1-25\cdot l,i}\,(7)$$

위에서 25는 각 일별 타임 슬롯^{time slot}의 수(데이터 점들)다. 이것은 주식 i의 다음 날 첫 번째 시간대의 예측값을 이전 L일 동안 첫 번째 시간대의 평균으로 나타낼 수 있다는 것을 의미한다.

동적 요인을 예측하는 데에는 두 가지 방법이 있다. 하나는 다음과 같이 AR(1) 모델을 적합^{fitting}하는 것이다.

$$\tilde{e}_{t,i} = c + \phi_1 \tilde{e}_{t-1,i} + \varepsilon_{t,i} \; (8)$$

다른 하나는 SETAR 모델을 적합하는 것이다.

$$\tilde{e}_{t,i} = \left(c_{1,1} + \phi_{1,2} \tilde{e}_{t-1,i} \right) \cdot I\left(\tilde{e}_{t-1,i} \right) + \left(c_{2,1} + \phi_{2,2} \tilde{e}_{t-1,i} \right) \cdot \left(1 - I\left(\tilde{e}_{t-1,i} \right) \right) + \varepsilon_{t,i} \; (9)$$

표시 함수indicator function는 다음과 같다.

$$I(x) = \begin{cases} 1 & x \le \tau \text{일 경우} \\ 0 & x > \tau \text{일 경우} \end{cases} (10)$$

이는 이전 관찰값이 기준값 τ을 초과하지 않는다면 예측값은 AR(1)에 의해 예측되고, 만약 초과한다면 다른 AR(1) 모델을 사용한다는 의미다.

계절 요인과 동적 요인을 모두 예측하고 나면, 거래량 회전율turn-over은 두 가지의 합이 된다.

$$\tilde{X}_{t+1,i} = \tilde{K}_{t+1,i} + \tilde{e}_{t+1,i} \; (11)$$

동적 요인을 예측할 때 두 가지 다른 모델을 사용할 수 있기 때문에 어떤 모델을 사용하느냐에 따라 두 가지 다른 예측값을 가질 수 있다.

▌ R 구현

이번에는 바이알코스키, 다롤레스, 레 폴(2008)의 모델들을 R에서 어떻게 구현할 수 있는지 알아본다. 모델 모수들을 추정하고, 예측값을 구하는 모든 과정은 우선 데이터 로딩에서 시작된다.

데이터

여기서 사용하는 데이터는 다우 존스 산업 평균 지수의 10개 다른 주식들로 이뤄진다(다음 테이블에서 좀 더 자세하게 설명한다). 06/01/2011와 06/29/2011 사이에 총 21일의 거래일을 사용한다. NYSE와 NASDAQ에서 09:30과 16:00 사이에 이뤄진 거래들이다. 데이터를 15분 간격으로 집계하면, 매일 26개의 관찰값을 구할 수 있고, 이는 총 26*21=546개의 관찰값이 된다.

 거래일을 26의 타임 슬롯으로 나눈다. 원래 논문에서 25로 정의했고, 데이터를 수집한 각 시장의 오프닝 시간이 다르기 때문이다. 이것으로 인해 모델의 단 1개의 모수만 바뀌지만, 이런 디테일에 관심을 기울여야 한다.

사용된 모든 주식들은 관찰된 기간 동안 모든 시간에 대해 양수의 거래량 회전율^{turn-over}을 갖고 있을 만큼 좋은 유동성을 갖고 있다.

다음 표는 http://kibot.com/에서 가져올 수 있다.

		회사	인더스트리	섹터
1	AA	Alcoa, Inc.	알루미늄	원자재
2	AIG	American International Group, Inc.	화재보험	금융
3	AXP	American Express Company	크레딧 서비스	금융
4	BA	Boeing Co.	항공 우주 방어 상품과 서비스	산업재
5	BAC	Bank of America	지역 중앙 대서양 은행	금융
6	C	Citigroup, Inc.	머니 센터 은행	금융
7	CAT	Caterpillar, Inc.	농장과 건설 기계	산업재
8	CSCO	Cisco Systems, Inc.	네트워킹과 커뮤니케이션 디바이스	기술
9	CVX	Chevron Corporation	메이저 석유와 가스	원자재
10	DD	E. I. Du Pont De Nemours and Company	케미컬 – 메이저 다이버시파이드	원자재

데이터에 포함돼 있는 주식

546개의 관찰값 중, 처음 520개(20일)를 추정 기간, 마지막 26개(1일)를 예측값으로 사용했다. 예측할 값의 실제값을 갖고 있는 것은 중요하다. 예측값과 실제값을 비교를 통해 얼마나 정확한지 알 수 있다.

그림 3.1은 Alcoa의 첫 5일(130 관찰값)을 나타낸다.

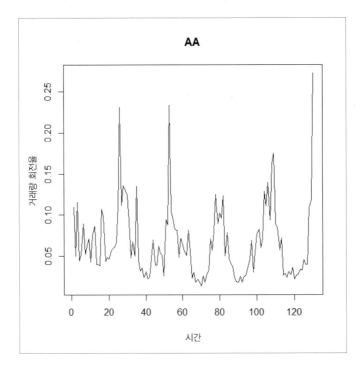

그림 3.1 첫 5일간의 Alcoa 매출량

매일 조금씩 다르지만, 거래 회전율을 살펴보면 5개의 U자 모양을 갖고 있는 것을 볼 수 있다.

데이터 로딩

데이터는 .csv로 정리돼 있으며, 파일의 제일 윗줄인 헤더^{header} 부분에는 회사들의 티커 ^{ticker}가 적혀 있다. 데이터의 사이즈는 546×10이다. 다음 코드를 이용해 데이터를 로딩하고 첫 번째 5개의 행과 5개의 열을 프린트할 수 있다.

```
turnover_data <- read.table("turnover_data.csv", header = T, sep = ";")
format(turnover_data[1:5, 1:6],digits = 3)
```

다음에 보이는 데이터 행렬이 위 명령어의 결과값이다. 데이터 값은 거래량이 아닌, 거래량 회전율(백분율 형태) 값을 갖고 있다. 다음 값을 보면 처음 15분 동안 0.11%의 Alcoa 상장 주식이 거래된 것을 볼 수 있다(수식 1 참조).

	AA	AIG	AXP	BA	BAC	C
1	0.1101	0.0328	0.0340	0.0310	0.0984	0.0826
2	0.0502	0.0289	0.0205	0.0157	0.0635	0.0493
3	0.1157	0.0715	0.0461	0.0344	0.1027	0.1095
4	0.0440	0.1116	0.0229	0.0228	0.0613	0.0530
5	0.0514	0.0511	0.0202	0.0263	0.0720	0.0836

다음 코드는 Alcoa 거래 회전율의 첫째 날을 그래프화한 것이다. 그래프는 그림 3.2에서 확인할 수 있다.

```
plot(turnover_data$AA[1:26], type = "l", main = "AA", xlab = "time",
ylab="turnover")
```

여기서 첫째 날 U자 형태가 어느 정도 다른 것을 확인할 수 있다. 하지만 이 부분에서는 약간의 상상력이 필요하다. U자 형태는 통계적으로 편향됐을 때 관찰된다는 것이 정형화된 사실이기 때문이다.

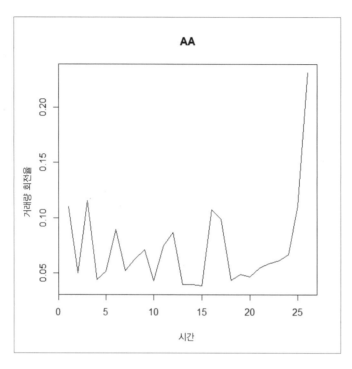

그림 3.2 첫날의 Alcoa 매출량

따라서 예상되는 U자 형태는 평균적으로 더 명확해야 한다. 다음 코드는 Aloca 거래 회전율의 21일간의 샘플에서 평균값을 그래프로 그린 것이다. 이를 위해 데이터의 첫 번째 행을 26*21 행열로 변환했고, 열값들의 평균을 구한 후 그래프로 그렸다.

```
AA_average <- matrix(turnover_data$AA, 26, 546/26)

plot(rowMeans(AA_average), type = "l", main = "AA", xlab = "time", ylab
= "turnover")
```

결과값은 그림 3.3에서 확인할 수 있으며 U자 형태를 띠고 있는 것을 명확하게 볼 수 있다.

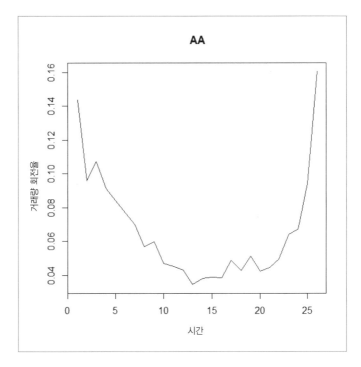

그림 3.3 21일 동안의 Alcoa 매출량 평균

이제 데이터가 로딩됐으므로 모델을 구현할 수 있다.

계절 요인

첫 번째 단계는 계절 요인seasonal component을 나타내는 것이다. 앞에서 언급한 바와 같이, 첫 번째 520개의 관찰값을 이용해 이를 추정한다. 다음 코드는 데이터 프레임에서 앞으로 사용할 샘플을 추출한다.

```
n <- 520
m <- ncol(turnover_data)
sample <- as.matrix(turnover_data[1:n, ])
```

이제 요인 분해를 해보자(Bai, J.(2003)의 수식 2부터 6까지 참조).

$S = XX'$ 행렬(520×520)을 생성한 후, 고웃값과 고유 벡터를 찾는다.

```
S <- sample%*% t(sample)
D <- eigen(S)$values
V <- eigen(S)$vectors
```

그런 다음, 몇 개의 요인(r)을 사용할지 찾아보자. 다음 코드는 고웃값이 줄어드는 순서대로 그래프를 이용해 그린다.

```
plot(D, main = "Eigenvalues", xlab = "", ylab = "")
```

위 코드의 결과는 그림 3.4에서 확인할 수 있으며 첫 번째 고웃값은 명확하게 다른 값에 비해 큰 값을 갖고 있다. 이것은 첫 번째 고유 벡터에 의해 설명되는 분산으로 대부분의 분산을 설명할 수 있다는 의미다. 그러므로 모델이 하나의 요인으로 이뤄져 있다고 가정한다($r = 1$).

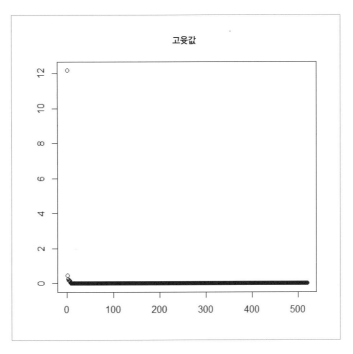

그림 3.4 XX'의 고윳값

가장 큰 고윳값을 갖는 고유 벡터를 사용하면 요인 행렬을 추정할 수 있다(식(3) 참조).

```
Eig <- V[, 1]
F <- sqrt(n)* Eig
```

그리고 추정된 요인 적재량의 전치 행렬을 식(4)를 이용해 계산해보자. 또한 추정된 공통(계절) 요인을 식(5)에 따라 계산해보자. 마지막으로 동적 요소도 식(6)을 이용해 계산해보자.

```
Lambda <- F%*% sample / n
K <- F%*% Lambda
IC <- sample - K
```

앞으로 두 절에서 동적 요인의 예측을 다루지만 여기서도 계절형 요소의 예측이 필요하다. 이는 식(7)로 계산할 수 있다.

```
K26 <- matrix(0, 26, m)

for(i in 1:m){
    tmp <- matrix(K[,i], 26, n/26)
    K26[,i] <- rowMeans(tmp)
}
```

이전 코드에서는 한 가지 주식당 20일의 26개 시간대의 평균을 계산했다. 이는 26×10의 크기의 행렬로 표시된다. 그리고 일 계절형 요인을 포함하고 있는 모든 10개 주식의 예측값을 계산해보자.

이제 두 가지 다른 방법(AR(1) 그리고 SETAR)의 남은 동적 요소들을 예측해보자.

AR(1) 추정과 예측

이번에는 동적 요인을 AR(1) 모델에 적합해보자. 이를 위해 10개의 모델을 만들어야 한다. 다음 코드는 모델의 모수 추정 작업을 수행한다.

```
library(forecast)

models <- lapply(1:m, function(i)
    Arima(IC[, i], order = c(1, 0, 0), method = "CSS"))
coefs <- sapply(models, function(x)x$coef)
round(coefs, 4)
```

계수^{coefficient}들은 coef 변수들에 저장됐으며, 다음과 같은 소수 네 번째로 결과를 출력한다. forecast 패키지에 이미 forecast 함수가 포함돼 있기 때문에 계수값을 저장할 필요는 없다(모델을 저장하는 것으로 충분). 그리고 이를 다음 예제에 사용해본다.

	[,1]	[,2]	[,3]	[,4]	[,5]	[,6]	[,7]	[,8]	[,9]	[,10]
[1,]	0.4745	0.4002	0.3171	0.4613	0.4139	0.5091	0.4072	0.4149	0.2643	0.3940
[2,]	0.0000	0.0004	-0.0007	0.0000	-0.0005	-0.0005	0.0002	0.0017	-0.0004	-0.0007

각 주식에 대한 AR의 계수

 R에는 AR(1) 모델을 추정하는 여러 방법이 있다. 앞에서 언급한 ARIMA 모델을 위한 방법 외에 다음 코드와 같이 ARMA(ARIMA가 아닌) 모델을 처리하기 위한 다른 패키지를 이용할 수 있다. 이를 통해 똑같은 결과를 구할 수 있다.

```
library("tseries")
arma_mod <- arma(IC[, 1], order = c(1, 0))
```

다음 단계는 다음 날을 위한 예측이다. 즉, 26개의 시간대를 이전에 추정한 AR(1) 모델로 예측해야 한다.

```
ARf <- sapply(1:m, function(i)forecast(models[[i]], h = 26)$mean)
```

전체 예측값을 구하기 위해(계절 그리고 동적 요인 모두 포함), 식(11)을 사용한다.

```
AR_result <- K26+ARf
```

모든 예측값은 AR_result 변수에 저장돼 있다.

SETAR 추정과 예측

다음 방법은 SETAR 모델을 이용해 동적 요소를 구하는 것이다. 여기서도 역시 모든 주식에 대한 총 10개의 모델을 만들어야 한다. R에서 SETAR 추정을 위한 패키지가 존재하기 때문에 다음과 같은 코드가 간단하다.

```
library(tsDyn)
setar_mod <- apply(IC,2,setar, 1);
setar_coefs <-  sapply(setar_mod, FUN = coefficients)
round(setar_coefs, 4)
```

AR 모델과는 달리, 계수coefficients 값을 따로 저장해야 한다. 이미 이전 코드에서 이 작업을 수행했다. 네 자리 반올림된 값들은 다음과 같이 출력된다.

```
      [,1]      [,2]      [,3]      [,4]      [,5]      [,6]      [,7]      [,8]
    [,9]     [,10]
[1,] 0.0018  -0.0003  -0.0004   0.0001  -0.0163  -0.0062  -0.0067   0.0016
-0.0003  -0.0001
[2,] 0.5914   0.5843   0.4594   0.6160  -0.1371   0.3108   0.1946   0.4541   0.3801
0.5930
[3,]-0.0016   0.0180   0.0046   0.0061   0.0001   0.0033   0.0011  -0.0040   0.0021
0.0086
[4,] 0.4827  -0.0720  -0.0003   0.1509   0.4315   0.3953   0.3635   0.5241   0.0441
-0.0854
[5,] 0.0063   0.0092   0.0026   0.0036  -0.0141  -0.0054  -0.0103   0.0130   0.0018
0.0057
```

각 주식에 대한 SETAR의 계수

위에서부터 아래에 있는 5개의 모수들은 다음과 같다(식(9) 참조).

1. 절편(낮은 정책)
2. AR 계수(낮은 정책)
3. 절편(높은 정책)
4. AR 계수(높은 정책)
5. 기준값

이제 방금 언급한 SETAR 모델을 이용한 26개의 타임 슬롯에 대한 동적 요소 예측이 남았다. 이는 다음 코드를 사용해 수행한다.

```
SETARf <- matrix(0, 27, m)
SETARf[1,] <- sample[520,]

for(i in 2:27){
SETARf[i,] <-
(setar_coefs[1,]+SETARf[i-1,]*setar_coefs[2,])*
(SETARf[i-1,] <= setar_coefs[5,])+
(setar_coefs[3,]+SETARf[i-1,]*setar_coefs[4,])*
(SETARf[i-1,] > setar_coefs[5,])
}
```

비록 각 주식별로 26개의 시간대(하루 전체)를 예측하지만, SETARf 변수는 27개의 행을 갖고 있다. 왜냐하면, 마지막 관찰값을 첫 번째로 저장해 재귀적으로 계산하기 때문이다. 또한 우리는 행별로 계산한다. 즉, 같은 시간대의 모든 주식을 동시에 예측한 후 다음 시간대로 넘어간다.

마지막으로 식(11)을 다시 이용해 거래 회전율에 대한 전체 예측값을 다음과 같이 구한다.

```
SETAR_result = K26 + SETARf[2:27,]
```

전체 예측값은 이제 SETAR_result 변수에 저장된다.

결과 해석

이전 20일 데이터를 이용해 모든 10개의 주식에 대한 거래량 회전율에 대한 다음날 예측값을 구했다. 동적 요소를 어떤 방법을 이용해서 예측했느냐에 따라 각 주식별로 다른 두 가지 결과값을 얻었다.

예측값과 실제값을 비교하기 위해 모델을 적합할 때 데이터의 마지막 값을 제외했다. AR(1)을 이용해 구한 동적 요인의 예측값과 실제값을 각 주식별로 다음 코드를 이용해 그래프로 그릴 수 있다. 그 결과는 그림 3.5다.

```
par(mfrow = c(2, 5))
for(i in 1:10){matplot(cbind(AR_result[, i], turnover_data[521:546,
i]), type = "l", main = colnames(turnover_data)[i], xlab = "", ylab = "",
col = c("red", "black"))}
```

각 그래프에 있는 점선은 실제 알려진 거래량 회전율, 실선은 예측된 값이다. 앞에서 언급한 바와 같이, 실제 값은 양식화된 사실인 U자 모델을 갖고 있다.

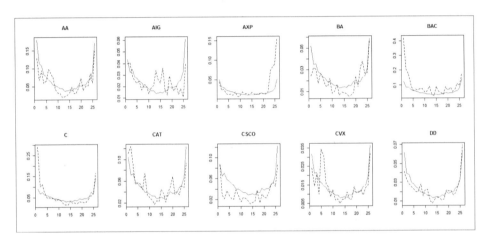

그림 3.5 매출량 예측과 다음날의 실현값. AR(1)은 동적 요소로 사용됐음.

우리는 시각적으로 봤을 때 예측이 꽤 정확해 보인다는 결론을 내릴 수 있다. 실제 값들이 더 U자 형태에 가까웠다면, 예측값들은 더 정확했을 것이다(Alcoa, Caterpillar, Chevron, and Du Pont De Nemours). 하지만 일회성인 큰 값은 언제나 예측이 불가능하다(Chevron의 다섯 번째 관찰값과 같은). 실제 값들이 극단적으로 비대칭이면 제대로 예측하기가 힘들 수 있다. 즉, 첫 번째 또는 마지막 몇몇 거래가 나머지 거래(American Express, Bank of America, and Citigroup)보다 훨씬 큰 경우다. 하지만 이런 경우에도 나머지 날들은 잘 예측됐다.

 이번에는 추정값의 오류를 수치적으로 평가하지 않는다. 우선 벤치마크가 필요하기 때문이다. 그리고 더 중요한 점은 하루에 대해서만 예측을 했기 때문에 결과가 견고하지 않다는 것이다.

방금 사용한 코드로 SETAR을 기반으로 한 추정값을 그래프로 그릴 수 있다. 이는 그림 3.6에서 확인할 수 있다.

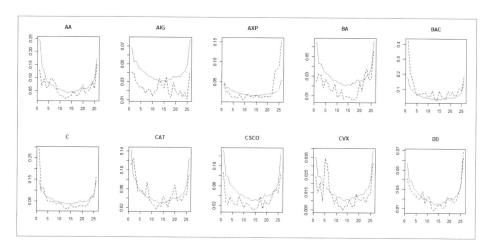

그림 3.6 매출량 예측과 다음날의 실현값. SETAR는 동적 요소로 사용됐음.

우선 결과가 이전 것과 유사하다는 점을 발견할 수 있다. 이는 어느 정도 예상했던 바다. 왜냐하면 계절성 요인을 예측할 때 같은 방법을 사용했고, 이것이 예측값에 큰 영향을 미쳤기 때문이다. 나머지는 각각의 편차값이다. AR과 SETAR 기반을 한 예측의 차이는 첫째 날에 잘 드러난다.

그림 3.5, 3.6에서 첫 번째와 마지막 값을 관찰해보면 많은 주식의 경우(Alcoa, Bank of America, Citigroup, Caterpillar, Cisco, and Du Pont De Nemours), 첫 번째 점은 SETAR보다 많이 크지만, 마지막 점은 예측값과 비슷하다는 것을 알 수 있다. 주식 수가 유사하고 SETAR의 첫 번째 점이 유의하게 큰 것도 발견할 수 있다. 두 가지 예측 방법이 차이가 가장 커 보이는 부분은 American International과 Boeing 주식의 경우 SETAR가 더 큰 값을 갖고 있으며, 두 가지 예측 방법 간의 큰 차이가 있다.

▌요약

3장에서는 일 거래량 예측 모델을 만들고, 이를 R에서 DJIA 지수 데이터를 이용해 구현해봤다. 지면의 한계로 가장 정확하다고 판단되는 모델 하나만 다뤘다. 모델에서는 거래량 회전율을 거래량대신 사용했고, 이를 계절 요인(U자 모양)과 동적 요소로 분해했으며, 이 두 가지 값을 예측했다. 동적 요인은 AR(1)과 SETAR 모델로 예측했다. 두 가지 중 어떤 것이 좋다고 결론짓지는 않았지만, 시각적으로 두 방법의 결과를 확인했으며, 두 가지 방법 모두 나름 정확한 예측값을 산출한 것을 발견했다. 원 논문에서는 모델이 기준값들보다 낫다고 증명했지만, 판단은 독자들에게 맡기겠다. 왜냐하면 작은 데이터를 사용했기 때문에 아직 안정적인 결과라고 단정지을 수 없기 때문이다.

▌참고문헌

- Bai, J.(2003). Inferential theory for factor models of large dimensions. Econometrica, 71:135−171.

- Bialkowski, J., Darolles, S., and Le Fol, G.(2008). Improving VWAP strategies: A dynamic volume approach. Journal of Banking & Finance, 32:1709−1722.

- Brownlees, C. T., Cipollini, F., and Gallo, G. M.(2011). Intra−daily volume modeling and prediction for algorithmic trading. Journal of Financial Econometrics, 9:489−518.

- Hmaied, D. M., Sioud, O. B., and Grar, A.(2006). Intra−daily and weekly patterns of bid−ask spreads, trading volume and volatility on the Tunisian Stock Exchange. Banque & Marchés, 84:35−44.

- Hussain, S. M.(2011). The intraday behavior of bid−ask spreads, trading volume, and return volatility: Evidence from DAX30. International Journal of Economics and Finance, 3:23−34.

- Kaastra, I. and Boyd, M. S.(1995). Forecasting futures trading volume using neural networks. The Journal of Futures Markets, Vol. 15, No. 8, :953–970.

- Lux, T. and Kaizoji, T.(2004). Forecasting volatility and volume in the Tokyo stock market: The advantage of long memory models. Economics working paper, Christian–Albrechts–Universität Kiel, Department of Economics.

04

빅데이터 - 고급 분석

4장에서는 고성능^{high performance} 금융 분석과 데이터 관리를 위해 R에서 사이즈가 큰 데이터를 문제 없이 다룰 수 있는 방법에 대해 다룬다.

주요 목표는 R에서 빅데이터를 읽고 관리하는 방법을 실무적으로 소개하는 것이다. 4장에서는 특정 금융 이론에 대해 다루지 않지만, 실무적인 예제를 통해 R 환경에서 사이즈가 큰 데이터를 다루며, 복잡한 계산 및 모델링을 어떻게 효과적으로 할 수 있는지에 대해 논한다.

4장의 첫 번째 파트에서는 오픈소스들을 통해 어떻게 데이터에 직접 액세스할 수 있는지에 대해 설명한다. R은 전처리 과정 없이 데이터를 로드할 수 있는 다양한 툴을 제공한다. 우선 Quandl과 qualtmod 패키지를 사용해 데이터에 액세스할 수 있는 예제들을 다룬다. 이 예제는 다른 장에서 유용하게 사용될 것이다. 두 번째 파트에서는 빅데이터를 다루는 데 있어서 R의 한계, ff 패키지, big memory 패키지를 이용해 R에서 빅데이터를 다루는 방법에 대해 논의한다. 이와 함께 R에서 빅데이터에 선형 회귀 분석, K-평균 군집 알고리즘과 같이 필수적인 통계 분석 방법을 적용하는 방법에 대해 다룬다.

▌ 오픈소스에서 데이터 불러오기

학문적 분석을 위해 오픈소스에서 금융 시계열 또는 횡단면 데이터cross-sectional를 가져오는 것은 쉽지 않은 일이다. 몇 해 전까지만 해도 금융 분석을 위한 공공 데이터 접근은 매우 제한적이었지만, 최근 들어 공개된 데이터베이스들이 점점 더 많아지고 있다. 이를 통해 어느 분야에서든 수리적으로 분석할 수 있는 기회가 많아지고 있다.

4장에서는 Quandl과 quantmod 패키지들을 이용해 R에서 금융 데이터들을 쉽게 불러올 수 있는 방법에 대해 다룬다. 두 가지 예제를 통해 R에서 사전 데이터 관리 없이 소스 데이트를 불러와 금융 분석을 쉽게 할 수 있는 방법을 살펴본다.

Quandl은 금융 시계열 분석을 위한 오프소스 웹 사이트로 500개의 소스에서 금융, 경제, 사회 과학 데이터의 수백만 개의 색인을 보유하고 있다. Quandl 패키지는 Quandl API와 직접 연동해 R에 다양한 데이터를 직접 불러들일 수 있다. 데이터를 다운로드하는 것뿐 아니라 사용자가 직접 데이터를 업로드하거나 수정할 수 있다. 또 R.upload를 통해 다양한 데이터를 검색할 수 있다.

첫 번째 예제에서는 Quandl에서 데이터를 수집하고, 환율 시계열 데이터의 그래프를 그리는 방법을 다룬다. 이에 앞서, 다음과 같이 Quandl 패키지를 설치하고 로드해야 한다.

```
install.packages("Quandl")
library(Quandl)
library(xts)
```

2005년 1월 1일부터 2014년 5월 30일까지 유로(EUR)와 미국 달러(USD), 스위스 프랑(CHF), 영국 파운드(GBP), 일본 엔(JPY), 러시아 루블(RUB), 캐나다 달러(CAD), 호주 달러(AUD)의 환율 데이터를 다운로드해보자. 다음 명령어는 다운로드하려는 시계열 데이터와 기간을 어떻게 선택하는지를 보여준다.

```
currencies <- c("USD", "CHF", "GBP", "JPY", "RUB", "CAD", "AUD")
currencies <- paste("CURRFX/EUR", currencies, sep = "")
currency_ts <- lapply(as.list(currencies), Quandl, start_date="2005-01-01",
end_date="2013-06-07", type="xts")
```

다음 단계에서는 USD, GBP, CAD, AUD의 4개 환율의 변화 그래프를 matplot( ) 함수를 사용해 그려본다.

```
Q <- cbind(
currency_ts[[1]]$Rate,currency_ts[[3]]$Rate,currency_
ts[[6]]$Rate,currency_ts[[7]]$Rate)
matplot(Q, type = "l", xlab = "", ylab = "", main = "USD, GBP, CAD, AUD",
xaxt = 'n', yaxt = 'n')
ticks = axTicksByTime(currency_ts[[1]])
abline(v = ticks,h = seq(min(Q,na.rm = TRUE), max(Q,na.rm = TRUE), length = 5),
col = "grey", lty =4)
axis(1, at = ticks, labels = names(ticks))
axis(2, at = seq(min(Q,na.rm = TRUE), max(Q,na.rm = TRUE), length = 5), labels =
round(seq(min(Q,na.rm = TRUE),
max(Q,na.rm = TRUE), length = 5), 1))
legend("topright", legend = c("USD/EUR", "GBP/EUR", "CAD/EUR", "AUD/ EUR"),
col = 1:4, pch = 19)
```

코드의 결과는 다음과 같다.

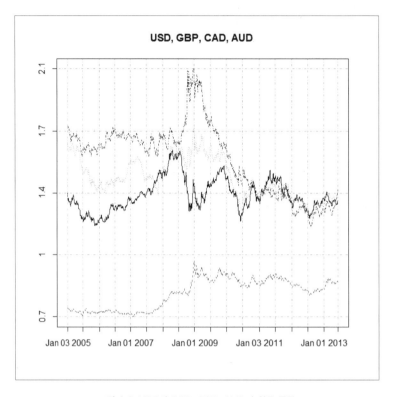

그림 4.1 USD와 GBP, CAD, AUD의 환율 플롯

두 번째 예제에서는 quantmod 패키지를 이용해 오픈소스에서 데이터를 R에 불러온 후 분석을 진행한다. quantmod 패키지의 가장 큰 장점은 Yahoo! Finance, Google Finance나 **연방 준비 경제 데이터**^{Federal Reserve Economic Data, FRED}, Oanda 웹 사이트에서 데이터를 직접 가져올 수 있다는 것이다.

이번 예제에서는 BMW의 주가 정보 데이터를 가져온 후 2010년 이후 자동차 제조 회사의 실적에 대해 분석한다.

```
library(quantmod)
```

Yahoo! Finance에서 주어진 기간 동안의 BMW 주가를 수집한다. quantmod 패키지는 getSymbols( )와 같이 로컬이나 리모트 컨트롤로 데이터를 다운로드할 수 있는 사용하기 쉬운 함수를 제공한다. 함수의 첫 번째 인수에는 다운로드하고 싶은 데이터의 이름을 표시하고, 두 번째 인수에는 객체가 만들어질 환경을 설정한다.

```
bmw_stock<- new.env( )
getSymbols("BMW.DE", env = bmw_stock, src = "yahoo", from =
as.Date("2010-01-01"), to = as.Date("2013-12-31"))
```

이제 BMW.DE 변수를 bmw_stock에서 가져와 다음과 같이 로드해보자. head( ) 함수를 활용해 첫 6개의 행을 확인할 수 있다.

```
BMW<-bmw_stock$BMW.DE
head(BMW)
           BMW.DE.Open BMW.DE.High BMW.DE.Low BMW.DE.Close BMW.DE.Volume
2010-01-04       31.82       32.46      31.82        32.05       1808100
2010-01-05       31.96       32.41      31.78        32.31       1564100
2010-01-06       32.45       33.04      32.36        32.81       2218600
2010-01-07       32.65       33.20      32.38        33.10       2026100
2010-01-08       33.33       33.43      32.51        32.65       1925800
2010-01-11       32.99       33.05      32.11        32.17       2157800
           BMW.DE.Adjusted
2010-01-04           29.91
2010-01-05           30.16
2010-01-06           30.62
2010-01-07           30.89
2010-01-08           30.48
2010-01-11           30.02
```

quantmod 패키지는 금융 차트를 그리는 기능도 제공한다. chartSeries( )는 시각화 기능뿐 아니라 차트와 인터렉트한 기능도 함께 제공한다. 기능성이 확장되면서 기본 차트에 더 많은 거래를 표현할 수 있다. 이는 기술적인 분석을 위한 매우 유용한 기능이다.

예제에서 ddBBands( )를 통해 Bollinger Bands를 추가하고, momentum indicator와 함께 ddMACD( ) 함수로 MACD 트렌드를 추가해 주가 변동에 대한 통찰력을 넓혀보자.

```
chartSeries(BMW,multi.col=TRUE,theme="white")
addMACD()
addBBands()
```

위 코드의 결과는 다음과 같다.

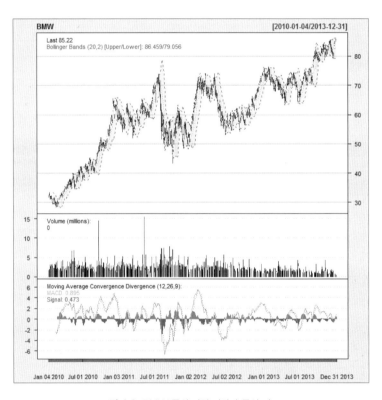

그림 4.2 BMW 주식 가격 변화와 주식 지표

마지막으로 주어진 기간 동안 BMW 주식의 일 로그 수익률을 계산한다. 그리고 수익률이 정규분포를 따르는지도 확인하자. 다음 이미지들은 BMW의 일 로그 수익률 Q-Qplot으로 나타낸 것이다.

```
BMW_return <- log(BMW$BMW.DE.Close/BMW$BMW.DE.Open)
qqnorm(BMW_return, main = "Normal Q-Q Plot of BMW daily log return",
 xlab = "Theoretical Quantiles",
        ylab = "Sample Quantiles", plot.it = TRUE, datax = FALSE
)
qqline(BMW_return, col="red")
```

다음 그래프는 위 코드의 결과를 보여준다. 이 그래프는 BMW의 일 로그 수익률 Q-Qplot 이다.

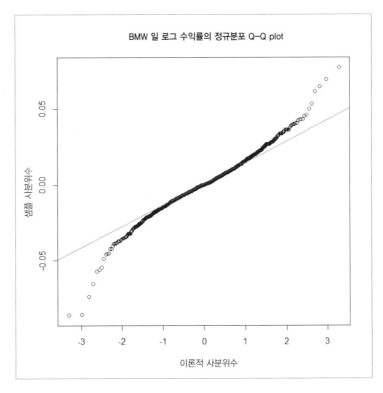

그림 4.3 BMW의 일일 수익에 대한 QQ 플롯

▎ R을 활용한 빅데이터 분석

빅데이터는 데이터의 양과 속도, 다양성^{volume, velocity or variety}이 현재 계산과 처리, 저장 분석의 수용력을 초과하는 상황을 의미한다. 빅데이터 분석은 단순히 크기가 큰 데이터를 다루는 경우만을 의미하는 것이 아니라 계산적으로 부하가 걸리는 분석 시뮬레이션 그리고 많은 모수를 사용하는 모델링 등도 포함한다.

크기가 큰 데이터를 사용하는 것은 계량 금융 분야에 중요한 이점을 제공한다. 예를 들어, 선형성, 정규성 가정을 좀 더 적용할 수 있으므로 더 나은 모델 예측이 가능하며, 적은 빈도의 사건을 더 잘 알아차릴 수 있다.

하지만 크기가 큰 데이터셋 분석은 두 가지 어려움을 갖고 있다. 첫째, 수리적 계산을 위한 대부분의 툴은 큰 데이터를 수용하는 데 제한된 능력을 갖고 있다. 이 경우, 기본적인 계산과 데이터 관리조차 쉽지 않다. 둘째, 수용 능력을 무시하더라도 큰 데이터의 계산을 진행하는 것은 엄청나게 많은 실행 기간을 요구한다.

비록 R이 많은 통계적 알고리즘과 기능을 갖고 있는 강력하고 안정적인 툴이라 하더라도 큰 데이터 사이즈를 스케일하는 데는 한계가 있다. 왜냐하면, R에서 데이터를 처리할 때는 우선 메모리에 데이터를 저장하기 때문이다. 하지만 오퍼레이팅 시스템이나 시스템 설계로 인해 약 4GB의 메모리에만 접근할 수 있다. 데이터셋이 RAM의 임계값에 도달한다면 알고리즘을 컴퓨터에서 작업하는 것은 불가능하다. 때로는 작은 데이터셋이라도 분석 프로세스 동안 큰 오브젝트를 저장해야 한다면 심각한 계산 문제를 일으킬 수 있다.

하지만 R은 빅데이터 분석의 문제점을 해결하기 위해 몇몇 패키지들을 제공한다. 4장에서는 거대한 데이터를 생성하고 저장, 액세스, 작업하기 위한 유용한 패키지 두 가지를 소개한다.

우선, `bigmemory` 패키지에 대해 소개한다. 이는 큰 통계적인 계산을 할 경우 좋은 선택이 될 수 있다. 이 패키지와 이것의 자매 패키지들(`biganalytics, bigtabulate and bigalgebra`)을 통해 큰 데이터를 다룰 때 생기는 두 가지 문제인 데이터 관리, 통계적인 분석을 해결할 수 있다 . 이 툴들은 일반적인 R의 환경에서 실행하기 힘든 거대한 행렬의 구현과 데이터 처리, 탐색을 가능하게 해준다.

Bigmemory 패키지 외에 ff 패키지를 사용할 수 있다. 이 패키지는 R 사용자들이 큰 벡터와 행렬, 다양한 큰 데이터 파일들을 동시에 처리할 수 있도록 해준다. Ff 객체의 가장 큰 장점은 일반적인 R 벡터와 거의 같다는 점이다. 하지만 데이터는 메모리가 아니라 디스크에 저장된다.

여기서는 R 사용자들이 큰 데이터를 다룰 때, 이 패키지들이 R의 한계를 극복하는 데 어떤 도움을 주는지 살펴본다. 비록 사용한 데이터는 크지 않지만, 빅데이터 패키지들의 유용성을 효과적으로 보여준다.

▌ 빅데이터의 K – 평균 클러스터

데이터 프레임과 매트릭스들은 R에서 사용하기 쉬운 객체들이며, 이를 통해 일반적인 데이터 처리를 할 수 있다. 하지만 데이터 사이즈가 커지면 얘기가 달라진다. 이번에는 bigmemory와 biganalytics 패키지들이 데이터 프레임과 데이터 테이블이 다룰 수 없는 큰 데이터를 다룰 때 발생하는 문제들을 해결하는 방법에 대해 설명한다.

 4장을 집필할 당시, 윈도우의 bigmemory, biganalytics, biglm 패키지의 최근 업데이트가 없었다. 여기에서 다룬 예시는 R 버전 2.15.3이 윈도우 R의 현재 버전임을 가정한다.

다음에 다룰 예제에서는 사이즈가 큰 데이터에서 K– 평균 군집 알고리즘을 적용한다. 예제에서는 U.S. Bureau of Transportation Statistics의 항공사 출발지와 도착지 데이터를 사용한다. 데이터는 요금과 승객수 출발지, 왕복 여부, 여행거리 등과 같은 300만 개 이상의 국내 항공사 정보를 포함하고 있다.

빅매트릭스 로딩

read.csv( )를 통해 csv 파일의 데이터를 쉽게 읽을 수 있다. 하지만 데이터 사이즈가 클 경우에는 문제가 생길 수 있다. 몇몇 옵션의 설정을 통해 데이터 로딩 성능이 상당히 향상될 수 있다.

하나의 옵션은 데이터들의 타입을 데이터를 읽을 때 정하는 것이다. 이는 외부 데이터를 더 빠르게 전환시켜준다. 그리고 분석에는 칼럼의 Null 값을 나타내주는 기능이 필요하지 않기 때문에 이를 제외하면 데이터를 로딩시키는 속도를 상당히 감소시킬 수 있다.

하지만 데이터가 RAM의 한계에 도달한다면 좀 더 효율적인 데이터 로딩 방법을 찾아야 한다. 다음 예제에서는 이 문제를 해결하기 위해 bigmemory 패키지를 사용했다.

우선, 필요한 bigmemory와 biganalytics 패키지를 설치하고 빅데이터에서 K- 평균 군집 분석을 시행한다.

```
install.packages("bigmemory")
install.packages("biganalytics")
library(bigmemory)
library(biganalytics)
```

read.big.matrix를 사용해 R에서 다운로드한 데이터를 읽어본다. 이 함수는 데이터를 데이터 프레임 형식이 아닌 행렬 객체로 처리한다. 행렬로 만들기 위해 as.matrix 함수를 사용한다.

```
x<-read.big.matrix("FlightTicketData.csv", type='integer', header=TRUE,
backingfile="data.bin",descriptorfile="data.desc")
xm<-as.matrix(x)
nrow(x)
[1] 3156925
```

빅데이터 K-평균 군집 분석

빅데이터 K-평균 함수의 형식은 bigkmeans(*x, centers*)다. 여기서 x는 수치 데이터(big data matrix 객체), centers는 찾아낼 군집 수를 의미한다. 이 함수는 군집 관계와 중심점centroids, 같은 군집 내 분산within cluster sum of squares, wcss, 군집의 크기를 리턴한다. bigkmeans() 함수는 일반적인 R matrix 객체와 big.matrix 객체 모두에 적용할 수 있다.

각 군집에 의해 설명되는 분산의 percentage를 기반으로 군집의 수를 정한다.

```
res_bigkmeans <- lapply(1:10, function(i){
 bigkmeans(x, centers=i,iter.max=50,nstart=1)
})

lapply(res_bigkmeans, function(x)x$withinss)
var <- sapply(res_bigkmeans, function(x)sum(x$withinss))
plot(1:10, var, type = "b", xlab = "Number of clusters", ylab =
"Percentage of variance explained")
```

위 코드의 결과는 다음과 같다.

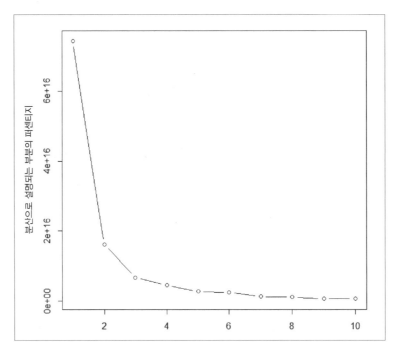

그림 4.4 군집수에 대한 군집 내 제곱근의 합의 플롯

1부터 3까지 급격하게 감소(그 후로 적은 변화를 보인다)하는 3개의 군집을 갖고 있다는 것을 알 수 있다. 그러므로 3개의 군집을 지정해 빅데이터 K-평균 분석을 시행할 수 있다.

```
res_big<-bigkmeans(x, centers=3,iter.max=50,nstart=1)
res_big
K-means clustering with 3 clusters of sizes 919959, 1116275, 1120691
Cluster means:
          [,1]      [,2]      [,3]      [,4]       [,5]        [,6]       [,7]
[,8]      [,9]
[1,] 2.663235  12850.78  1285081  32097.61  0.6323662  0.03459393  2.084982
2305.836  1.929160
[2,] 2.744241  14513.19  1451322  32768.11  0.6545699  0.02660276  1.974971
2390.292  1.930394
```

```
[3,]  2.757645    11040.08    1104010    30910.66    0.6813850    0.03740460    1.989817
2211.801   1.949151
Clustering vector:
[1] 3 3 3 3 3 3 1 1 1 1 1 1 1 1 1 1 1 1 2 2 2 2 2 2 2 2 3 3 3 3 3 3 3 3 3
[37] 3 3 3 3 3 3 3 3 3 3 1 1 1 1 1 2 2 2 2 3 3 3 3 3 3 1 1 1 1 1 1 1 1 1 1
[73] 1 2 2 2 2 2 2 3 3 3 1 2 2 3 3 3 1 1 1 1 1 1 2 2
Within cluster sum of squares by cluster:
[1] 2.010160e+15 2.466224e+15 2.183142e+15

Available components:

[1] "cluster"  "centers"  "withinss"  "size"
```

bigkmeans( ) 함수는 일반적인 매트릭스 객체와 잘 연동되며, kmeans( ) 함수보다 더 빨리 계산된다.

이 가설을 검증하기 위해 bigkmeans( )와 kmeans( )를 크기가 다른 데이터들에 적용한다.

```
size<-round(seq(10,2500000,length=20))
nsize<-length(size)
calc.time <- matrix(NA, nrow=nsize, ncol=2)
for(i in 1:nsize){
 size.i<-size[i]
 xm.i<-xm[1:size.i,]
vec1=rep(0,10)
vec2=rep(0,10)
for(j in 1:10){
vec1[j]<-system.time(kmeans(xm.i,centers=3,iter.max=50,nstart=1))[3]
vec2[j]<-system.time(bigkmeans(xm.i,centers=3,iter.max=50,nstart=1))[3]
}
calc.time[i,1]<-mean(vec1)
calc.time[i,2]<-mean(vec2)
}
matplot(size, calc.time, type="l", ylab="calc time")
```

다음 그림은 위 코드의 결과를 보여준다.

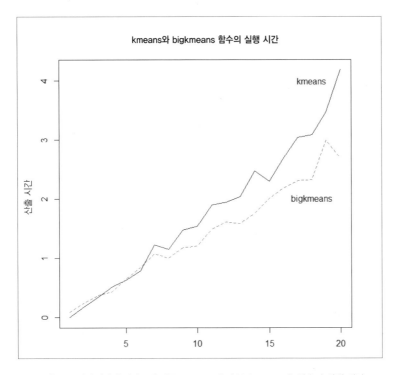

그림 4.5 데이터셋의 사이즈에 따른 kmeans()와 bigkmeans() 함수의 실행 시간

두 함수의 평균 실행 시간을 계산했을 때, `bigkmeans()`가 `kmeans()` 함수에 비해 데이터 크기가 커질 경우, 계산 시간이 크게 감소하는 것을 알 수 있다.

▌ 빅데이터의 선형 회귀 분석

이번에는 `ff` 패키지를 통해 URL에서 직접 데이터를 불러올 수 있는 방법을 알아본다. 그리고 `biglm` 패키지를 활용해 메모리보다 데이터 사이즈가 클 때 선형 회귀 모델을 생성하는 방법을 알아본다. 패키지는 컴퓨터의 램에 과적될 경우, 데이터를 자른 후 메모리에 로드해 데이터를 효과적으로 처리한다. 이것은 마지막 조각을 프로세스하고 모델에 요구되는 충분한 통계량을 업데이트한다. 그 후 조각을 버리고 다음 것을 로드한다. 모든 데이터가 처리될 때까지 이 과정을 반복한다.

다음 예제에서는 미국 실업 급여를 선형 회귀식으로 만들어본다.

빅데이터 로딩

빅데이터의 선형 회귀식을 수행하기 위해 우선 ff 패키지를 사용해 R에서 큰 파일을 열고 biglm 패키지를 사용해 선형 회귀 모델을 만든다.

```
install.packages("ff")
install.packages("biglm")
library(ff)
library(biglm)
```

빅데이터의 선형 회귀 분석을 위해 미국 정부에서 제공하는 Income Tax ZIP Code 데이터를 사용한다. ZIP code-level 데이터는 주별 그리고 ZIP별 수익, 세금 class를 보여준다. 여기서는 2012년 데이터를 사용한다. 이 데이터의 사이즈는 big data 패키지의 기능들을 보여주기에 적당하다.

URL에서 R로 데이터를 곧바로 불러오는 것은 다음과 같이 시행할 수 있다.

```
download.file("http://www.irs.gov/file_source/pub/irs-soi/12zpallagi.
csv","soi.csv")
```

데이터를 다운로드한 후 read.csv 함수를 사용해 파일을 읽을 수 있다.

```
x <- read.csv(file="soi.csv",header=TRUE)
```

데이터를 ff 객체로 변환시킨 후, biglm 함수를 로드해 선형 회귀 분석을 시행할 수 있다.

77개의 다른 변수에 대한 17만 7,000건에 가까운 관측 자료를 활용해 위치에 기반한 실업 급여 금액(A02300)이 총 급여 및 임금(A00200)과 소득 카테고리(AGI_STUB)별 거주자수, 부양 가족수(NUMDEP), 기혼자수(MARS2)로 설명할 수 있는지 알아본다.

더 큰 데이터에 선형 회귀 모델 적합하기

선형 회귀 분석에서는 biglm 함수를 사용한다. 그러므로 패키지를 우선 설치해야 한다.

```
require(biglm)
```

다음 단계에서는 식을 정하고 모델을 적합한다. Summary 함수를 통해 적합된 모델의 변수의 계수값의 유의수준을 알 수 있다. 결과값에서는 모델의 Rsquare 값을 포함하고 있지 않으므로 이를 위해 다른 명령어를 실행해야 한다.

```
mymodel<-biglm(A02300 ~ A00200+AGI_STUB+NUMDEP+MARS2,data=x)
summary(mymodel)
Large data regression model: biglm(A02300 ~ A00200 + AGI_STUB + NUMDEP +
MARS2, data = x)
Sample size = 166904
              Coef      (95%       CI)        SE        p
(Intercept) 131.9412   44.3847   219.4977   43.7782   0.0026
A00200       -0.0019   -0.0019    -0.0018    0.0000   0.0000
AGI_STUB    -40.1597  -62.6401   -17.6794   11.2402   0.0004
NUMDEP        0.9270    0.9235     0.9306    0.0018   0.0000
MARS2        -0.1451   -0.1574    -0.1327    0.0062   0.0000
summary(mymodel)$rsq
[1] 0.8609021
```

회귀 모델의 계수들이 모두 유의하다는 결론을 얻을 수 있다. 독립 변수는 전체 실업 급여와 관계된 전체 분산의 86.09%를 설명할 수 있다. 그러므로 이것은 좋은 모델이라고 결론지을 수 있다.

요약

4장에서는 R을 이용해 오픈소스 데이터를 읽고 큰 데이터에 다양한 분석을 적용해봤다. 그리고 예제를 통해 빅데이터를 다루는 실무적인 가이드를 다뤘다.

첫째, 오픈소스 데이터를 가져오는 유용한 방법을 소개했다. R은 금융 분석을 위해 데이터 전처리 없이 데이터를 직접 읽을 수 있는 유용한 기능을 제공한다. 둘째, R 환경에서 빅데이터를 다루는 방법에 대해 논의했다. R에서 큰 데이터를 다루고 많은 계산과 분석, 시뮬레이션할 때 기본적인 제약이 있었으며, 이 문제를 해결할 수 있는 툴을 소개했다. 우선 두 예제를 통해 K-평균 군집 알고리즘을 수행했으며, 선형 회귀 모델을 빅데이터에 적용했다. 4장은 이 책의 첫 번째 파트의 마지막 장이다. 5장에서는 FX 파생 상품에 대해 다룬다.

참고문헌

- Adler, D., Nenadic, O., Zucchini, W.,Gläser, C.(2007). The ff package: Handling Large Data Sets in R with Memory Mapped Pages of Binary Flat Files

- Enea, M.(2009). Fitting Linear Models and Generalized Linear Models with large data sets in R. In book of short papers, conference on "Statistical Methods for the analysis of large data-sets", Italian Statistical Society, Chieti-Pescara, 23-25 September 2009, 411-414.

- Kane, M.,Emerson, JW., Weston(2010). The Bigmemory Project, Yale University

- Kane, M.,Emerson, JW., Weston, S.(2013). Scalable Strategies for Computing with Massive Data. Journal of Statistical Software, Vol. 55, Issue 14

- Lumley, T.(2009) biglm: bounded memory linear and generalized linear models. R package version 0.7

05

FX 파생 상품

외환 파생 상품FX derivatives, foreign exchange derivatives은 2개 이상의 통화 간 환율을 이용해 수익을 얻는 금융 파생 상품이다. 다른 파생 상품과 마찬가지로 외환 파생 상품도 크게 선물 스왑 옵션으로 이뤄진다. 5장에서는 옵션 관련 파생 상품을 다룬다. 우선 일반화된 블랙 숄즈 모델부터 시작해 유로피안 콜 옵션 또는 풋 통화 옵션의 가격 결정 방법을 다룬다. 그리고 교환 옵션exchange option과 퀸토 옵션quanto option의 프라이싱에 대해 논한다.

5장에서는 독자들이 파생 상품 가격 결정과 관련해 특히 블랙 숄즈 모델과 위험 중립 가치 평가risk-neutral valuation에 대한 기본적인 지식이 있다는 것을 가정한다. 가끔 수학적인 관계를 수리 금융에 사용한다(이토 렘마 또는 기르노프 이론). 하지만 이 이론들에 대한 깊은 이해가 꼭 필요하지는 않다. 수학적인 이론에 대해 좀 더 자세히 알고 싶다면 Medvegyev(2007)를 참고하기 바란다.

▌ 용어와 표기법

환율에 대해 다루기 때문에 우선 용어를 명확하는 것이 중요하다.

일반적으로 환율은 S로 표기하며, 이는 하나의 통화 가격(기본 통화)으로 다른 통화 가격 크기(표기 통화)를 측정한 것이다. 즉, 기본 통화의 하나의 단위는 표기 통화의 S 단위와 대응된다. 외환 시장에서 어떤 식으로 FX 시장 표시를 읽는지도 중요하다. 환율에 대한 FX 표시는 두 환율의 약어로 표시된다. 기본 통화에 대한 3개의 문자 코드와 그 뒤에 오는 가변 통화에 대한 3개의 문자 코드로 이뤄진다. 예를 들어, EURUSD = 1.25는 1유로가 1.25달러임을 의미한다. 이것은 USDEUR = 0.8, 즉 1달러가 0.8달러인 것과 같다. 보통 특정한 2개의 통화 중에서 기본 통화로 사용될 통화를 결정하는 것은 과거 시장 관행에 따라 다르다.

4장, '빅데이터 – 고급 분석'에서 이미 인터넷에서 환율 데이터를 다운로드하는 방법을 다뤘다. 이제 5장에서 배운 것을 실제 데이터에 활용해보자.

다음의 짧은 코드를 이용하면 EURUSD와 USDEUR 환율을 하나의 그래프에 그릴 수 있다.

```
library(Quandl)
library(xts)

EURUSD <- Quandl("CURRFX/EURUSD",
    start_date="2014-01-01",end_date="2014-07-01", type="xts")
USDEUR <- Quandl("CURRFX/USDEUR",
    start_date="2014-01-01",end_date="2014-07-01", type="xts")

dev.new(width = 15, height = 8)
par(mfrow = c(1, 2))
plot(USDEUR)
plot(EURUSD)
```

위 코드의 결과는 다음과 같다.

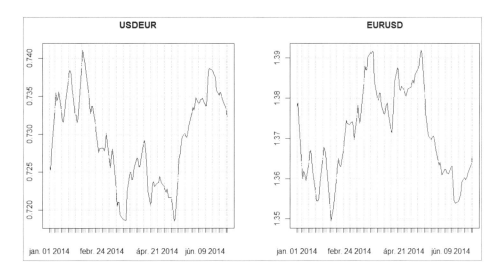

데이터의 첫 몇 줄을 체크해보자.

```
USDEUR[1:5,]
             Rate    High (est)   Low (est)
2014-01-01  0.725711    0.73392    0.71760
2014-01-02  0.725238    0.73332    0.71725
2014-01-03  0.727714    0.73661    0.71892
2014-01-06  0.733192    0.00000    0.00000
2014-01-07  0.735418    0.00000    0.00000
EURUSD[1:5,]

            Rate    High (est)  Low (est)
2014-01-01  1.37791    0.0000     0.0000
2014-01-02  1.37876    1.3949     1.3628
2014-01-03  1.37434    0.0000     0.0000
2014-01-06  1.36346    1.3799     1.3473
2014-01-07  1.35990    1.3753     1.3447
```

여기서 표기법에 대해 잠시 논해보자. 이제까지 환율을 S로 표시했다. 하지만 파생 상품의 프라이싱에서 자산 가격은 주식 또는 환율과 상관없이 일반적으로 S로 표기한다. 이와 다르게, 외환 환율은 보통 X 또는 E로 표시한다(둘 다 exchange에서 옴). 더욱이 옵션의 실행 가격 또한 X나 E로 표시한다. 이제 독자들은 5장에서 주가와 외환, 실행 가격 등이 동시에 주어질 경우, 어떤 방식으로 표기해야 하는지 결정하는 것이 쉽지 않다는 것을 알 수 있을 것이다. 가능한 R의 함수에서 사용하는 표시법을 사용할 것이다.

- 자산의 가격은 언제나 S지만, 통화의 경우에는 꼭 사용하지 않아도 된다. 숫자나 알파벳을 S_1, S_A와 같이 인덱스로 사용한다.
- 실행 가격은 언제나 X다.
- 기댓값의 연산자는 E로 표시한다.

같은 주제의 다른 책을 읽을 때는 이 책의 표시법과 다른 표시법을 사용할 수 있기 때문에 조심해야 한다.

통화 옵션

유로 통화 옵션currency option은 특정 날짜에(만기일 T), 미리 정해진 환율로 통화를 사거나(콜 옵션) 팔 수 있는(풋 옵션) 권리를 소유자에게 준다. 이런 금융 자산은 외국 교환 옵션foreign exchange option, FX option이라고 불리지만, 교환 옵션과 헷갈리는 것을 막기 위해 통화 옵션 currency option이라는 용어를 더 선호한다.

블랙 숄즈 모델(Black and Sholes, 1973, Merton, 1973)의 기본 가정은 기본 자산이 배당 없는 주식이라는 것을 가정한다. 더 일반적으로 설명하면, 기본 자산이 어떠한 수익 및 비용을 발생시키지 않을 경우 모델이 충족된다. 하지만 이 가정은 완화될 수 있으며, 기본적인 아이디어가 바뀌지 않은 상태에서 더 확장된 블랙 숄즈 공식을 통화 옵션에도 사용할 수 있다.

유로피안 환율 콜 옵션(c_0) 가격의 클로즈 폼 공식은 다음과 같다.

$$c_0 = S_0 e^{-qT} N\left(d_1\right) - X e^{-rT} N\left(d_2\right)$$

공식에서 d_1과 d_2는 다음과 같다.

$$d_1 = \frac{\ln\left(\dfrac{S_0}{X}\right) + \left(r - q + \dfrac{\sigma^2}{2}\right)T}{\sigma\sqrt{T}}$$

$$d_2 = \frac{\ln\left(\dfrac{S_0}{X}\right) + \left(r - q - \dfrac{\sigma^2}{2}\right)T}{\sigma\sqrt{T}}$$

이전 공식에서 S_0는 현물 환율 spot FX rate을 의미하며, X는 실행 가격, T는 옵션 만기 시간을 의미한다. σ는 환율의 변동성을 의미하며, r과 q는 변수 그리고 기본 환율의 무위험 로그 수익률을 각각 의미한다. 그리고 N은 표준 정규분포의 누적 분포를 나타낸다. 유로피안 환율 풋 옵션(p_0)의 가격과 같은 모수를 가진 풋콜 패리티는 다음과 같다.

$$p_0 = X e^{-rT} N\left(-d_2\right) - S_0 e^{-qT} N\left(-d_1\right)$$

블랙 숄즈 공식과 다른 옵션 가격 모델들은 fOptions 패키지에서 사용할 수 있다. Black ScholesOption 또는 GBSOption 함수를 사용할 수 있다. 두 함수는 거의 같지만, GBSOption 은 빠른 계산이 가능하다.

```
BlackScholesOption(TypeFlag, S, X, Time, r, b, sigma,...)
```

여기서 TypeFlag는 c일 때 콜 옵션을 의미하고, p일 때 풋 옵션을 의미한다. S는 현재 가격을 의미하고, sigma는 기본 자산의 변동을 의미한다. X는 실행 가격 그리고 Time은 만기까지의 시간을 의미한다.

다른 두 모수들은 약간 혼란스러울 수 있다, 왜냐하면 r과 b는 무위험 이자율을 갖지만, 원본 블랙 숄즈 모델로 주식 옵션 가격을 결정할 때 두 번째 것은 의미가 없을 수 있다. 블랙 숄즈 주식 옵션 모델을 구하기 위해서는 b = r로 지정해야 하고 통화 옵션 또는 주식 옵션 모델을 연속 배당 수익률과 함께 구할 때는 b = r-q여야 한다. 함수의 다른 모수는 선택적이거나 필요로 하지 않는다.

이것이 어떻게 가능한지를 보기 위해 행사 가격이 0.7인 5년 만기의 유로화^{EUR} 옵션을 갖고 있다고 가정해보자. 미국 달러^{USD}의 무위험 금리는 r=3%고 유로화의 무위험 금리는 q=2%다. 미국 1달러^{1USD}는 현재 0.745유로다. 즉, 이것이 자산의 현물 가격$^{spot\ price}$이다. 이제 유로의 변동성이 20%라고 하자. BlackSholesOption 함수를 주어진 함수와 함께 호출하면, 다음과 같은 결과를 얻을 수 있다.

```
BlackScholesOption("c", 0.7450, 0.7, 5, 0.03, 0.01, 0.2)

Title:
 Black Scholes Option Valuation

Call:
GBSOption(TypeFlag = "c", S = 0.745, X = 0.7, Time = 5, r = 0.03,
    b = 0.01, sigma = 0.2)

Parameters:
         Value:
TypeFlag c
S            0.745
X            0.7
Time         5
r               0.03
b               0.01
```

```
sigma              0.2

Option Price:
 0.152222

Description:
 Thu Aug 07 20:13:28 2014
```

풋 옵션의 가격 또한 확인할 수 있다.

```
BlackScholesOption("p", 0.7450, 0.7, 5, 0.03, 0.01, 0.2)

Title:
 Black Scholes Option Valuation

Call:
GBSOption(TypeFlag = "p", S = 0.745, X = 0.7, Time = 5, r = 0.03,
    b = 0.01, sigma = 0.2)

Parameters:
        Value:
TypeFlag p
S         0.745
X         0.7
Time      5
r         0.03
b         0.01
sigma     0.2

Option Price:
 0.08061367

Description:
Thu Aug 07 20:15:11 2014
```

그리고 다음과 같은 통화 옵션 형태를 갖는 풋콜 패리티^{put-call parity}에도 일관된 모습을 보이는지 확인해보자.

c - p = S*exp(-r*T)-X*exp(-q*T)

왼쪽 부분에 데이터를 적용해보자.

c - p = 0.152222 - 0.08061367 = 0.07160833,

오른쪽 부분은 다음과 같은 값을 갖는다.

0.745*exp(-0.02*5)-0.7*exp(-0.03*5)= 0.07160829.

 TIP 옵션의 가격은 소수 여덟 자리로 표현되기 때문에 약간의 차이가 있을 수 있다.

통화 옵션의 가격 결정은 연속형 수익률을 갖는 기본 자산 옵션의 가격 결정과 동일하다. 예를 들어, 만약 기본 자산이 연 수익률의 배당을 갖는 주식이거나 주가 지수라면, 가격 결정 공식은 이전에 언급한 것과 같다.

▌ 교환 옵션

교환 옵션^{exchange option}은 소유자에게 만기에 위험 자산을 다른 위험 자산과 교환할 수 있는 권한을 준다. 간단하게 말해 기본적인 옵션들은 위험 자산이 일정량의 돈의 액수인(행사 가격) 특정한 형태를 갖는 교환 옵션을 말한다.

교환 옵션의 프라이싱 공식은 마그레이브Margrabe(1978)가 만들었다. 모델의 가정, 프라이싱 원칙들 그리고 공식들은 블랙 숄즈 머튼 모델들과 매우 유사하다. 이제 교환 옵션의 가치를 어떻게 나타내는지 살펴보자.

시간 t에서 두 위험 자산의 현물 가격을 S_{1t}, S_{2t}로 표시하자. 위험 중립 확률 메저risk neutral probability measure하에 있으며, 브라운 운동을 따르는 가격은 다음과 같이 표시할 수 있다.

$$dS_1 = rS_1 dt + \sigma_1 S_1 dW_1$$

$$dS_2 = rS_2 dt + \sigma_2 S_2 dW_2$$

여기서 W_1, W_2는 Q하에서 표준 위너 과정을 따르고, 상관관계 p를 갖는다. 여기서 독자들은 자산에 수익이 발생하지 않는 것을 볼 수 있다(예: 배당을 지불하지 않는 주식). 이전에 언급한 확률 미분 방정식으로 알려진 공식(이토 엠마)은 다음과 같다.

$$S_{1t} = S_{10} \exp\left[\left(r - \sigma_1^2 / 2\right)t + \sigma_1 W_{1t}\right]$$

$$S_{2t} = S_{20} \exp\left[\left(r - \sigma_2^2 / 2\right)t + \sigma_2 W_{2t}\right] \ (1)$$

독자들이 1차원 확률 과정에 익숙하다는 것을 가정한다. 하지만 교환 옵션의 경우, 2차원 위너 과정을 갖고 있으며, 이에 대해 살펴보자.

2차원 위너 프로세스

2D 위너 과정은 2차원 그리고 연속형 시간에서 랜덤 워크와 유사하다. 이것이 독립된 위너 프로세스Wiener processes를 따를 때 이 과정을 몇 줄의 코드로 생성할 수 있다.

```
D2_Wiener <- function(){
    dev.new(width = 10, height = 4)
    par(mfrow = c(1, 3), oma = c(0, 0, 2, 0))
    for(i in 1:3){
        W1 <- cumsum(rnorm(100000))
        W2 <- cumsum(rnorm(100000))
        plot(W1,W2, type= "l", ylab = "", xlab = "")
    }
    mtext("2-dimensional Wiener-processes with no correlation",
        outer = TRUE, cex = 1.5, line = -1)
}
```

이 함수를 호출했을 때의 결과값은 다음과 같다.

```
D2_Wiener( )
```

명령어를 통해 다음과 같은 그래프가 생성된다.

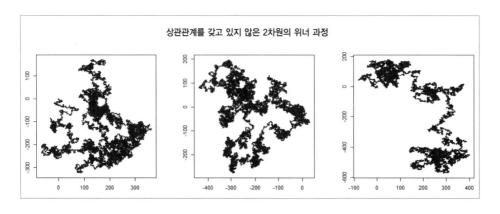

위너 과정 사이에 상관관계가 크게 변하는 것을 위 그림에서 볼 수 있다. 양의 상관관계의
경우에 두 위너 과정은 같은 방향으로 움직이며 음의 상관관계를 가질 때 서로 반대의 방
향으로 움직이는 것을 확인할 수 있다.

138

상관관계가 있는 위너 과정을 얻기 위해서는 함수를 수정해야 한다. 수정된 코드는 다음과 같다.

```
Correlated_Wiener <- function(cor){
    dev.new(width = 10, height = 4)
    par(mfrow = c(1, 3), oma = c(0, 0, 2, 0))
    for(i in 1:3){
        W1 <- cumsum(rnorm(100000))
        W2 <- cumsum(rnorm(100000))
        W3 <- cor * W1 + sqrt(1 - cor^2)* W2
        plot(W1, W3, type= "l", ylab = "", xlab = "")
    }
    mtext(paste("2-dimensional Wiener-processes(",cor," correlation)",
        sep = ""), outer = TRUE, cex = 1.5, line = -1)
}
```

생성된 난수값$^{\text{random number}}$들에 따라 달라지지만, 다음 값과 상당히 유사하다.

```
Correlated_Wiener(0.6)
```

생성된 그래프는 다음과 같다.

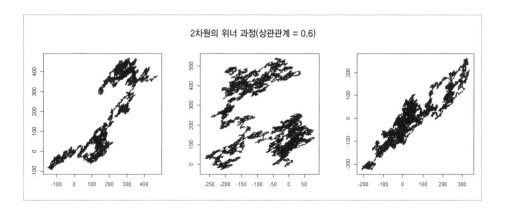

이전 예제에서는 상관계수값을 0.6으로 설정했다. 이제 −0.7일 때 어떻게 되는지 살펴보자.

`Correlated_Wiener(-0.7)`

생성된 그래프는 다음과 같다.

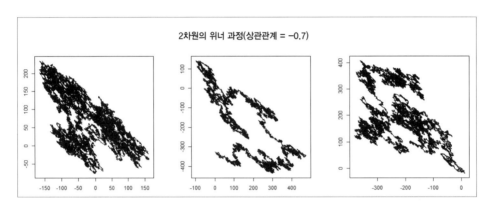

다른 상관관계를 가졌을 때, 과정들 간의 차이를 볼 수 있다. 이제 교환 옵션을 다시 다뤄보자.

마그레이브(Margrabe) 수식

교환 옵션의 수익payoff H_T는 $H_T = \max\left(S_{1T} - S_{2T}; 0\right)$으로 정의된다. 기본적인 위험 중립 프라이싱 원칙basic risk-neutral pricing principle에 따르면, 이 수익(교환 옵션의 가격)의 가치는 다음과 같다.

$$\pi\left(H_T\right) = exp\left(-rT\right) \boldsymbol{E}^Q \left[max\left(S_{1T} - S_{2T}; 0\right)\right]$$

$$= exp\left(-rT\right) \boldsymbol{E}^Q \left[max\left(S_{2T}\left(\frac{S_{1T}}{S_{2T}} - 1\right); 0\right)\right] =$$

$$= exp\left(-rT\right) \boldsymbol{E}^Q \left[max\left(S_{2T}\left(S_T - 1\right); 0\right)\right] \left(2\right)$$

수식 2에서, S_t(지수^{index}에 숫자 1, 2는 제외)는 S_{1t}/S_{2t}로 정의된다. 다시 말해 S는 S_2로 나타낸 S_1의 가격이다. 두 위험 자산이 통화라면, S는 환율이 될 것이다. 이것이 표시법을 사용하는 이유다.

이전에 언급한 기댓값을 계산하려면 새로운 값(R)을 사용해야 하며, 다음 Radon−Nikodym 파생 상품으로 정의된다.

$$\frac{dR}{dQ} = \exp\left(\sigma_2 W_{2T} - \frac{1}{2}\sigma_2^2 T\right) = \exp\left(-rT\right)\frac{S_{2T}}{S_{20}}$$

여기서 위 공식의 오른쪽 부분은 S_2의 수식 1에서 왔다. 그리고 교환 옵션의 가격은 다음과 같은 형태를 갖는다.

$$\pi\left(H_T\right) = exp\left(-rT\right) \dot{\boldsymbol{E}}^R \left[max\left(S_{2T}\left(S_T - 1\right); 0\right)\frac{d\boldsymbol{Q}}{d\boldsymbol{R}}\right] =$$

$$= S_{20} \boldsymbol{E}^R \left[max\left(S_T - 1; 0\right)\right] \left(3\right)$$

이제, R에서 어떤 과정 S를 사용할지 정해야 한다. 지사노브^{Girsanov}의 이론에 따르면 $\hat{W}_{1t} = W_{1t} - \sigma_2 \rho t$ 와 $\hat{W}_{2t} = W_{2t} - \sigma_2 t$ 가 R하의 위너 프로세스라는 것을 알 수 있다. 그리고 상관관계는 ρ이다. 이제 다음 두 가지 표시법을 소개한다.

$$\sigma = \sqrt{\sigma_1^2 + \sigma_2^2 - 2\sigma_1\sigma_2\rho}$$

$$W_t = \frac{1}{\sigma}\left(\sigma_1\hat{W}_{1t} - \sigma_2\hat{W}_{2t}\right)$$

Lévy's characterisation으로부터 W가 R하에서 위너 과정이라는 것을 알 수 있다. 이제 S의 식으로 나타낼 수 있다.

$$S_t = \frac{S_{1t}}{S_{2t}} = \frac{S_{10}exp\left[\left(r - \sigma_1^2 / 2\right)t + \sigma_1 W_{1t}\right]}{S_{20}exp\left[\left(r - \sigma_2^2 / 2\right)t + \sigma_2 W_{2t}\right]} =$$

$$= \frac{S_{10}}{S_{20}}exp\left[-\frac{1}{2}\left(\sigma_1^2 - \sigma_2^2\right)t + \sigma_1 W_{1t} - \sigma_2 W_{2t}\right] =$$

$$= \frac{S_{10}}{S_{20}}exp\left[-\frac{1}{2}\left(\sigma_1^2 - \sigma_2^2 - \sigma^2 + \sigma^2\right)t + \sigma_1 W_{1t} - \sigma_2 W_{2t}\right] =$$

$$= \frac{S_{10}}{S_{20}}exp\left[\left(\sigma_1^2 - \sigma_1\sigma_2\rho - \frac{1}{2}\sigma^2\right)t + \sigma_1 W_{1t} - \sigma_2 W_{2t}\right] =$$

$$= \frac{S_{10}}{S_{20}}exp\left(-\frac{1}{2}\sigma^2 t + \sigma_1\hat{W}_{1t} - \sigma_2\hat{W}_{2t}\right) =$$

$$= \frac{S_{10}}{S_{20}} exp\left(-\frac{1}{2}\sigma^2 t + \sigma W_t \right)$$

이것은 R에서 S는 기하 브라운 운동이며, dirft는 0이라는 것을 의미한다.

$$dS = \sigma S dW$$

이제, 수식 3을 기억한다면, 교환 옵션의 가격 공식을 다음과 같이 구할 수 있다.

$$\pi\left(H_T \right) = S_{20}\boldsymbol{E}^{R}\left[max\left(S_T - 1;0 \right) \right]$$

S의 관계를 사용해 오른쪽 부분 기댓값의 기초 자산은 S, R은 0, X는 1인 기본 콜 옵션의 가치가 된다. 이제 콜 옵션의 가격을 간단히 C_o로 표시한다. 그리고 $\pi\left(H_T \right) = S_{20}c_0$이다. 여기서 C_o는 기본적인 블랙 숄즈 공식으로 나타낼 수 있으며, 앞서 논의한 대로 모수들을 대체할 수 있다.

$$c_0 = S_0 N\left(d_1 \right) - 1e^{-0T} N\left(d_2 \right) =$$

$$= \frac{S_{10}}{S_{20}} N\left(d_1 \right) - N\left(d_2 \right)$$

따라서 $d_1 = \dfrac{\ln\left(\dfrac{S_{10}}{S_{20}} \right) + \dfrac{\sigma^2}{2}T}{\sigma\sqrt{T}}$ 와 $d_2 = \dfrac{\ln\left(\dfrac{S_{10}}{S_{20}} \right) - \dfrac{\sigma^2}{2}T}{\sigma\sqrt{T}}$ 일 때

$\pi\left(H_T \right) = S_{10}N\left(d_1 \right) - S_{20}N\left(d_2 \right)$가 된다.

이전에 언급한 공식 $\pi\left(H_T\right)$은 Margrabe라고 불리는 교환 옵션의 가격 결정 공식이다. 연석형 배당 수익률이 블랙 숄즈 공식과 같이 간단하게 적용된다. 반복된 계산 작업을 수행하지 않고, 이 케이스의 결과만 공유한다.

이제 교환될 위험 자산이 양의 값을 갖는 연속형 배당 수익률 δ_1, δ_2를 갖는다고 가정해보자. 이 경우, Q 값하에 그들 가격의 과정은 다음과 같다.

$$dS_1 = \left(r - \delta_1\right)S_1 dt + \sigma_1 S_1 dW_1$$

$$dS_2 = \left(r - \delta_2\right)S_2 dt + \sigma_2 S_2 dW_2$$

이 경우, Margrabe 공식은 다음과 같은 형태를 갖는다.

$$\pi\left(H_T\right) = S_{10}e^{-\delta_1 T} N\left(d_1\right) - S_{20}e^{-\delta_2 T} N\left(d_2\right) \quad (4)$$

여기서 $d_1 = \dfrac{\ln\left(\dfrac{S_{10}}{S_{20}}\right) + \left(\delta_2 - \delta_1 + \dfrac{\sigma^2}{2}\right)T}{\sigma\sqrt{T}}$ 이며, $d_2 = \dfrac{\ln\left(\dfrac{S_{10}}{S_{20}}\right) + \left(\delta_2 - \delta_1 - \dfrac{\sigma^2}{2}\right)T}{\sigma\sqrt{T}}$ 이다.

R의 적용

R은 Margrabe 공식과 관련된 함수를 갖고 있지 않다. 하지만 실제 결과를 구현하는 것보다 이 공식과 관련된 이론을 이해하는 것이 훨씬 어렵다. 여기에서는 Margrabe 함수를 짧은 코드로 구현한다. 이 함수는 교환 옵션의 가격을 다음 코드와 같이 주어진 모수를 바탕으로 계산한다.

```
Margrabe <- function(S1, S2, sigma1, sigma2, Time, rho, delta1 = 0,
    delta2 = 0){
    sigma <- sqrt(sigma1^2 + sigma2^2 - 2 * sigma1 * sigma2 * rho)
```

```
d1 <-(log(S1/S2)+(delta2-delta1 + sigma^2/2 )* Time )/
    (sigma*sqrt(Time))
d2 <-(log(S1/S2)+(delta2-delta1 - sigma^2/2 )* Time )/
    (sigma*sqrt(Time))
M <- S1*exp(-delta1*Time)*pnorm(d1)- S2*exp(-delta2*Time)*pnorm(d2)
return(M)
}
```

이것이 함수의 가장 핵심적인 부분이다. 사용자 친화적인 애플리케이션을 개발한다면, 오류와 예외 처리를 할 필요가 있다. 이를 위해 다음과 같은 코드를 추가해야 한다.

```
if min(S1, S2)<= 0)stop("prices must be positive")
```

변동값이 음수일 때 실행은 중단돼야 한다. 하지만 사용자 경험과 관련된 부분은 이 책에서 다룰 내용이 아니다. 유효한 모수로 이 함수를 어떻게 실행할 수 있는지 살펴보자. 배당이 없는 위험 자산을 두 가지 갖고 있다고 가정해보자. 이 중 하나는 USD 120이며, 변동성은 30%, 만기 2년을 갖는다. 첫 번째로 상관관계가 15%라고 가정해보자.

주어진 모수들을 사용해 Margrabe 함수를 호출하자.

```
Margrabe(100, 120, .2, .3, 2, .15)
[1] 12.05247
```

결과는 USD 12가 된다. 이제 이 자산들 중 하나가 무위험이라면 변동성이 0이 된다. 다른 모수들을 사용해 함수를 호출해보자.

```
Margrabe(100, 120, .2, 0, 2, 0, 0, 0.03)
[1] 6.566047
```

이것의 의미는 무엇일까? 이 상품은 우리에게 첫 번째 위험 자산을 두 번째 위험 자산과 바꿀 수 있는 권리를 준다. 첫 번째 위험 자산의 가격은 USD 100이며, 변동성은 20%인 주식이다. 두 번째 위험 자산은 USD 120, 배당 3% 그리고 변동성 0, 이자율 3%를 갖고 있다(고정 현금 액수). 실질적으로 2년 안에 무위험 이자율이 3%일 때, 주식은 USD 120으로 사는 것이 옳을 것이다. 이제 이 콜 옵션의 BS 가격과 비교해보자.

```
BlackScholesOption("c", 100, 120, 2, 0.03, 0.03, .2)
Title:
 Black Scholes Option Valuation
Call:
 GBSOption(TypeFlag = "c", S = 100, X = 120, Time = 2, r = 0.03,
     b = 0.03, sigma = 0.2)
Parameters:
          Value:
TypeFlag c
S         100
X         120
Time      2
r         0.03
b         0.03
sigma     0.2

Option Price:
 6.566058

Description:
 Tue Aug 05 11:29:57 2014
```

값이 거의 같은 것을 확인할 수 있다. 첫 번째 자신의 변동성이 0이라면, 실질적으로 두 번째 자산에 풋 옵션을 갖고 있다는 것을 의미한다.

```
Margrabe(100, 120, 0, 0.2, 2, 0, 0.03, 0)
[1] 3.247161
```

BS 공식의 결과는 다음과 같다.

```
BlackScholesOption("p", 120, 100, 2, 0.03, 0.03, .2)
Title:
 Black Scholes Option Valuation

Call:
GBSOption(TypeFlag = "p", S = 120, X = 100, Time = 2, r = 0.03,
    b = 0.03, sigma = 0.2)

Parameters:
          Value:
TypeFlag p
S         120
X         100
Time      2
r         0.03
b         0.03
sigma     0.2

Option Price:
 3.247153

Description:
 Fri Aug 08 17:38:04 2014
```

두 경우 모두 다섯 번째 자리에 숫자 오류가 있다.

환율 옵션 절에서 논의했던 환율 옵션의 가격을 구하기 위해 마그레이브 식을 사용할 수 있다. BS 식을 이용해 같은 가격을 구할 수 있는지 확인한다.

```
Margrabe(0.745, 0.7, 0.2, 0, 5, 0.15, 0.02, 0.03)
[1] 0.152222
```

마지막으로 논의해야 할 내용은 상관관계가 옵션의 가격에 미치는 영향이다. 이것을 시각화하기 위해 각각 다른 상관관계에 대한 옵션의 마그레이브 가격을 산출한다. 이것은 다음과 같은 코드로 실행할 수 있다.

```
x <- seq(-1, 1, length = 1000)
y <- rep(0, 1000)

for(i in 1:1000)
   y[i] <- Margrabe(100, 120, .2, 0.3, 2, x[i])
plot(x, y, xlab = "correlation", ylab = "price",
   main = "Price of exchange option", type = "l", lwd = 3)
```

다음 이미지에서 결과를 볼 수 있다.

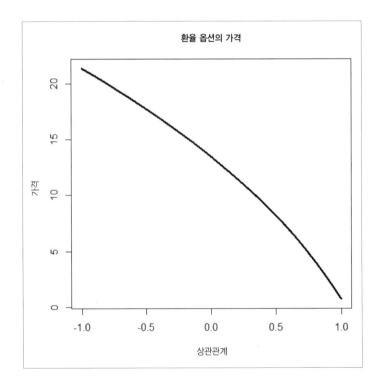

결과는 놀랍지 않다. 상관관계가 높을 때 우리는 동일한 주식 간에 교환을 할 수 있는 권리를 갖고 있지만, 분명한 것은 이것이 별 가치가 없다는 것이다. 부정적인 면에서 상관관계가 높을 때는 상황이 안 좋아질 경우 더 좋은 거래를 할 수 있는 기회가 있다(우리의 자산 가격이 떨어질 때, 부정적 상관관계가 높을수록 다른 자산의 가격은 높아지기 때문에 우리가 손실을 줄일 수 있는 기회가 높다는 것을 의미한다). 즉, 이 경우 옵션은 투기라기보다는 보험의 역할을 한다. 다른 자산의 가격 변동에 의한 리스크를 감당할 필요는 없다. 이것이 부정적인 상관관계를 갖고 있을 때, 옵션이 더 가치 있는 이유다.

▍ 퀀토 옵션

퀀토는 **수량 조정 옵션**quanto, quantity adjusting option의 약어다. 퀀토 상품의 페이오프는 한 통화로 표시된 자산에 의해 결정되지만, 다른 통화로 지급된다.

퀀토 상품(혹은 모든 종류의 파생 상품)을 이해하는 가장 좋은 방법은 페이오프 함수를 살펴보는 것이다. 기초 자산은 배당을 지급하지 않은 주식으로 가정하는 것은 잘 알려져 있으며, 유러피안 콜 옵션의 페이오프는 다음과 같다.

$$c_T = \max\left(S_{AT} - X; 0\right)$$

여기에서, S_A는 주식 가격, X는 행사 가격이다. c와 S_{AT}, X는 같은 통화로 표시된다. 이것을 자국 통화라고 부르자.

유러피안 콜 퀀토의 페이오프는 다음과 같다.

$$H_T = \max\left[S_T\left(S_{AT} - X\right); 0\right]$$

여기서 S는 외국 환율이다. 따라서 콜 퀀토는 단순한 콜 옵션과 같은 양의 돈을 다른 통화로 지급한다―이것은 외국 통화라고 부르자. 따라서 지급된 양을 FX율로 곱해야 자국 통화로 계산된 페이오프의 가치를 구할 수 있다. 물론 S는 자국 통화에 대한 외국 통화의 가격이다. 즉, S의 측면에서 기본 통화는 외국 통화다.

콜 퀀토에 대한 가격 결정 수식

콜 퀀토의 가격 결정은 이전 페이오프의 가치를 결정하는 것을 의미한다. 평소와 같이 기초 자산의 가격은 위험 중립 측도(Q)하에 있으며, 드리프트는 무위험율(r)과 같은 기하 브라우니안 모션을 따른다고 가정한다.

$$dS_A = rS_A dt + \sigma_1 S_A dW_1$$

더 나아가 FX율도 유사한 과정을 따른다고 가정한다.

$$dS = \mu S dt + \sigma_2 S dW_2$$

이 식에서 W_1와 W_2는 Q하의 ρ 상관관계를 갖고 있는 표준 위너 프로세스다. q는 무위험 환율이다. 이것은 시간이 t일 때 외국 은행의 저축 단위가 $exp(qt)$임을 의미한다. 국내 통화의 경우, 가치는 다음과 같다.

$$S_t \exp\left(qt\right) = S_0 \exp\left[\left(\mu + q - \frac{1}{2}\sigma_2^2\right)t + \sigma_2 W_{2t}\right]$$

국내 시장에서 거래되는 상품이라고 가정할 때 할인된 가치는 Q의 마틴게일^{martingale}이어야만 한다. 할인된 가치를 계산해보자.

$$\exp\left(-rt\right)S_t\exp\left(qt\right)=S_0\exp\left[\left(\mu+q\text{-}r\text{-}\frac{1}{2}\sigma_2^2\right)t+\sigma_2W_{2t}\right]$$

이 과정은 Q하의 $\mu=r-q$ 일 때만 마팅게일이다.

$$dS=\left(r-q\right)Sdt+\sigma_2SdW_2$$

이제, SS_A 상품을 계산하고 이것을 Y로 나타내자.

$$Y_t=\left(\text{SS}_A\right)_t=$$

$$=S_0S_{A0}\exp\left[\left(r-q-\frac{\sigma_2^2}{2}\right)t+\sigma_2W_{2t}+\left(r-\frac{\sigma_1^2}{2}\right)t+\sigma_1W_{1t}\right]=$$

$$=S_0S_{A0}\exp\left[\left(2r-q+\sigma_1\sigma_2\rho-\frac{\sigma_3^2}{2}\right)t+\sigma_3W_{3t}\right]$$

여기서 $\sigma_3=\sqrt{\sigma_1^2+\sigma_2^2+2\sigma_1\sigma_2\rho}$ 이며, $W_{3t}=\dfrac{\sigma_1W_{1t}+\sigma_2W_{2t}}{\sigma_3}$ 이다.

W_2와 W_3 간의 상관관계 $\hat{\rho}$ 는 $\hat{\rho}=\dfrac{\sigma_1\rho+\sigma_2}{\sigma_3}$ 이다.

결과적으로 $dY=\left(2r-q+\sigma_1\sigma_2\rho\right)Ydt+\sigma_3YdW_3$ 이다.

이제, 콜 퀀토는 특별한 교환 옵션이므로 마그레이브 수식으로 가격을 책정할 수 있다는 점은 중요하다. 옵션을 행사할 때 교환될 두 위험 자산과 관련 모수를 식별하기만 하면 된다. 퀀토의 페이오프 함수에서 첫 번째 위험 자산은 SS_A며 두 번째 자산은 XS임을 쉽게 알 수 있다(둘 다 모두 국내 통화로 표현). Q를 따르는 이 프로세스의 드리프트 항은 단순히 국내 무위험 이자율을 따르지 않으므로 배당 수익률을 이용한 Margrabe 수식을 사용해야 한다.

앞의 계산에서 배당 수익률이 $q - r - \rho\sigma_1\sigma_2$인 것처럼 Y 프로세스를 다룰 수 있는 반면, XS인 경우에는 단순히 q임을 볼 수 있었다. 결정해야 할 유일하게 남아 있는 모수는 σ이다. 간단하게 대입하면 다음과 같은 계산을 얻을 수 있다.

$$\sigma = \sqrt{\sigma_3^2 + \sigma_2^2 - 2\sigma_3\sigma_2\hat{\rho}} =$$

$$= \sqrt{\sigma_1^2 + \sigma_2^2 + 2\rho\sigma_1\sigma_2 + \sigma_2^2 - 2\sigma_2\left(\sigma_1\rho + \sigma_2\right)} =$$

$$= \sqrt{\sigma_1^2} = \sigma_1$$

모든 결과를 요약하려면, $S_1 = Y = SS_A$, $S_2 = XS$, $\delta_1 = q - r - \rho\sigma_1\sigma_2$, $\delta_2 = q$, $\sigma = \sigma_1$를 대입해 수식 4에 주어진 Margrabe 수식을 사용해야 한다.

따라서 콜 퀀트의 가격은 다음과 같다.

$$\pi\left(H_T\right) = S_0 S_{A0} e^{-\left(q-r-\rho\sigma_1\sigma_2\right)T} N\left(d_1\right) - XS_0 e^{-qT} N\left(d_2\right)$$

예전 방정식에서, d_1와 d_2는 다음과 같았다.

$$d_1 = \frac{\ln\left(\dfrac{S_{A0}}{X}\right) + \left(r + \rho\sigma_1\sigma_2 + \dfrac{\sigma_1^2}{2}\right)T}{\sigma_1\sqrt{T}}$$

$$d_2 = \frac{\ln\left(\dfrac{S_{A0}}{X}\right) + \left(r + \rho\sigma_1\sigma_2 - \dfrac{\sigma_1^2}{2}\right)T}{\sigma_1\sqrt{T}}$$

R에서 콜 퀸토 가격 책정하기

R에서 콜 퀸토를 가격 책정하는 예제를 살펴보자. 우리가 가장 선호하는 주식은 USD 100으로 가격과 20%의 변동성을 갖고 있다. 3년 안에 EUR로 지급되는 USD 90의 콜 옵션이 필요하다. USD 무위험 이자율은 r = 2%며 EUR 무위험 이자율은 q = 3%다. 현재 USD 1은 EUR 0.7467과 같다. EUR의 변동성은 15%며 주식 가격과 USDEUR 교환율 간의 상관관계는 10%다.

3년 동안 주식의 가격이 USD 90보다 높다면 그 차이만큼 EUR로 지급된다. 예를 들어, 3년 동안 가격이 USD 110라면 EUR 20을 얻게 된다. 현재 FX율은 20*0.7467 = USD 26.78093이다. 하지만 예를 들어, EURUSD 교환율이 3년 동안 달라져 USDEUR이 0.7과 같다면 이것은 USD 28.57143과 같다. 따라서 페이오프는 USD에서 달라질 수 있지만, EUR로 지급받길 원한다면 FX율에 대한 리스크를 없앨 수 있다.

이것은 복잡해 보이지만 다행히 마그레이브 수식을 사용할 수 있으며 Margrabe 함수로 옵션 가격을 계산할 수 있다.

```
Margrabe = function(S1, S2, sigma1, sigma2, Time, rho, delta1 = 0, delta2
= 0)
```

이런 대입값 $S_1 = Y = SS_A$, $S_2 = XS$, $\delta_1 = q - r - \rho\sigma_1\sigma_2$, $\delta_2 = q$, $\sigma = \sigma_1$이 필요하다.

S1은 EUR의 주식 가격이며, S2는 EUR의 행사 가격이다. delta1과 delta2는 쉽게 계산할 수 있다. delta1 = 0.03 - 0.02 - 0.2 * 0.15*0.1이며 delta2 = 0.03이다. 유일한 문제는 sigma = si를 설정할 필요가 있다는 점이다. 하지만 sigma는 마그레이브 함수의 변수가 아니다. 이것은 함수 내부 안에서 계산해야 한다. 다음과 같은 명령어를 고려해보자.

```
sigma = sqrt(sigma1^2 + sigma2^2 - 2 * sigma1 * sigma2 * rho)
```

sigma = sigma1의 결과를 얻기 위해 sigma2 = rho = 0으로 설정할 필요가 있다.

이제, 주어진 변수로 Margrabe 함수를 호출할 수 있다.

```
Margrabe(74.67, 90*0.7467, 0.2, 0,3, 0, 0.007, 0.03)
[1] 16.23238
```

결과는 16.23이다. 이는 퀀토의 가격이다.

▌요약

5장에서는 금융 수학에서 가장 아름답고 가장 어려운 부분 중의 하나를 다뤘다. 그것은 파생 상품의 프라이싱이다. 블랙 숄즈 모델의 일반화에 대한 이론과 실무를 배웠다. 또한 환율 옵션을 다루기 위해 어떻게 R과 블랙 숄즈식을 이용할 수 있는지 배웠다. 블랙 숄즈 모델의 확장인 마그레이브 수식을 코드로 실현하는 것이 얼마나 쉬운지 살펴봤다. 이 수식을 이용해 주식 옵션과 환율 옵션, 교환 옵션의 가격을 책정했다. 마지막은 퀀토 옵션을 다루고 퀀토 역시 마그레이브 수식을 이용해 가격을 책정할 수 있음을 발견했다.

5장이 즐거웠다면 6장도 열정적으로 공부할 수 있을 것이다. 6장은 5장에 관련된 주제인 이자율 파생 상품이다.

▌참고문헌

- Black, F. and Scholes, M.(1973). The Pricing of Options and Corporate Liabilities. The Journal of Political Economy, 81(3), pp. 637−654.
- Margrabe, W.(1978). The Value of an Option to Exchange One Asset for Another. Journal of Finance, 33(1), pp. 177−186.

- **Medvegyev, Péter**(2007). Stochastic Integration Theory. Oxford University Press.
- **Merton, R.**(1973). Theory of Rational Option Pricing. The Bell Journal of Economics and Management Science, 4(1), pp. 141−183.

06

금리 파생 상품과 모델

금리 파생 상품은 금리에 따라 수익이 정해지는 금융 파생 상품이다.

기본적으로 금리 스왑interest swap과 선도 이자율forward rate agreement, 임의 상환 채권callable bonds, 상환 청구 채권puttable bonds, 채권 옵션, 캡caps, 플로어floors 등과 같이 다양한 상품이 존재한다.

6장에서는 블랙 숄 모델의 일반화된 모델이자 금리 파생 상품에 자주 사용되는 블랙 모델 (Black model 또는 Black-76 model)에 대해 논한다. 그리고 블랙 숄 모델을 금리 캡 가격에 적용하는 방법을 다룬다. 블랙 모델의 단점은 기본 자산(채권 가격, 금리)이 로그 정규분포 를 따른다는 것을 가정한다는 것이다. 그리고 시간에 따른 금리의 변화를 무시한다는 것이 다. 그로 인해 블랙 공식은 금리 파생 상품에 사용될 수 없다. 간혹, 금리 모델의 기간 구조term structure를 모델화할 때가 있다. 이 기간 구조의 주요 특성을 갖고 있는 많은 금리 모델이 존재한다. 6장의 두 번째 파트에서는 기본적이며 자주 사용되는 2개의 금리 모델 Vasicek, the Cox-Ingersoll-Ross에 대해 논한다. 5장과 같이 독자들이 이미 블랙 숄즈 모델과 기본적인 위험 중립 가치 평가에 대해 익숙하다는 것을 가정한다.

▌ 블랙 모델

6장은 금리 파생 상품을 금리에 따른 현금 흐름에 영향을 받는 자산으로 정의하며 시작했다. 미래 현금 흐름을 할인하기 때문에 금융 상품의 가치는 금리에 따라 다르다는 것을 아는 것이 중요하다. 하지만 금리 파생 상품의 경우, 할인 가격뿐 아니라 수익 또한 금리에 영향을 받는다. 이것이 금리 상품이 주식 또는 외환 파생 상품에 비해 더 복잡한 이유다(좀 더 자세한 내용은 Hull, 2009를 참조하기 바란다).

블랙 모델(Black, 1976)은 선물 거래^{future contract}의 가격 옵션이다. 선물 옵션은 소유자에게 미리 정해진 선물 가격(실행 가격 또는 행사 가격 X)을 특정 기간(만기 T)에 행사할 수 있는 권한을 준다. 이 모델에서는 기본 자산이 행사 가격 대신 선물 가격을 따르는 것만 제외하면 블랙 숄즈 모델의 가정을 계속 사용한다. 그러므로 선물 가격(F)이 기하 브라운 움직임^{geometric Brownian motion}을 따른다고 가정한다.

$$dF = \mu Fdt + \sigma FdW$$

선물 계약은 무위험 금리(r)와 같은 연속형 성장률^{continuous growth rate}을 갖고 있는 금융 상품으로 볼 수 있다. 그러므로 선물 옵션의 블랙 공식은 q가 r과 같은 통화량 옵션의 블랙 숄즈 공식으로 볼 수 있다(이는 5장에서 논의됐다). 그러므로 유로피안 선물 콜 옵션의 블랙 공식은 다음과 같다.

$$c = e^{-rT} \left[FN(d_1) - XN(d_2) \right]$$

여기서, $d_1 = \dfrac{ln\left(\dfrac{F}{X}\right) + \dfrac{\sigma^2}{2}T}{\sigma\sqrt{T}}$ $d_2 = \dfrac{ln\left(\dfrac{F}{X}\right) - \dfrac{\sigma^2}{2}T}{\sigma\sqrt{T}}$

여기서 풋 옵션의 가격은 다음과 같다.

$$p = e^{-rT}\left[XN\left(-d_2\right) - FN\left(-d_1\right)\right]$$

GBSOption 함수(BlackScholesOption 함수)를 블랙 모델에도 사용할 수 있다. 이제 이것을 실제로 어떻게 적용하는지 살펴보자.

함수 이름을 괄호 없이 R 콘솔에 입력했을 때, 함수는 호출되지 않고 소스 코드가 호출된다(바이트 컴파일 코드는 예외). 초보자들에게는 이 방법을 추천하지 않지만, 경험이 조금 있는 프로그래머들에게 매우 유용할 수 있다. 소스 코드를 통해 패키지 문서에서 설명되지 않은 것을 확인할 수 있기 때문이다.

```
require(fOptions)
GBSOption
function(TypeFlag = c("c", "p"), S, X, Time, r, b, sigma, title = NULL,
    description = NULL)
{
    TypeFlag = TypeFlag[1]
    d1 =(log(S/X)+(b + sigma * sigma/2)* Time)/(sigma * sqrt(Time))
    d2 = d1 - sigma * sqrt(Time)
    if(TypeFlag == "c")
       result = S * exp((b - r)* Time)* CND(d1)- X * exp(-r *
           Time)* CND(d2)
    if(TypeFlag == "p")
       result = X * exp(-r * Time)* CND(-d2)- S * exp((b -
           r)* Time)* CND(-d1)
    param = list()
    param$TypeFlag = TypeFlag
    param$S = S
    param$X = X
```

```
    param$Time = Time
    param$r = r
    param$b = b
    param$sigma = sigma
    if(is.null(title))
        title = "Black Scholes Option Valuation"
    if(is.null(description))
        description = as.character(date())
    new("fOPTION", call = match.call(), parameters = param, price =
result,
        title = title, description = description)
}
<environment: namespace:fOptions>
```

명확해 보이지 않더라도 걱정하지 말자. 여기서는 콜 옵션의 가격을 계산하는 것을 다루기 때문이다. 우선, d1을 계산한다(공식에 대해서는 곧 논한다). BS 공식은 조금 다른 형태를 갖고 있지만(주식 옵션과 통화 옵션, 배당이 존재하는 주식 옵션), 다음 공식을 언제나 적용할 수 있다.

$$d_1 - d_2 = \sigma\sqrt{T}$$

함수에서, d2는 위 식을 통해 산출된다. 마지막 결과는 $aN(d_1) - bN(d_2)$의 모습을 갖는다. 여기서 a와 b는 모델에 의존하지만 항상 기본 자산의 가격과 실행 가격의 할인 가격을 갖는다.

이제 이 계산에서 모수 b의 역할에 대해 살펴볼 수 있다. 5장에서 언급한 것 처럼, 어떤 모델을 사용할지 결정할 때 사용된다. 공식을 신중하게 확인한다면, b = r로 설정하는 것으로 결론지을 수 있으며 블랙 숄즈 주식 옵션 모델을 구할 수 있다. b = r - q의 경우 연속을 갖는 Merton's 주식 옵션 모델을 구할 수 있으며(앞에서 살펴봤던 환율 옵션 모델과 같다), b = 0의 경우 블랙 선물 옵션 모델을 구할 수 있다. 이제 블랙 모델의 예제를 살펴보자.

만기 5년에 행사 가격 100을 갖는 자산의 옵션이 필요하다. 선물 가격은 120이다. 자산의 변동성은 20%라고 가정해보자. 그리고 무위험 금리는 5%다. 이제 S = F이며 b = 0인 BS 옵션 가격 공식을 호출해보자.

```
GBSOption("c", 120, 100, 5, 0.05, 0, 0.2)
```

결과값은 다음과 같다.

```
Title:
 Black Scholes Option Valuation
Call:
 GBSOption(TypeFlag = "c", S = 120, X = 100, Time = 5, r = 0.05,
     b = 0, sigma = 0.2)
Parameters:
          Value:
 TypeFlag c
 S        120
 X        100
 Time     5
 r        0.05
 b        0
 sigma    0.2

Option Price:
[1] 24.16356
```

옵션의 가격은 약 USD 24며, 결과값으로부터 b = 0인 것을 확인할 수 있다. 따라서 선물 옵션에 대한 블랙 모델을 사용했음을 확인할 수 있다(그렇지 않다면 중대한 실수를 할 수 있다).

비록 블랙 모델은 commodity 상품에 적용하기 위해 만들어졌지만, 채권 옵션, 캡스, 플로 같이 금리 파생 상품의 가격 결정에 유용하게 쓰이고 있다. 7장에서는 금리 캡의 가격을 모델화할 때 모델을 사용하는 방법을 다룬다.

블랙 모델을 이용한 캡의 가격 결정

금리 캡interest rate cap은 금리 파생 상품으로 여러 기간 동안 금리가 특정값(행사 가격, X)을 초과하는 경우, 소유자가 수익을 낼 수 있는 상품이다. 이와 유사하게, 금리 플로interest rate flow는 금리가 행사 가격보다 낮은 경우, 소유자가 수익을 내는 상품이다. 캡과 플로가 금리 변동성을 헤지하는 데 좋은 상품인 것은 자명해 보인다. 여기서는 캡의 가격 결정에 대해 논해보자. 금리는 LIBOR, L을 따른다고 가정한다.

5장에서 논의한 대로 파생 상품을 이해하기 가장 좋은 방법은 수익 구조를 살펴보는 것이다. n번째 기간의 캡의 수익은 다음과 같다.

$$\tau \max\left(L_{n-1} - X; 0\right)$$

여기서 τ는 두 지급 사이의 시간 간격을 의미한다. 단일 지급은 카플릿caplet이라고 부르며, 연속적인 여러 카플릿은 포트폴리오를 이룬다. 캡의 가격을 결정할 때는 모든 카플릿의 가치를 측정하고, 그 가격들의 합을 산출한다.

그뿐 아니라 n번째 카플릿의 가격은 Libor 기초 자산에 행사 가격이 X고, 만기가 T인 콜 옵션의 가격 결정과 동일하다. 또한 앞에서 언급한 수익과 같이 n번째 카플릿의 가격은 Libor 기초 자산에 행사 가격이 X고, 만기가 T인 콜 옵션의 가격 결정과 동일하다.

시간이 $n-1$ (L_{n-1})일 때, Libor 금리가 로그 정규분포의 랜덤 변수고, 변동성이 σ_{n-1}라면, 캡의 가격 결정을 위한 블랙 공식은 다음과 같다.

$$c_n = \tau e^{-r\tau n}\left[F_{n-1}N\left(d_1\right) - XN\left(d_2\right)\right]$$

여기서 $d_1 = \dfrac{ln\left(\dfrac{F_{n-1}}{X}\right) + \dfrac{\sigma_{n-1}^2}{2}\tau\left(n-1\right)}{\sigma_{n-1}\sqrt{\tau\left(n-1\right)}}$ 이며 $d_2 = \dfrac{ln\left(\dfrac{F_{n-1}}{X}\right) - \dfrac{\sigma_{n-1}^2}{2}\tau\left(n-1\right)}{\sigma_{n-1}\sqrt{\tau\left(n-1\right)}}$ 이다.

F_{n-1}는 $\tau(n-1)$와 τn 사이의 선도 Libor 금리며, R은 만기 τn의 무위험 로그 수익률이다. 카플릿 하나의 가치를 산출하면, 나머지 모든 카플릿의 가격을 책정하고 cap의 가치를 산출할 수 있다.

좀 더 자세히 살펴보자. 2014년 5월부터 2014년 11월까지 6개월 동안 비지니스 파트너에서 USD LIBOR을 지급해야 한다. 카플릿은 금리 리스크를 피할 수 있는 쉬운 방법이다. LIBOR 금리와 행사 가격이 2.5%인 카플릿을 갖고 있다고 가정해보자.

즉, LIBOR 금리가 2.5%보다 높으면 그 차이만큼 현금을 받는다. 예를 들어, 5월에 LIBOR 금리가 3%가 된다면 한 단위당 수익은 0.5*max(3% −2.5%, 0)이 된다.

이제 카플릿의 가격을 어떻게 결정하는지 살펴보자. 여기서 새로운 개념은 전혀 없다. 간단히 블랙 숄즈 공식을 사용할 수 있다. S = Fn-1, Time = 0.5, b = 0로 지정한다. 금리가 기하 브라운 모션을 따른다고 가정하고, 20%의 변동성을 갖는다면, 5월 1일부터 11월 1일까지 선도 금리는 2.2%가 될 것이고, 행사 가격은 2%가 될 것이다. 이 경우, 카플릿 의 가격은 다음과 같다.

```
GBSOption("c", 0.022, 0.025, 0.5, 0.02, 0, 0.2)
Title:
 Black Scholes Option Valuation
Call:
 GBSOption(TypeFlag = "c", S = 0.022, X = 0.025, Time = 0.5, r = 0.02,
    b = 0, sigma = 0.2)
Parameters:
         Value:
 TypeFlag c
 S        0.022
 X        0.025
 Time     0.5
 r        0.02
 b        0
 sigma    0.2
Option Price:
 0.0003269133
```

옵션의 가격은 0.0003269133이다. 여기에 $\tau = 0.5$ 값을 곱하면 0.0001634567을 얻는다. 모든 것을 USD 100만 단위로 측정한다면, 카플릿의 가격은 약 USD 163이 된다.

캡은 간단히 카플릿들의 합이다. 하지만 다른 모수들을 사용할 수도 있다. 첫 3달 동안 LIBOR의 이율이 2.5% 이상일 경우에 지급하고 다음 3달 동안에는 2% 이상일 경우에만 지급하는 캡이 필요하다고 가정해보자. 선도 LIBOR 금리는 5월과 8월 기간 동안 달라질 수 있다(2.1%라고 하자). 그리고 8월부터 11월 동안은 2.2%라고 가정해보자. 간단하게 2개의 카플릿의 가격을 차례대로 책정하고 더하면 된다.

```
GBSOption("c", 0.021, 0.025, 0.25, 0.02, 0, 0.2)
GBSOption("c", 0.022, 0.02, 0.25, 0.02, 0, 0.2)
```

여기서는 모든 결과값이 아닌 가격만 포함했다.

```
Option Price:
  3.743394e-05
Option Price:
  0.002179862
```

이제 두 값 모두에 $\tau = 0.25$를 곱하고, 합을 구한다.

```
(3.743394e-05 + 0.002179862 )* 0.25
0.000554324
```

캡의 가격은 USD 100만을 기준으로 USD 554다.

플로어의 가격 결정 방법도 매우 유사하다. 우선 자산의 현금 흐름을 플로어렛^{floorlet}이라 불리는 단일 지급으로 나눈다. 그리고 각 플로어렛의 가치를 블랙 모델을 통해 결정한다. 플로어렛의 차이점은 콜 옵션이 아니라 풋 옵션이라는 점이다. 마지막으로 플로어렛의 가치들을 더해 플로어의 가격을 결정한다.

블랙 모델은 기초 자산의 선물 가치가 로그 정규분포를 가진다고 가정할 때 적용할 수 있다. 다른 접근 방법으로는 금리의 기간 군조 모델을 통해 금리 파생 상품의 가치를 구하는 방법이 있다. 여기서는 두 가지 기초적인 금리 모델과 그들의 주요 특성에 대해 논한다.

▎ 바시첵 모델

바시첵 모델(Vasicek, 1977)은 연속형이자 아핀affine, 단일 요소 스토캐스틱 금리 모델one-factor stochastic이다. 이 모델에서는 즉각적인 금리 변동을 다음과 같이 미분 확률 과정 공식으로 표현한다.

$$dr_t = \alpha \left(\beta - r_t \right) dt + \sigma dW_t$$

여기서 α와 β, σ는 양의 값을 가진 상수며, r은 금리, t는 시간, W_t는 표준 와인 과정standard Wiener process을 나타낸다. 이는 수학적으로 Ornstein−Uhlenbeck 과정이라고 부른다.

이미 관찰한 것과 같이, 바시첵 모델의 금리는 장기 평균 β로 평균 회귀 과정mean reverting process을 따른다. 여기서는 $r_t \langle \beta$이다. 드리프트 항은 양의 값을 가지므로 금리는 증가할 것으로 예상된다. 장기 평균의 조정 속도는 α로 측정된다. 이 모델에서 변동 항은 상수다.

금리 모델은 R에 구현돼 있지만, 이 공식이 어떤 것을 의미하는지 좀 더 깊게 이해할 필요가 있다. 바시첵 모델의 확률 과정을 직접 구현해보자.

```
vasicek <- function(alpha, beta, sigma, n = 1000, r0 = 0.05){
  v <- rep(0, n)
  v[1] <- r0
  for(i in 2:n){
    v[i] <- v[i - 1] + alpha *(beta - v[i - 1])+ sigma * rnorm(1)
        }
    return(v)
}
```

이제 곡선을 그래프로 그려 모양을 살펴보자.

```
set.seed(123)
r <- replicate(4, vasicek(0.02, 0.065, 0.0003))

matplot(r, type = "l", ylab = "", xlab = "Time", xaxt = "no", main =
"Vasicek modell trajectories")
lines(c(-1,1001), c(0.065, 0.065), col = "grey", lwd = 2, lty = 1)
```

위 명령어의 결과 그래프는 다음과 같다.

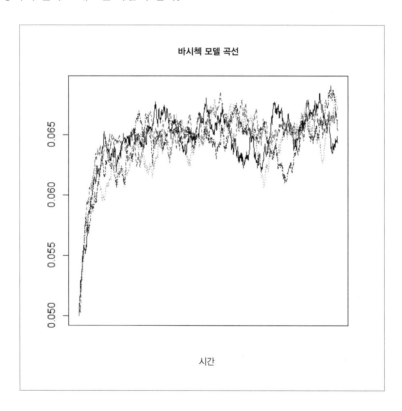

166

모수의 역할을 이해하기 위해 같은 곡선(trajectory, 같은 랜덤 숫자로 생성된 곡선)에 다른 시그마와 알파를 적용할 경우, 어떻게 다른지 그래프를 그려보자.

```
r <- sapply(c(0, 0.0002, 0.0006),
function(sigma){set.seed(102323); vasicek(0.02, 0.065, sigma)})

matplot(r, type = "l", ylab = "", xlab = "Time",xaxt = "no", main =
"Vasicek trajectories with volatility 0, 0.02% and 0.06%")
lines(c(-1,1001), c(0.065, 0.065), col = "grey", lwd = 2, lty = 3)
```

위 코드의 결과는 다음과 같다.

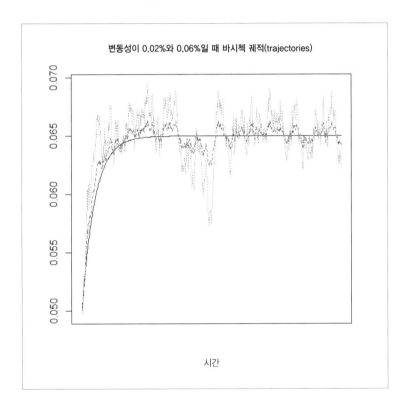

```
r <- sapply(c(0.002, 0.02, 0.2),
function(alpha){set.seed(2014); vasicek(alpha, 0.065, 0.0002)})
```

곡선은 같은 모양을 갖지만, 변동성에서 차이가 있다.

```
matplot(r, type = "l", ylab = "", xaxt = "no", main = "Vasicek
trajectories with alpha = 0.2%, 2% and 20%")
lines(c(-1,1001), c(0.065, 0.065), col = "grey", lwd = 2, lty = 3)
```

위 명령어의 결과는 다음과 같다.

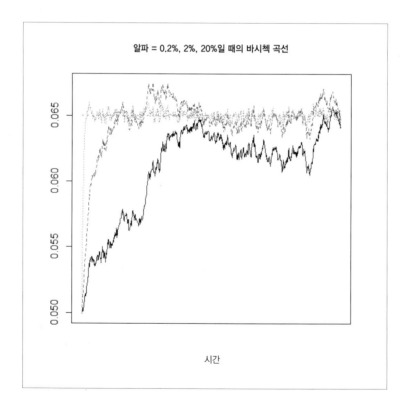

α가 클수록 곡선이 더 일찍 장기 평균에 도달하는 것을 볼 수 있다.

바시첵 모델의 단기 금리는 다음과 같은 조건부 기댓값 그리고 분산을 갖는 정규분포를 따른다(원 논문에도 명시돼 있음).

$$E\left[r_T \mid r_t\right] = r_t e^{-\alpha(T-t)} + \beta\left(1 - e^{-\alpha(T-t)}\right)$$

$$Var\left[r_T \mid r_t\right] = \frac{\sigma^2}{2\alpha}\left(1 - e^{-2\alpha(T-t)}\right)$$

T나 α가 무한에 가까워질 때, 기댓값이 β로 수렴하는 것을 관찰할 수 있다. 그뿐 아니라 α가 무한으로 가까워질수록 분산은 0으로 수렴한다. 이 관찰값들이 매개 변수의 해석과 일치한다.

식의 계수들이 분포의 모수들에 미치는 영향을 살펴보기 위해 α, β, σ의 조건부 확률 밀도 함수를 그래프로 그려보고, 시간에 따라 어떻게 변화되는지 관찰해보자.

```
vasicek_pdf = function(x, alpha, beta, sigma, delta_T, r0 = 0.05){
  e <- r0*exp(-alpha*delta_T)+beta*(1-exp(-alpha*delta_T))
  s <- sigma^2/(2*alpha)*(1-exp(-2*alpha*delta_T))
  dnorm(x, mean = e, sd = s)
}

x <- seq(-0.1, 0.2, length = 1000)
par(xpd = T,mar = c(2,2,2,2), mfrow = c(2,2))
y <- sapply(c(10, 5, 3, 2), function(delta_T)
        vasicek_pdf(x, .2, 0.1, 0.15, delta_T))
par(xpd = T,mar = c(2,2,2,2), mfrow = c(2,2))
matplot(x, y, type = "l",ylab ="",xlab = "")
legend("topleft", c("T-t = 2", "T-t = 3", "T-t = 5", "T-t = 10"), lty =
1:4, col=1:4, cex = 0.7)

y <- sapply(c(0.1, 0.12, 0.14, 0.16), function(beta)
        vasicek_pdf(x, .2, beta, 0.15, 5))
matplot(x, y, type = "l", ylab ="",xlab = "")
legend("topleft", c("beta = 0.1", "beta = 0.12", "beta = 0.14", "beta = 0.16"),
```

```
lty = 1:4, col=1:4,cex = 0.7)

y <- sapply(c(.1, .2, .3, .4), function(alpha)
     vasicek_pdf(x, alpha, 0.1, 0.15, 5))

matplot(x, y, type = "l", ylab ="",xlab = "")
legend("topleft", c("alpha = 0.1", "alpha = 0.2", "alpha = 0.3", "alpha = 0.4"),
lty = 1:4, col=1:4, cex = 0.7)

y <- sapply(c(.1, .12, .14, .15), function(sigma)
     vasicek_pdf(x, .1, 0.1, sigma, 5))

matplot(x, y, type = "l", ylab ="",xlab = "")
legend("topleft", c("sigma = 0.1", "sigma = 0.12", "sigma = 0.14", "sigma
= 0.15"), lty = 1:4, col=1:4, cex = 0.7)
```

다음 스크린샷은 위 코드의 결과다.

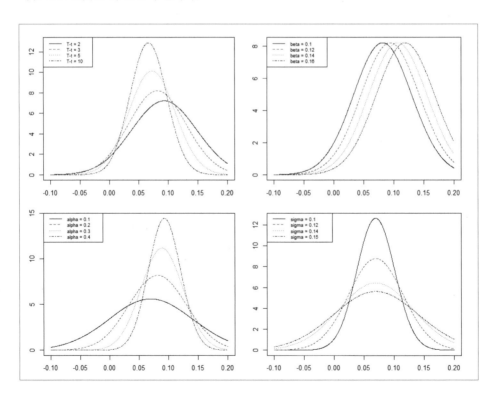

분포의 분산은 시간이 지남에 따라 증가하는 것을 볼 수 있다. β은 분포의 평균에만 영향을 미친다. α 값이 커질수록 장기 평균에 더 빨리 도달하며, 적은 분포를 가진다. 그리고 변동이 커질수록(분산이 커질수록) 밀도 함수가 편평해지는 것을 볼 수 있다.

금리가 바시첵 모델을 따를 때는 다음과 같은 공식으로 제로 쿠폰 채권 가격을 정할 수 있다(이 수식의 유도는, 예를 들어 Cairns [2004]를 참고할 수 있다).

$$P\left(t, r_t, T\right) = e^{A(T-t) - B(T-t)r_t}$$

여기서, $B\left(\tau\right) = \dfrac{1 - e^{-\alpha\tau}}{\alpha}$ 와 $A\left(\tau\right) = \left(B\left(\tau\right) - \tau\right)\left(\beta - \dfrac{\sigma^2}{2\alpha^2}\right) - \dfrac{\sigma^2 B^2\left(\tau\right)}{4\alpha}$ 이다.

위의 공식에서 P는 제로 쿠폰 채권 가격, t는 시간, T는 만기($T{-}t$는 만기까지 남은 시간)를 나타낸다. 제로 쿠폰 채권 가격을 갖고 있다면, 다음 관계를 따르는 현물 이자율 곡선[spot yield curve]을 나타낼 수 있다.

$$R\left(t, T\right) = -\frac{1}{T-t} ln P\left(t, T\right) = -\frac{A\left(T-t\right)}{T-t} + \frac{B\left(T-t\right)}{T-t} r_t$$

▌ 콕스-잉거솔-로스 모델

바시첵 모델과 같이 Cox-Ingersoll-Ross 모델(Cox at al., 1985)도 연속적이며, 아핀[affine] 하며, 한 가지 요소의 확률이자 모델이다. 이 모델의 금리 변동은 다음과 같은 확률 과정 미분식으로 표현할 수 있다.

$$dr_t = \alpha\left(\beta - r_t\right)dt + \sigma\sqrt{r_t}\,dW_t$$

여기서 α, β, σ는 양의 상수며, r_t은 금리, t는 시간, W_t는 표준 위너 과정을 나타낸다. 드리프트 항은 바시첵 모델과 같다. 그러므로 금리는 평균 회귀 과정을 따르고, β는 장기 평균 그리고 α는 조정 금리를 나타낸다. 차이점은, 변동 항은 상수가 아니며 금리 수준의 스퀘어 값에 비례한다는 점이다. 이 작은 차이가 선물 단기 금리의 확률 분포와 관련해 큰 차이를 일으킨다. CIR 모델에서, 금리는 비중심 카이스퀘어 분포non-central chi-squared distribution를 갖고 있으며, 다음과 같은 밀도 함수(f)를 갖는다.

$$f\left[r_T \mid r_t\right] = 2c * \chi^2_{2q+2,2u}\left[2cr_t\right]$$

여기서, $q = \dfrac{2\alpha\beta}{\sigma^2} - 1$, $u = cr_t e^{-\alpha(T-t)}$ 와 $c = \dfrac{2\alpha}{\sigma^2\left(1 - e^{-\alpha(T-t)}\right)}$ 이다.

$\chi^2_{n,m}$는 n 자유도를 가진 카이스퀘어 분포의 확률 밀도 함수를 나타낸다. m은 비중심non-centrality 모수를 나타낸다. 기댓값은 $n+m$이며 랜덤 변수의 분산은 $2(n+2m)$이다. 금리의 적률값들은 다음과 같다.

$$E\left[r_T \mid r_t\right] = r_t e^{-\alpha(T-t)} + \beta\left(1 - e^{-\alpha(T-t)}\right)$$

$$Var\left[r_T \mid r_t\right] = \frac{\sigma^2 r_t}{\alpha}\left(e^{-\alpha(T-t)} - e^{-2\alpha(T-t)}\right) + \frac{\sigma^2\beta}{2\alpha}\left(1 - e^{-\alpha(T-t)}\right)^2$$

조건부 기댓값은 바시첵 모델과 같다. 단기 금리는 정규분포의 변수며, 바시첵 모델에서는 음수가 된다. 하지만 CIR 모델에서는 발생하지 않는다.

바시첵 모델과 같이, 그래프를 통해 계수가 확률 밀도 함수 모양에 어떻게 변화를 주는지 확인해볼 수 있다. 다음 코드를 이용해 여러 모수를 통해 다양한 확률 밀도 함수를 비교할 수 있다.

```
CIR_pdf = function(x, alpha, beta, sigma, delta_T, r0 = 0.1){
  q =(2*alpha*beta)/(sigma^2)- 1
  c =(2*alpha)/(sigma^2*(1-exp(-alpha*delta_T)))
  u = c*r0*exp(-alpha*delta_T)
  2*c*dchisq(2*c*x, 2*q+2, ncp = 2*u)
              }


x <- seq(0, 0.15, length = 1000)
y <- sapply(c(1, 2, 5, 50), function(delta_T)
       CIR_pdf(x, .3, 0.05,0.1,delta_T))


par(mar = c(2,2,2,2), mfrow = c(2,2))
matplot(x, y, type = "l",ylab ="",xlab = "")
legend("topright", c("T-t = 1", "T-t = 2", "T-t = 5", "T-t = 50"), lty =
1:4, col = 1:4, cex = 0.7)


y <- sapply(c(.2, .4, .6, 1), function(alpha)
       CIR_pdf(x, alpha, 0.05,0.1,1))
  matplot(x, y, type = "l",ylab ="",xlab = "")
legend("topright", c("alpha = 0.2", "alpha = 0.4", "alpha = 0.6", "alpha
= 1"), lty = 1:4, col = 1:4, cex = 0.7)


y <- sapply(c(.1, .12, .14, .16), function(beta)
       CIR_pdf(x, .3, beta,0.1,1))


matplot(x, y, type = "l",ylab ="",xlab = "")
legend("topleft", c("beta = 0.1", "beta = 0.12", "beta = 0.14", "beta = 0.16"),
lty = 1:4, col = 1:4, cex = 0.7)


x <- seq(0, 0.25, length = 1000)
y <- sapply(c(.03, .05, .1, .15), function(sigma)
       CIR_pdf(x, .3, 0.05,sigma,1))


matplot(x, y, type = "l",ylab ="",xlab = "")
legend("topright", c("sigma = 1", "sigma = 5", "sigma = 10", "sigma = 15"),
lty = 1:4, col = 1:4, cex = 0.7)
```

위 결과를 통해 이전 바시첵 모델과 같은 결론을 얻을 수 있다. 단지 β가 CIR의 밀도 함수를 단순히 움직이는 것이 아니라 형태에 변화를 준다는 점이 다르다.

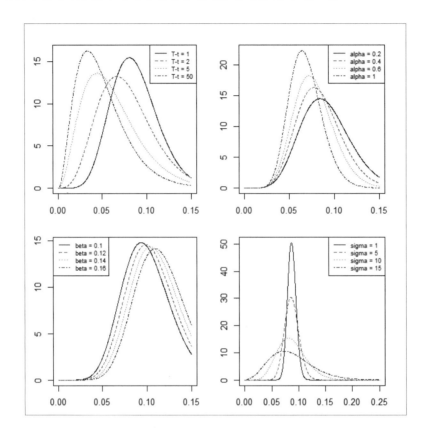

CIR 모델의 제로 쿠폰 채권 수익률은 다음 공식을 따른다(Cairns [2004]).

$$P\left(t,r_t,T\right) = e^{A(T-t)-B(T-t)r_t}$$

$$B\left(\tau\right) = \frac{2\left(e^{\gamma\tau}-1\right)}{\left(\gamma+\alpha\right)\left(e^{\gamma\tau}-1\right)+2\gamma}, \quad A\left(\tau\right) = \frac{2\alpha\beta}{\sigma^2}\ln\frac{2\gamma e^{\frac{\left(\gamma+\alpha\right)\tau}{2}}}{\left(\gamma+\alpha\right)\left(e^{\gamma\tau}-1\right)+2\gamma} \text{와 } \gamma = \sqrt{\alpha^2+2\sigma^2}$$

채권 가격에서 수익률 커브를 결정하는 것은 바시첵 모델과 동일하다.

▌ 금리 모델의 모수 추정

금리 모델을 프라이싱이나 시뮬레이션 목적으로 사용할 때, 실제 데이터에 적용해 적절한 모수들을 추정calibrate하는 것이 중요하다. 여기서 모수를 추정할 때 사용할 수 있는 방법을 살펴보자. 이 방법은 찬Chan 등(1992)에 의해 개발됐고, 보통 CKLS 방법이라고 불린다. 이 방법은 계량 경제학에서 사용되는 일반 적률 추정법Generalized Method of Moments을 이용해 다음과 같은 금리 모델의 모수들을 추정할 때 사용되는 정교한 과정이다(GMM; Hansen, 1982. 참조).

$$dr_t = \alpha\left(\beta - r_t\right)dt + \sigma r_t^{\gamma}dW_t$$

바시첵 모델인 경우 $\gamma=0$이며, CIR 모델인 경우 $\gamma=0.5$다. 모수 추정의 첫 번째 단계는 오일러 추정Euler approximation을 통한 이산화discretize다(Atkinson, 1989 참조).

$$r_t = \alpha\beta\delta_t + \left(1 - \alpha\delta_t\right)r_{t-1} + \sigma r_{t-1}^{\gamma}\sqrt{\delta_t}e_t$$

여기서 δ_t는 두 금리 관찰값의 시간 간격을 의미하고, e_t 독립적인 표준 정규 랜덤 변수다. 모수는 다음 귀무가설로 추정된다.

$$r_t - r_{t-1} = \alpha\beta\delta_t - \alpha\delta_t r_{t-1} + \varepsilon_t$$

$$E\left(\varepsilon_t\right) = 0$$

$$E\left(\varepsilon_t^{\,2}\right) = \sigma^2\delta_t r_{t-1}^{2\gamma}$$

모수 벡터 $\Theta = \left(\alpha, \beta, \sigma, \gamma\right)$를 추정해보자.

다음 모수 벡터에 대한 함수를 고려하자.

$$M_t\left(\Theta\right) = \begin{bmatrix} \varepsilon_t \\ \varepsilon_t r_{t-1} \\ \varepsilon_t^2 - \sigma^2 r_{t-1}^{2\gamma} \\ \left(\varepsilon_t^2 - \sigma^2 r_{t-1}^{2\gamma}\right) r_{t-1} \end{bmatrix}$$

귀무가설 $E\left(M_t\left(\Theta\right)\right)=0$을 고려하는 것이 쉽다.

GMM의 첫 번째 단계는 $E\left(M_t\left(\Theta\right)\right)$와 대응되는 샘플($m_t\left(\Theta\right)$)를 고려하는 것이다.

$$m_t\left(\Theta\right) = \frac{\sum_{t=1}^{n} M_t\left(\Theta\right)}{n}$$

여기서 n은 관찰값들의 수를 의미한다.

마지막으로 GMM은 다음 이차quadratic식을 최소화해 모수를 나타낸다.

$$m_t^{\cdot}\left(\Theta\right)\Omega\left(\Theta\right)m_t\left(\Theta\right)$$

여기서 Ω는 대칭이며 양 정치 가중 행렬symmetric, positive definite weight matrix이다.

R에 있는 quadprog 패키지를 이용해 이 문제를 해결할 수 있다. 또는 optim 함수를 이용해 최적화를 위한 일반적인 방법을 사용할 수 있다.

▌ SMFI5 패키지 사용하기

모델의 수리적인 부분을 설명하고 하드 코딩한 이후에 SMFI5 패키지를 소개한다. 이 패키지는 모델에 대한 사용자 친화적인 솔루션을 제공하며, 금리 모델(Ornstein–Uhlenbeck 과정을 이용해 모델을 만드는 경우), 채권 가격, 다른 많은 적용을 시뮬레이션할 수 있도록 한다.

자세하게 논하기는 힘들지만 짧게 시연해보자. 서로 다른 만기를 갖고 있는 채권들의 가격을 시뮬레이션할 수 있는 함수를 호출해보자.

```
bond.vasicek(0.5,2.55,0.365,0.3,0,3.55,1080,c(1/12, 3/12, 6/12, 1),365)
```

결과는 다음과 같다.

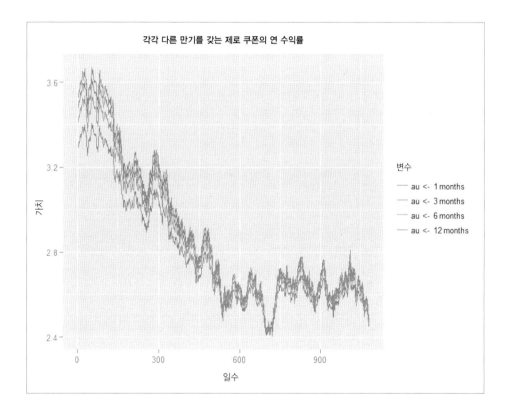

요약

6장에서는 금리 모델과 금리 파생 상품에 대해 다뤘다. 블랙 모델을 소개한 후, 캡과 캐플렛 가격 결정을 위해 사용했다. 블랙 숄즈 모델을 위한 R 코드도 살펴봤다.

그리고 바시첵과 CIR 금리 모델을 살펴봤으며, 모수 추정과 관련된 이론도 다뤘다. 마지막에는 SMFI5 패키지가 어떻게 작동하는지 시연해봤다. 금리 모델은 금리 파생 상품이 금리와 선물의 수익률 커브에 관한 가정으로 시작하기 때문에 매우 중요하다. 모델을 적절하게 선택하고 추정하면, 이자율에 대한 가능한 미래 시나리오를 분석할 기회를 가질 수 있다. 금리 모델들은 넓은 주제고 공부할 가치가 있는 분야다. 우선 많이 쓰이고, 유명한 모델부터 시작하는 것이 좋다. 독자들이 더 깊이 공부하거나 7장을 살펴보길 추천한다. 아직도 흥미로운 옵션이 남아 있기 때문이다.

참고문헌

- Atkinson, K. [1989]: An Introduction to Numerical Analysis. John Wiley & Sons, New York.

- Black, F. [1976]: The Pricing of Commodity Contracts. Journal of Financial Economics, 3(1-2), pp. 167-179.

- Cairns, A. [2004]: Interest Rate Models: An Introduction. Princeton University Press, Princeton-Oxford.

- Chan, K., Karolyi, A., Longstaff, A. and Sanders, A. [1992]: An Empirical Comparison of Alternative Models of the Short-Term Interest Rate. The Journal of Finance, No. 3. pp. 1209-1227.

- Cox, J., Ingersoll, J. and Ross, S. [1985]: The Theory of the Term Structure of Interest Rates. Econometrica, No. 53. pp. 385-407.

- **Hansen, L.** [1982]: Large Sample Properties of Generalized Method of Moment Estimators. Econometrica, No. 4. pp. 1029-1054.

- **Hull, J.** [2009]: Options, Futures, and Other Derivatives. Pearson Prentice Hall, New Jersey.

- **Vasicek, O.** [1977]: An Equilibrium Characterisation of the Term Structure. Journal of Financial Economics, 5(2), pp. 177-188.

07

이색 옵션

모든 파생 상품은 금융 계약이며, 단순히 사고파는 권리보다 더 많은 기능을 갖고 있다. 복잡한 지불 구조는 가정 시나리오를 바탕으로 설계할 수 있으므로 이색 계약의 최종 지불금payout은 모든 가능한 환경에 따라 다르다. 때때로 기초 자산의 움직임이 최종 지불에 심각한 영향을 미칠 수 있다. 이런 파생 상품과 비교해볼 때, 예전부터 거래됐던 콜 옵션과 풋 옵션은 단순해 보인다. 그래서 '기본 바닐라'라는 별명은 놀랍지 않다.

바닐라 콜과 풋 옵션은 아무런 토핑을 얹지 않은 가장 단순한 아이스크림과 같다. '기본 바닐라'라는 표현은 금융에서 강하게 인식돼 있기 때문에 채권 시장에서도 가장 단순한 쿠폰을 지불하는 채권을 의미할 때 이 표현이 사용된다.

기본 바닐라 옵션에 추가 기능을 갖고 있는 옵션은 이색Exotic 옵션이라고 불리며, 이는 다양한 그룹에 속한다. 판매자 입장인 은행들은 고객들에게 잘 만든 상품을 제공하기 위해 치열하게 경쟁하고 있기 때문에 이색 옵션은 인기가 많다. 이색 옵션이 널리 퍼져 있는 또 다른 이유는 흥미롭게도 대부분 이색 옵션의 프라이싱이 바닐라 옵션의 프라이싱보다 많이 어렵지 않기 때문이다.

▌ 일반적인 프라이싱 접근법

옵션이든, 아니든 모든 파생 상품에는 항상 하나의 고유한 특징이 있다. 파생 상품이라는 이름이 의미하듯 다른 금융 상품에 대한 함수라는 점이다.

따라서 금융 상품의 가격은 직접적인 수요와 공급의 결과와 관련이 없다. 오히려 추정된 건설 비용으로 주어진다. 예를 들어, 유로 가격에 대한 한 달 선물 달러 가격은 유로의 현물 달러 가격에 크게 의존한다. 선물 가격은 현물 가격(그리고 이자율)에 대한 함수일 뿐이다.

덜 복잡한 금융 상품을 포함하는 거래 전략으로 파생 상품을 보유하는 것과 정확히 같은 이익을 얻을 수 있다면, 파생 상품을 복제replicate할 수 있다. 파생 상품은 단 1개만 존재하는 그림 작품과 같은 것이 아니다. 파생 상품을 위조forgery한 것은 같은 가치를 갖고 있는 반면, 복제는 오리지널만큼 좋다. 블랙, 숄Black and Scholes(1973)과 머튼Merton(1973)은 비차익 거래 논리를 이용해 파생 상품의 가격이 정적인 복제 전략dynamic replication strategy의 적절한 실현 과정 중에 발생하는 비용의 예상 합계와 같아야 함을 보였다. 탈레브Taleb(1997)는 실제 시장 상황에서 적절한 복제 전략을 구현하는 것은 때로는 매우 까다로울 수 있다고 설명했다.

▌ 동적 헤징의 역할

복제는 대부분의 경우 동적 헤징dynamic hedging이다. 파생 상품이 존재하는 동안 거의 연속적으로 거래해야 한다. 하어그Haug(2007b)는 기본 바닐라 옵션의 비연속 헤징 오차를 헤징하는 것조차 중요할 수 있다는 것을 보였다. 어쨌든 연속적인 헤징은 엄청난 노력이 필요하며, 프라이싱 수식에서 대부분 명백하게 드러나지 않는다. 하지만 대부분의 프라이싱 함수는 동적 헤징을 백그라운드에서 항상 적절하게 하고 있다는 가정을 기반으로 한다. 위험 중립 세상이나 위험 중립 프라이싱을 이야기할 때도 마찬가지다. 추가 내용은 윌모트[Wilmott](2006)를 참고하자.

다행히 동적 헤징이 아무리 복잡하다고 하더라도, 옵션 북을 실행하는 것은 적어도 확장이 가능하다. 몇천 개의 옵션을 헤징하는 것은 몇몇 개를 헤징하는 것과 많이 다르지 않다. 모든 옵션은 그릭[Greeks]이라고 불리는 특정한 민감도로 분해할 수 있다. 이 이름은 중요한 민감도가 그리스 알파벳(델타와 감마, 로, 세타)에서 유래됐다는 사실에서 왔다. 이것들은 도함수[partial derivative]기 때문에 더할 수 있다. 각 옵션의 델타를 더해 포트폴리오의 델타를 구할 수 있다. 이것은 기본 바닐라 옵션뿐 아니라 이색 옵션에도 적용할 수 있으며, 바닐라와 이색 옵션 간에 매우 강력한 관계를 만든다.

▌ R이 도움을 줄 수 있는 방법

이색 옵션의 여러 예제를 살펴보면서 분류할 수 있는 방법을 소개한다. fExoticOptions 패키지의 예제를 살펴보고 파생 상품의 프라이싱 함수를 위해 블랙 숄즈 표면[black-scholes surface]을 어떻게 만들 수 있는지 살펴보자. 그리고 이색 파생 상품의 그릭에 대한 수치 추정에 집중한다. 그 후 fExoticOptions 패키지에 포함돼 있지 않은 이색 옵션의 프라이싱을 살펴본다.

우리는 **더블 노 터치**[Double-no-touch, DNT]라는 바이너리 옵션[binary option]을 선택했다. 외환 시장에서 인기가 있으며 다른 이색 옵션과 관련이 있다는 많은 결론 때문에 선택했다. 그리고 AUDUSD를 기본으로 사용한다. 현 시점에서 AUD와 USD 간에 큰 이자율 격차가 있었기 때문이다. 그리고 이 이율을 프라이싱 함수에 적용하는 방법을 살펴볼 수 있다. 정적 옵션 복제 논리를 사용해 DNT의 가격을 계산하는 두 번째 방법을 보인다. DNT의 실제 예시를 통해 시뮬레이션에서 DNT의 생존 확률을 추정하는 방법을 보인다. 이를 사용해 실제와 무위험 확률의 관계 및 리스크 프리미엄의 역할을 논할 수 있다. 마지막으로 구조화된 상품에서 이색 옵션을 아우르는 실질적인 미세 조정 기법fine tuning trick을 다룬다.

7장의 학습 결과는 이색 옵션과 바닐라 옵션 간의 관계를 그릭으로 이해하는 것이다. 그리고 복잡한 이색 옵션 프라이싱 함수를 R로 구현하고, 시뮬레이션하기 위해 예제를 살펴보는 부수 효과도 있다. 환율과 기본 바닐라 옵션에 대해 많은 것을 다뤘던 5장, 'FX 파생 상품'에서 소개한 것과 같은 용어를 사용한다.

▌ 바닐라보다 넓게 한눈에 보기

하어그(2007a)는 100개에 가까운 이색 파생 상품에 대한 여러 프라이싱 공식을 종합적으로 다루고 있다. fOptions과 fExoticOptions 패키지는 이 책에 바탕을 두고 있다. 윌모트(2006)와 탈레브(1997), 드 로사DeRosa(2011)는 이것에 대한 많은 실제적인 이슈를 설명하고 있다.

독자들은 아마 너무 많은 이색 옵션이 있다는 인상을 받았을 것이다. 이색 옵션을 분류하는 데는 많은 방법이 있다. 시장 참여자는 첫 번째 세대나 두 번째 세대 등과 같이 이색 옵션의 세대를 구분한다. 이것은 헤징 관점에서의 접근 방법이다. 우리는 최종 사용자 관점인 약간 다른 관점을 사용해 주요 이색 특징에 바탕을 둬 옵션을 구분한다.

아시안 이색 옵션은 평균에 관한 것이다. 이것은 평균율이나 평균 행사가일 수도 있으며 산술 평균이나 기하 평균일 수 있다. 이 옵션은 과거 경로path에 따라 다르다. 즉, 만료됐을 때의 가치는 단순히 기초 자산 가격에 대한 평균이 아니라 전체 경로에 대한 평균이 된다. 평균 가격의 변동성은 가격 자체의 변동성보다 낮기 때문에 아시아 옵션은 바닐라 옵션보다 저렴하다.

```
library(fOptions)
library(fExoticOptions)
a <- GBSOption("c", 100, 100, 1, 0.02, -0.02, 0.3, title = NULL,
    description = NULL)
(z <- a@price)

[1] 10.62678
a <- GeometricAverageRateOption("c", 100, 100, 1, 0.02, -0.02, 0.3,
    title = NULL, description = NULL)
(z <- a@price)
[1] 5.889822
```

베리어^{barrier} 타입의 이색 옵션 역시 경로에 의존한다. 베리어는 1개나 2개다. 베리어는 **녹인**$^{knock-in, KI}$이거나 **녹아웃**$^{knock-out, KO}$이다.

옵션 기간 동안 기본 가격이 모니터링되며 이것이 베리어에 닿거나 넘어설 경우, 녹 이벤트$^{knock event}$가 일어난다. KI 베리어를 갖고 있는 옵션은 녹 이벤트가 일어날 경우 행사가 가능하다. KO 베리어를 갖고 있는 옵션은 처음에는 행사 가능한 옵션으로 시작하지만, 녹 이벤트가 일어나면 더 이상 행사할 수 없다. 두 가지 베리어가 있다면 두 가지 모두 같은 타입일 수 있다. **더블 녹아웃**$^{double knockout, DKO}$이거나 **더블 녹인**$^{double-knock-in, DKI}$ 또는 **녹인 녹아웃**$^{knock-in-knock-out, KIKO}$ 타입일 수 있다.

모든 모수가 같도록 설정했다면 다음과 같은 방정식이 성립한다.

KI +KO = vanilla

이것은 이 경우의 옵션이 상호 배반$^{mutually exclusive}$이기 때문이다. 하지만 둘 중 하나는 분명히 행사될 것이다. 첫 번째 변수 cuo와 cui는 콜 업 앤 아웃$^{call-up-and-out}$과 콜 업 앤 인 $^{call-up-and-in}$을 표시한다. 다음 조건을 확인해보자.

vanilla − KO − KI = 0

다음 코드는 위의 조건을 표시한다.

```
library(fExoticOptions)
a <- StandardBarrierOption("cuo", 100, 90, 130, 0, 1, 0.02, -0.02, 0.30,
    title = NULL, description = NULL)
x <- a@price
b <- StandardBarrierOption("cui", 100, 90, 130, 0, 1, 0.02, -0.02, 0.30,
    title = NULL, description = NULL)
y <- b@price
c <- GBSOption("c", 100, 90, 1, 0.02, -0.02, 0.3, title = NULL,
    description = NULL)
z <- c@price
v <- z - x - y
v
[1] 0
```

$DKO + DKI = vanilla$와 같은 로직을 따르면 $KO - DKO = KIKO$라고 할 수 있다. 따라서 KIKO는 처음에 행사가 가능하지 않은 옵션으로 시작한다. 그리고 숏 DKO와 롱 KO가 둘 다 살아 있는 동안에는 서로를 상쇄한다. 숏 DKO가 죽고 롱 KO가 살아남는다면 KIKO 옵션에 대한 KI 이벤트가 된다. 하지만 녹인 이벤트가 일어난 이후에도 KIKO는 여전히 죽은 상태일 수 있다. 자연스럽게 $KIKO + DKO = KO$의 접근은 같은 결론을 도출한다.

또한 베리어 옵션에는 중요한 수렴 기능이 있다. $KO + KI = vanilla$에 따르면, 베리어를 현물 가격에서 더 멀리 밀어낼수록 KO는 바닐라로 수렴한다. 베리어가 현물 가격에서 멀어질수록 KI는 0에 수렴하기 때문이다. 다음 차트는 이 특징을 보여준다.

```
vanilla <- GBSOption(TypeFlag = "c", S = 100, X = 90, Time = 1,
    r = 0.02, b = -0.02, sigma = 0.3)
KO <- sapply(100:300, FUN = StandardBarrierOption, TypeFlag = "cuo",
    S = 100, X = 90, K = 0, Time = 1, r = 0.02, b = -0.02, sigma = 0.30)
plot(KO[[1]]@price, type = "l",
    xlab = "barrier distance from spot",
```

```
    ylab = "price of option",
    main = "Price of KO converges to plain vanilla")
abline(h = vanilla@price, col = "red")
```

다음은 위 코드의 결과다.

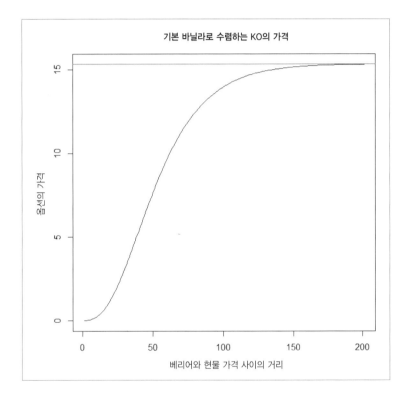

이와 유사하게, 더블 베리어 옵션에서 1개의 베리어가 중요하지 않게 된다면 더블 베리어 옵션은 싱글 베리어 옵션으로 수렴한다. 그리고 2개의 베리어 모두 중요하지 않게 된다면 기본 바닐라 옵션으로 수렴한다.

앞에서 언급한 평형 관계 덕분에 대부분의 경우 KO 옵션의 프라이싱 수식을 발견하는 것만으로 충분하다. 하지만 간혹 KO를 프라이싱하는 것이 까다로울 수 있다. KO 이벤트를 복제하는 것은 녹 이벤트가 일어났을 때 정확하게 0 가치를 갖는 바닐라 옵션으로 이뤄진 포트폴리오는 만들고자 하는 기술을 기반으로 한다. 따라서 그 시점에서는 무료일 수 있다. 이것을 위해 Derman−Ergener−Kani(1995)와 Carr−Ellis−Gupta(1998)가 설명한 두 가지 유명한 방법이 있다.

소위 말하는 블랙 숄즈 표면Black-Sholes Surface은 옵션 가격을 만기 시간과 기본 가격에 대한 함수로 보여줄 수 있는 3D 차트다. 너무 극단적인 값을 입력하면 이색 옵션의 프라이싱 함수가 이상해질 수 있으므로 옵션 가격은 0 이하가 될 수 없다는 금융 지식을 이용하는 것이 좋다.

다음은 블랙 숄즈 표면을 위한 코드다.

```r
install.packages('plot3D')
BS_surface <- function(S, Time, FUN, ...){
    require(plot3D)
    n <- length(S)
    k <- length(Time)
    m <- matrix(0, n, k)
    for(i in 1:n){
      for(j in 1:k){
          l <- list(S = S[i], Time = Time[j], ...)
           m[i,j] <- max(do.call(FUN, l)@price, 0)
      }
    }
    persp3D(z = m, xlab = "underlying", ylab = "Remaining time",
        zlab = "option price", phi = 30, theta = 20, bty = "b2")
}
BS_surface(seq(1, 200,length = 200), seq(0, 2, length = 200),
    GBSOption, TypeFlag = "c", X = 90, r = 0.02, b = 0, sigma = 0.3)
```

위 코드의 결과는 다음과 같다.

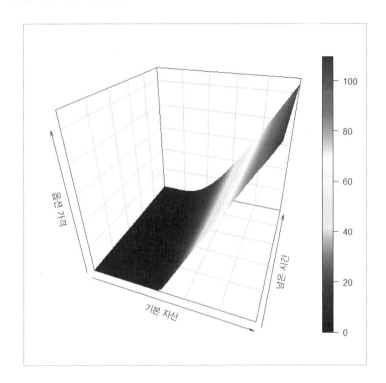

우선 기본 바닐라 콜 옵션에 대한 블랙 숄즈 표면을 준비했다. 하지만 BS_surface 코드를 더 많은 목적을 위해 사용할 수 있다. 블랙 숄즈 표면의 개념을 여러 단일 기본 종속 파생 상품에 이용할 수 있다는 것과 마찬가지로 프라이싱 함수가 있다면 FUN 인수argument로 사용할 수 있다.

```
BS_surface(seq(1,200,length = 200), seq(0, 2, length = 200),
    StandardBarrierOption, TypeFlag = "cuo", H = 130, X = 90, K = 0,
    r = 0.02, b = -0.02, sigma = 0.30)
```

위 코드의 스크린샷은 다음과 같다.

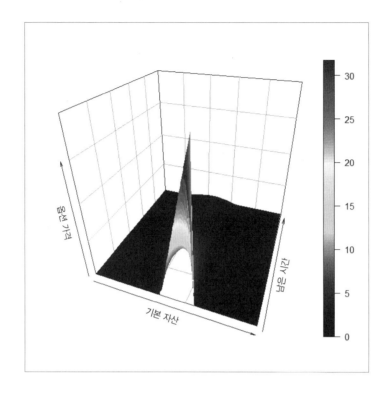

기본 바닐라 콜과 비교해볼 때 업-앤-아웃up-and-out 콜 옵션은 한계 가치를 갖고 있음을 쉽게 알 수 있다.

206페이지에서는 더블 노 터치 옵션의 BS 표면 차트를 위한 동일한 함수를 사용했다.

바이너리 옵션Binary option은 지급금이 고정돼 있는 이색 옵션이다. 이 이름은 오직 두 가지 결과만 있다는 특징에서 왔다. 정해진 금액을 지급하거나 아예 지급하지 않는 0-1 관계를 갖는다. 바이너리 특징은 베리어 특징과 합쳐져 경로에 의존적이 될 수 있다. 원 터치One-Touch, OT 옵션은 녹 이벤트가 일어날 때만 지불하는 옵션이며 노 터치No-Touch 옵션은 녹 이벤트가 일어나지 않을 경우에 지불하는 옵션이다. 바이너리와 관련해 2개의 베리어가 있을 수 있다. 더블 원 터치Double-One-Touch와 더블 노 터치Double-No-Touch options 옵션이다. 무차익 거래를 기본으로 하면 다음과 같은 식이 성립한다.

$$NT + OT = T{-}Bill$$

$$DNT + DOT = T{-}Bill$$

이 베리어의 경우와 유사하게 수렴을 확인할 수 있다. 하나의 베리어가 충분히 멀리 있다면 DNT는 NT에 수렴한다. 그리고 2개의 베리어 모두 충분히 멀리 있다면 T-bill에 수렴한다. 베리어 타입에 대한 DKO와 유사하게 DNT의 프라이싱 함수는 바이너리의 팔방미인Jack-of-all-trade이다.

룩 백Lookback 옵션 또한 경로에 의존한다. 만료 시 옵션 보유자는 기본 경로를 되살펴보고 가장 좋은 가격을 선택할 수 있다. 플로팅 레이트 룩백floating rate lookback의 경우, 옵션 보유자는 행사 가격을 살펴볼 수 있다. 픽스트 레이트 룩백fixed rate lookback의 경우, 옵션 기간 동안 거래됐던 기본 자산의 가격에 대해 옵션을 행사할 수 있다. 탈레브(1997)는 룩백이 무한개의 KIKO 옵션으로 복제될 수 있음을 보였다. 이 관점에서 보면 이것은 2세대 이색 옵션이다. 룩백을 복제하기 위한 구성 요소로 이색 옵션이 필요하기 때문이다.

1개 이상의 기본 자산을 갖고 있는 것도 일반적인 이색 옵션의 특징이다. 5장, '환율 파생상품의 교환 옵션'과 '퀀토 옵션'에서 이미 두 가지 예제를 다뤘다. 하지만 더 많은 종류가 있다. 베스트 오브Best-of와 워스크 오브Worst-of 옵션(무지개라고도 부르는)은 갖고 있는 기본 자산의 성과 중 가장 좋은 것이지만, 가장 좋지 않은 것을 선택한다. 스프레드 옵션spread option은 바닐라 옵션과 매우 유사하며, 이 옵션의 기본 자산은 두 자산의 차이가 된다는 점이 다르다. 이것은 단지 몇 개의 예시일 뿐이며, 모든 경우에서 상관관계가 중요한 역할을 한다는 것은 놀랍지 않다. 또한 이 특징들은 베리어 또는 룩백, 아시아 특징들과 혼합해 끝없는 조합 결과를 만들 수 있다. 7장에서는 이런 타입을 더 이상 다루지 않는다.

▌ 그릭 – 바닐라와 다시 연결

7장의 앞부분에서 설명했듯이 그릭은 편도 함수다. 몇 개의 중요한 그릭은 다음과 같다.

- **델타**: DvalueDspot를 나타내며, 기본 현물 가격의 변화에 대한 옵션 가격의 변화다.
- **감마**: DdeltaDspoT를 나타낸다.
- **베가**: DvalueDvolatility를 나타낸다.
- **세타**: DvalueDtime을 나타낸다.
- **로**: DvalueDinterest rate를 나타낸다.

몇몇 단순한 경우, 이 편도 함수를 분석적으로 발견할 수 있다. 예를 들어, `fOption` 패키지는 바닐라에 대한 그릭을 제공하는 `GBSGreeks` 함수를 갖고 있다.

분석적 그릭은 사용하기 편리하지만, 여기에는 두 가지 문제점이 있다. 첫 번째 문제는 시장 거래 변수는 굉장히 작은 단위로 움직이지 않는다는 것이다. 예를 들어, 뉴욕 증권 거래소에서 가능한 가장 작은 주식 가격 변화 단위는 1센트다. 주식은 최소한 1센트만큼 변화하거나 아예 움직이지 않는다. 장외 거래^{over-the-counter, OTC}에서 FX 시장 거래자는 변동성을 정수에 0.0005를 곱한 값으로 표현한다. 분석적 그릭의 두 번째 문제는 많은 이색 옵션의 경우에는 수식이 없다는 점이다. 포트폴리오에 대한 그릭을 구하기 위해서는 그릭을 모두 더해야 하기 때문에 클로즈 폼의 수식이 필요하다. 분석적 그릭과 수치 그릭을 더하면 오류가 발생할 수 있으므로 수치 그릭을 사용하는 것이 더 안전하다.

`GetGreeksfu` 함수는 모든 프라이싱 함수에 대한 그릭을 산출한다.

```
GetGreeks <- function(FUN, arg, epsilon,...){
    all_args1 <- all_args2 <- list(...)
    all_args1[[arg]] <- as.numeric(all_args1[[arg]] + epsilon)
    all_args2[[arg]] <- as.numeric(all_args2[[arg]] - epsilon)
    (do.call(FUN, all_args1)@price –
```

```
    do.call(FUN, all_args2)@price)/(2 * epsilon)
}
```

OTC 거래자는 FX 변동성을 수량으로 인용하지 않지만, 일반적으로 정수에 0.0005를 곱한 값이다. AUDUSD의 앳더머니[at-the-money]에서의 변동성은 일반적으로 5.95% / 6.05%를 인용한다. 물론 교환 거래 파생 상품[exchange traded derivatives]은 변동성 대신 가격을 인용한다. 가격 변화량 내재 변동성 변화량[price-change-implied volatility change]은 0.0005보다 작을 수 있다.

따라서 베가를 수치적으로 산출할 때 엡실론은 시장에서 가능한 가장 작은 변화량인 0.005로 설정해야 한다. 예를 들어, AUDUSD 옵션의 델타를 산출할 때 엡실론을 0.0001로 설정할 수 있다. 또는 주식의 경우 엡실론을 0.01(1센트)로 설정할 수 있다. 세타를 위해 엡실론을 1/365(1일)로 조정하는 것도 유용하며 로를 위해 0.0001(1베이스 포인트)로 설정할 수 있다.

다음 코드는 FloatingStrikeLookbackOption에 대해 델타와 베가 세타, 로를 그래프로 그린다.

```
x <- seq(10, 200, length = 200)
delta <- vega <- theta <- rho <- rep(0, 200)
for(i in 1:200){
    delta[i] <- GetGreeks(FUN = FloatingStrikeLookbackOption,
        arg = 2, epsilon = 0.01, "p", x[i], 100, 1, 0.02, -0.02, 0.2)
    vega[i]  <- GetGreeks(FUN = FloatingStrikeLookbackOption,
        arg = 7, epsilon = 0.0005, "p", x[i], 100, 1, 0.02, -0.02,
            0.2)
    theta[i] <- GetGreeks(FUN = FloatingStrikeLookbackOption,
        arg = 4, epsilon = 1/365, "p", x[i], 100, 1, 0.02, -0.02,
            0.2)
    rho[i]     <- GetGreeks(FUN = FloatingStrikeLookbackOption,
arg = 5, epsilon = 0.0001, "p", x[i], 100, 1, 0.02, -0.02, 0.2)
}
par(mfrow = c(2, 2))
```

```
plot(x, delta, type = "l", xlab = "S", ylab = "", main = "Delta")
plot(x, vega,  type = "l", xlab = "S", ylab = "", main = "Vega")
plot(x, theta, type = "l", xlab = "S", ylab = "", main = "Theta")
plot(x, rho,   type = "l", xlab = "S", ylab = "", main = "Rho")
```

위 코드로 아래의 결과를 얻을 수 있다.

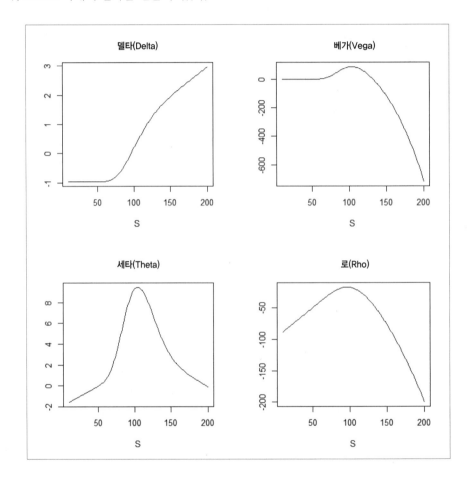

더블 노 터치 옵션의 프라이싱

더블 노 터치$^{\text{Double-no-touch, DNT}}$ 옵션은 만료 시 고정된 금액의 캐시를 지급하는 바이너리 옵션이다. 안타깝게도 fExoticOptions 패키지에는 현재 이 옵션을 위한 수식을 포함하고 있지 않다. 여기서는 두 가지 다른 프라이싱 접근법을 이용해 DNT를 프라이싱하는 두 가지 다른 방법을 보인다. 이 절에서 첫 번째 방법에 대한 함수는 dnt1, 두 번째 방법에 대한 함수는 dnt2라는 이름을 사용한다.

휴이^{Hui}(1996)는 원 터치 더블 베리어 바이너리 옵션을 프라이싱하는 방법을 보였다.

이 용어에서 원터치는 한 번의 거래로 녹아웃 이벤트를 유발시키기 충분하다는 것을 의미하고, 더블 베리어 바이너리는 2개의 베리어가 있으며, 바이너리 옵션이라는 것을 의미한다. 우리는 FX 시장에서 일반적으로 사용되는 DNT로 부른다. 이와 같이 많은 유명한 이색 옵션은 한 가지 이상의 이름을 갖고 있다. 휴이 수식은 이미 일반적인 프레임 워크로 변환됐다. S와 r, b, σ, T는 5장, 'FX 파생 상품'에서와 같은 의미를 갖는다. K는 달러 단위의 지급금을 의미하는 반면, L과 U는 낮고^{lower}, 높은^{upper} 베리어를 의미한다.

$$c = \sum_{i=1}^{\infty} \frac{2\pi i K}{Z^2} \left[\frac{\left(\dfrac{S}{L}\right)^{\alpha} - (-1)^i \left(\dfrac{S}{U}\right)^{\alpha}}{\alpha^2 + \left(\dfrac{i\pi}{Z}\right)^2} \right] \times \sin\left(\frac{i\pi}{Z} \ln\left(S/L\right)\right) e^{-\frac{1}{2}\left[\left(\frac{i\pi}{Z}\right)^2 - \beta\right]\sigma^2 T}$$

여기서, $z = \ln\left(U/L\right)$, $\alpha = -\dfrac{1}{2}\left(\dfrac{2b}{\sigma^2} - 1\right)$, $\beta = -\dfrac{1}{4}\left(\dfrac{2b}{\sigma^2} - 1\right)^2 - 2\dfrac{r}{\sigma^2}$ 이다.

휴이 함수를 R에 구현하는 것은 큰 물음표를 갖게 한다. 무한 합을 어떻게 해야 할까? 무한수를 대체할 가장 큰 수는 얼마일까? 흥미롭게도 실제로 적용할 때 5나 10과 같은 작은 숫자들이 무한수의 역할을 꽤 잘 해낸다는 것을 발견할 수 있다. 휴이는 대부분의 경우 수렴이 빠르게 일어난다고 명시했다. 이에 대해서는 약간 회의적이다. 왜냐하면 α가 지수로 사용되기 때문이다. b가 음의 수고, 시그마가 충분히 작다면 수식 중 $(S/L)^{\alpha}$ 부분은 문제가 될 수 있다.

우선 평범한 모수로 시도해보고, 수렴이 얼마나 빨리 일어나는지 살펴보자.

```
dnt1 <- function(S, K, U, L, sigma, T, r, b, N = 20, ploterror = FALSE){
    if(L > S | S > U)return(0)
    Z <- log(U/L)
    alpha <- -1/2*(2*b/sigma^2 - 1)
    beta <- -1/4*(2*b/sigma^2 - 1)^2 - 2*r/sigma^2
    v <- rep(0, N)
    for(i in 1:N)
        v[i] <- 2*pi*i*K/(Z^2)*(((S/L)^alpha -(-1)^i*(S/U)^alpha )/
            (alpha^2+(i*pi/Z)^2))* sin(i*pi/Z*log(S/L))*
            exp(-1/2 *((i*pi/Z)^2-beta)* sigma^2*T)
    if(ploterror)barplot(v, main = "Formula Error");
    sum(v)
}
print(dnt1(100, 10, 120, 80, 0.1, 0.25, 0.05, 0.03, 20, TRUE))
```

위 코드 결과의 스크린샷은 다음과 같다.

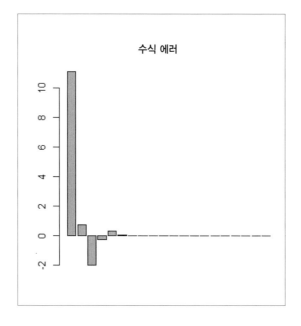

포뮬라 오류 차트^{Formula Error Chart}는 일곱 번째 스텝 이후의 스텝은 결과에 영향을 미치지 않는다는 것을 보여준다. 이는 실제로 첫 7번의 스텝을 산출한 것으로 무한수의 합계를 추정할 수 있음을 의미한다. 결국 수렴이 굉장히 빠르게 되는 것처럼 보인다. 하지만 단순히 운이 좋았을 수도 있다.

변동성이 3% 낮아진다면 어떻게 될까? N을 50으로 설정해 수렴을 살펴보자.

```
print(dnt1(100, 10, 120, 80, 0.03, 0.25, 0.05, 0.03, 50, TRUE))
```

위 명령어에 따른 결과는 다음과 같다.

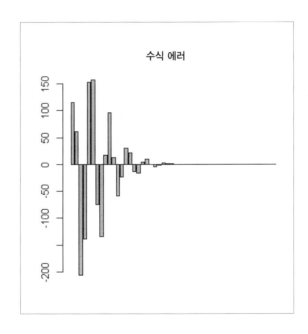

아직 인상적이지 않은가? 50스텝은 아직 나빠 보이진 않는다. 변동성이 더 낮아진다면 어떻게 될까? 1%에도 이런 변수를 갖고 있는 수식은 단순히 없어진다. 얼핏 보기에 비극인 것처럼 보인다. 하지만 3%의 변동성을 사용했을 때 DNT의 가격은 이미 지불금의 98.75%였다. 로직에 따르면, DNT 가격은 변동성의 단조 감소 함수다. 따라서 우리는 변동성이 3%보다 작다면 DNT의 가격은 최소한 98.75%라는 것을 이미 알고 있다.

또 다른 이슈는 극단적으로 높은 U나 작은 L을 선택한다면 계산 오류가 발생할 수 있다는 점이다. 하지만 변동성의 문제와 같이 여기서도 상식적으로 판단한다면 U를 더 높게 하거나 L를 더 낮게 한다면 DNT의 가격은 인상돼야 한다.

여기에 또 다른 트릭이 있다. 모든 문제는 α 변수에서부터 오기 때문에 α가 0.5와 같도록 b를 0으로 설정할 수 있다. r을 0으로 설정하면 DNT 가격은 변동성이 떨어짐에 따라 100에 수렴한다.

어쨌든 무한수의 합을 유한수의 합으로 대체할 때마다 언제 효과가 있고, 언제 효과가 없는지를 아는 것은 항상 도움이 된다. 수렴이 항상 빠르지 않다는 것을 고려한 새로운 코드를 만들었다. 여기서 트릭은 마지막 스텝에서 큰 변화가 일어나는 한, 다음 단계를 산출하는 것이다. 이 해결책은 변동성이 매우 낮을 경우에는 적용될 수 없기 때문에 모든 변수에 적용할 수는 없다. 내재 변동성이 1%보다 낮다면 이것은 극단적인 시장 상황이기 때문에 DNT 옵션은 이 수식으로 프라이싱해서는 안 된다는 사실만을 제외한다.

```
dnt1 <- function(S, K, U, L, sigma, Time, r, b){
    if(L > S | S > U)return(0)
    Z <- log(U/L)
    alpha <- -1/2*(2*b/sigma^2 - 1)
    beta <- -1/4*(2*b/sigma^2 - 1)^2 - 2*r/sigma^2
    p <- 0
    i <- a <- 1
    while(abs(a)> 0.0001){
      a <- 2*pi*i*K/(Z^2)*(((S/L)^alpha -(-1)^i*(S/U)^alpha )/
        (alpha^2 +(i *pi / Z)^2))* sin(i * pi / Z * log(S/L))*
          exp(-1/2*((i*pi/Z)^2-beta)* sigma^2 * Time)
```

```
        p <- p + a
        i <- i + 1
    }
    p
}
```

이제 우리는 적당한 수식을 갖고 있으므로 이 옵션에 더 익숙해질 수 있도록 DNT에 관련
된 차트를 그릴 수도 있다. L은 0.9200과 같고, U = 0.9600, K(payout)=USD 1million,
T = 0.25년, 변동성= 6%, r_AUD = 2.75%, r_USD = 0.25%, and b = −2.5% 변수를
갖는 특정 AUDUSD DNT 옵션을 사용할 것이다. DNT의 모든 가능한 가치를 0.9200부
터 0.9600까지 산출하고 그래프로 그린다. 각 스텝은 0.0001이므로 우리는 2,000스텝을
사용한다.

다음 코드는 기초 가격에 대한 그래프를 그린다.

```
x <- seq(0.92, 0.96, length = 2000)
y <- z <- rep(0, 2000)

for(i in 1:2000){
    y[i] <- dnt1(x[i], 1e6, 0.96, 0.92, 0.06, 0.25, 0.0025, -0.0250)
    z[i] <- dnt1(x[i], 1e6, 0.96, 0.92, 0.065, 0.25, 0.0025, -0.0250)
}
matplot(x, cbind(y,z), type = "l", lwd = 2, lty = 1,
    main = "Price of a DNT with volatility 6% and 6.5%
", cex.main = 0.8, xlab = "Price of underlying" )
```

위 코드의 결과는 다음과 같다.

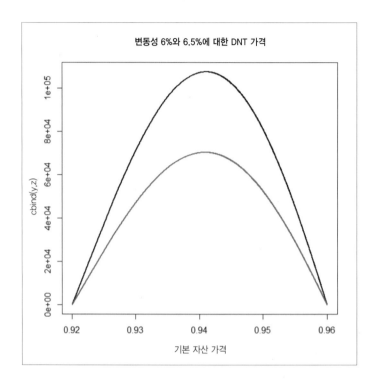

변동성의 아주 적은 변화가 DNT의 가격에 엄청난 영향을 미칠 수 있다는 것을 알 수 있다. 이 차트를 통해 베가는 음의 부호를 가진다는 것을 직관적으로 알 수 있다. 흥미롭게도 이 차트를 자세히 보면 베리어에 가까워질수록 베가의 절댓값은 감소하고 있음을 확신할 수 있다.

대부분의 최종 사용자들은 현물 가격이 트리거trigger에 가까워질 때 가장 큰 리스크가 있다고 생각한다. 이것은 최종 사용자들이 바이너리 옵션을 이진법으로 생각하기 때문이다. DNT가 살아 있는 한 수익을 기대할 수 있다. 하지만 동적 헤지를 하는 투자자에게는 DNT의 가치가 이미 작다면 DNT의 리스크는 더 이상 흥미롭지 않다.

T-Bill의 가격은 변동성과 무관하며, DNT + DOT = T-Bill 식이 성립하기 때문에 DOT의 가격이 증가한 것과 똑같은 양만큼 DNT의 가격이 감소한다는 사실은 흥미롭다. DOT

의 베가가 DNT의 거울과 같다는 것은 놀랍지 않다.

베가와 감마, 델타, 세타를 추정하기 위해 GetGreeks 함수를 사용할 수 있다. 감마의 경우, 다음과 같은 방법으로 GetGreeks 함수를 이용할 수 있다.

```
GetGreeks <- function(FUN, arg, epsilon,...){
    all_args1 <- all_args2 <- list(...)
    all_args1[[arg]] <- as.numeric(all_args1[[arg]] + epsilon)
    all_args2[[arg]] <- as.numeric(all_args2[[arg]] - epsilon)
    (do.call(FUN, all_args1)-
        do.call(FUN, all_args2))/(2 * epsilon)
}
Gamma <- function(FUN, epsilon, S, ...){
    arg1 <- list(S, ...)
    arg2 <- list(S + 2 * epsilon, ...)
    arg3 <- list(S - 2 * epsilon, ...)
    y1 <-(do.call(FUN, arg2)- do.call(FUN, arg1))/(2 * epsilon)
    y2 <-(do.call(FUN, arg1)- do.call(FUN, arg3))/(2 * epsilon)
    (y1 - y2)/(2 * epsilon)
}
x = seq(0.9202, 0.9598, length = 200)
delta <- vega <- theta <- gamma <- rep(0, 200)

for(i in 1:200){
    delta[i] <- GetGreeks(FUN = dnt1, arg = 1, epsilon = 0.0001,
      x[i], 1000000, 0.96, 0.92, 0.06, 0.5, 0.02, -0.02)
    vega[i]  <-  GetGreeks(FUN = dnt1, arg = 5, epsilon = 0.0005,
      x[i], 1000000, 0.96, 0.92, 0.06, 0.5, 0.0025, -0.025)
    theta[i] <- - GetGreeks(FUN = dnt1, arg = 6, epsilon = 1/365,
      x[i], 1000000, 0.96, 0.92, 0.06, 0.5, 0.0025, -0.025)
    gamma[i] <- Gamma(FUN = dnt1, epsilon = 0.0001, S = x[i], K =
      1e6, U = 0.96, L = 0.92, sigma = 0.06, Time = 0.5, r = 0.02, b =
-0.02)
}

windows()
plot(x, vega, type = "l", xlab = "S",ylab = "", main = "Vega")
```

위 코드에 대한 결과는 다음과 같다.

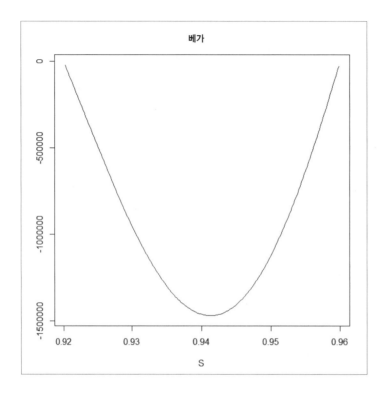

밸류 차트value chart를 살펴보면 DNT의 델타 또한 직관에 가깝게 평가할 수 있다. 높은 베리어에 가까워진다면 델타는 음의 값을 가지며, 낮은 베리어에 가까워진다면 다음과 같이 양의 값을 갖는다.

```
windows()
plot(x, delta, type = "l", xlab = "S",ylab = "", main = "Delta")
```

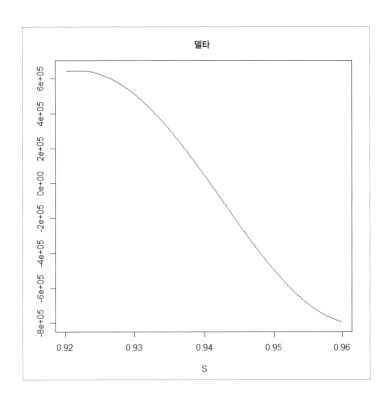

이것은 볼록하지 않은^{non-convex} 상황이다. 동적 델타 헤지를 한다면 분명히 돈을 잃을 것이다. 현물 가격이 올라가면 DNT의 델타는 감소하므로 헤지를 위해 AUDUSD를 사야 한다. 그러나 현물 가격이 내려가면 AUDUSD를 팔아야 한다. AUDUSD가 아침에는 20pip만큼 올라가고, 밤에는 20pip만큼 내려가는 시나리오를 상상해보자. 동적 헤지를 한다는 것은 가격이 올라가면 AUDUSD를 사고, 가격이 내려가면 똑같은 금액만큼 파는 것을 의미한다.

델타의 변화는 다음과 같이 감마로 설명할 수 있다.

```
windows()
plot(x, gamma, type = "l", xlab = "S",ylab = "", main = "Gamma")
```

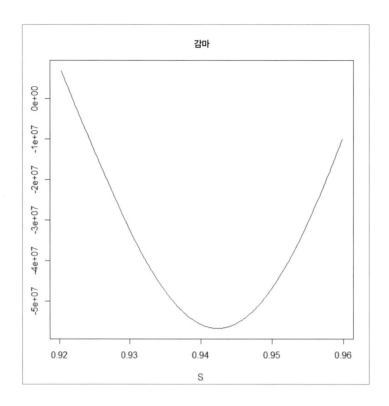

음의 감마는 현물 가격이 올라가면 델타가 감소하고, 현물 가격이 내려가면 델타가 증가하는 것을 의미한다. 이것이 좋아 보이지는 않는다. 이 볼록하지 않은^{non-convex} 상황에서 세타가 양의 가치를 갖는다는 좋은 점도 있다. 아무런 일도 일어나지 않고 하루가 지난다면 DNT는 자동으로 더 많은 가치를 지니게 될 것이다.

여기서는 세타를 편도 함수에서 −1을 곱한 값으로 사용했다. (T−t)가 남은 시간이라면 t가 1일 증가함에 따라 가치가 어떻게 변하는지 체크하기 때문이다.

```
windows()
plot(x, theta, type = "l", xlab = "S",ylab = "", main = "Theta")
```

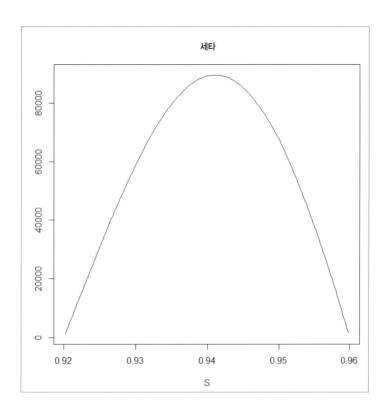

감마가 음의 수라면 세타는 양의 수가 된다. 이것이 바로 시간이 양의 감마에 의해 생성된 잠재적 손실에 대해 보상하는 방법이다.

위험 중립 프라이싱은 음의 감마는 양의 세타에 의해 보상받아야 한다는 것을 의미한다. 이것은 바닐라 옵션에 대한 블랙 숄즈 프레임워크의 주요 메시지다. 하지만 이것은 이색 옵션일 경우에도 성립한다. 탈레브(1997)와 윌모트(2006)를 보자.

이전에 이미 블랙 숄즈 표면을 소개했다. 이제 좀 더 자세히 살펴보자. 이 표면은 세타와 델타가 어떻게 움직이는지 잘 설명하고 있다. 다른 현물 가격과 만기까지의 시간에 대한 옵션 가격을 보여준다. 따라서 이 표면의 기울기는 한쪽 방향으로는 세타, 다른 쪽 방향으로는 델타다. 이에 대한 코드는 다음과 같다.

```
BS_surf <- function(S, Time, FUN, ...){
  n <- length(S)
  k <- length(Time)
  m <- matrix(0, n, k)
  for(i in 1:n){
    for(j in 1:k){
      l <- list(S = S[i], Time = Time[j], ...)
      m[i,j] <- do.call(FUN, l)
      }
}
  persp3D(z = m, xlab = "underlying", ylab = "Time",
    zlab = "option price", phi = 30, theta = 30, bty = "b2")
}
BS_surf(seq(0.92,0.96,length = 200), seq(1/365, 1/48, length = 200),
  dnt1, K = 1000000, U = 0.96, L = 0.92, r = 0.0025, b = -0.0250,
    sigma = 0.2)
```

위 코드의 결과는 다음과 같다.

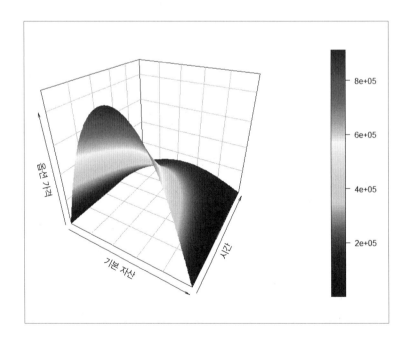

이미 의심하고 있었던 것을 확인할 수 있다. DNT는 시간이 지남에 따라 좋아지며, 현물가는 (L, U) 구간의 중간으로 이동한다.

▌ 더블 노 터치 옵션을 프라이싱하는 또 다른 방법

정적 복제는 가장 우아한 프라이싱 방법이다. 무차익 거래는 2개의 포트폴리오가 미래에 똑같은 가치를 갖는다면 그 이전에도 언제든지 같아야 한다고 한다. DNT를 만들기 위해 더블 녹아웃 옵션을 이용하는 방법을 살펴보자. 행사 가격은 베리어 중 1개와 같을 수 있다는 트릭을 사용할 필요가 있다. DKO 콜의 경우, 행사 가격은 높은 베리어보다는 낮아야 한다. 행사 가격이 높은 베리어보다 낮지 않다면 인더머니in-the-money가 되기 전에 녹아 웃knockout되기 때문이다. 이 경우, 인더머니 상태에서 행사할 수 없기 때문에 옵션의 가치가 없어진다. 하지만 낮은 베리어와 행사 가격이 같도록 선택할 수는 있다. 풋의 경우, 행사 가격은 낮은 베리어보다 높아야 하며, 높은 베리어와 같도록 선택할 수 있다. 이 경우, DKO 콜과 DKO 풋 옵션은 매우 편리한 특징을 갖게 된다. 둘 다 살아 있는 경우, 모두 인더머니 상태에서 만료된다.

이제 거의 다 됐다. DKO 가격만 추가하면 DNT의 지불금은 (U−L) 달러가 될 것이다. DNT 가격은 지불금과 선형 관계에 있기 때문에 결과에 K*(U−L)만 곱하면 된다.

```
dnt2 <- function(S, K, U, L, sigma, T, r, b){

    a <- DoubleBarrierOption("co", S, L, L, U, T, r, b, sigma, 0,
        0,title = NULL, description = NULL)
    z <- a@price

    b <- DoubleBarrierOption("po", S, U, L, U, T, r, b, sigma, 0,
        0,title = NULL, description = NULL)
    y <- b@price
```

```
(z + y)/(U - L)* K
}
```

이제 결과를 비교할 수 있는 2개의 함수가 있다.

```
dnt1(0.9266, 1000000, 0.9600, 0.9200, 0.06, 0.25, 0.0025, -0.025)
[1] 48564.59

dnt2(0.9266, 1000000, 0.9600, 0.9200, 0.06, 0.25, 0.0025, -0.025)
[1] 48564.45
```

USD 10만의 지불금과 USD 4만 8,000 이상의 최초 시장 가치를 갖고 있는 DNT의 경우, 가격 차이가 14센트밖에 안 된다는 것은 흥미롭다. 하지만 기술적으로 두 번째 프라이싱 함수를 갖는 것은 큰 도움이 되지 않는다. 왜냐하면 낮은 변동성 또한 dnt2의 이슈기 때문이다.

7장의 나머지 부분에서는 dnt1을 사용한다.

▎더블 노 터치 옵션의 일생 – 시뮬레이션

DNT 가격은 2014년의 2분기 동안 어떻게 진화했을까? 우리가 갖고 있는 AUDUSD를 5분 간격으로 표시한 오픈 하이 로 클로즈^{open high low close} 형태의 시계열을 통해 모든 극단 가격을 알고 있다.

```
d <- read.table("audusd.csv", colClasses = c("character",
rep("numeric",5)), sep = ";", header = TRUE)
underlying <- as.vector(t(d[, 2:5]))
t <- rep(d[,6], each = 4)
n <- length(t)
```

```
option_price <- rep(0, n)

for(i in 1:n){
  option_price[i] <- dnt1(S = underlying[i], K = 1000000,
    U = 0.9600, L = 0.9200, sigma = 0.06, T = t[i]/(60*24*365),
      r = 0.0025, b = -0.0250)
}
a <- min(option_price)
b <- max(option_price)
option_price_transformed =(option_price - a)* 0.03 /(b - a)+ 0.92

par(mar = c(6, 3, 3, 5))
matplot(cbind(underlying,option_price_transformed), type = "l",
    lty = 1, col = c("grey", "red"),
    main = "Price of underlying and DNT",
    xaxt = "n", yaxt = "n", ylim = c(0.91,0.97),
    ylab = "", xlab = "Remaining time")
abline(h = c(0.92, 0.96), col = "green")

axis(side = 2, at = pretty(option_price_transformed),
    col.axis = "grey", col = "grey")
axis(side = 4, at = pretty(option_price_transformed),
    labels = round(seq(a/1000,1000,length = 7)), las = 2,
    col = "red", col.axis = "red")
axis(side = 1, at = seq(1,n, length=6),

    labels = round(t[round(seq(1,n, length=6))]/60/24))
```

위 코드에 대한 결과는 다음과 같다(407페이지 참조).

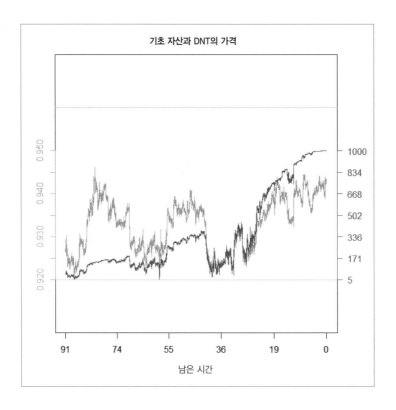

DNT 가격은 오른쪽 축에 빨간색으로 표시(1,000으로 나눈 값)돼 있으며, 실제 AUDUSD 가격은 왼쪽 축에 회색으로 표시돼 있다. 초록색 선은 0.9200과 0.9600인 베리어다. 2014년 Q2 차트는 AUDUSD 환율이 (0.9200; 0.9600) 범위 안에서 거래됐다는 것을 보여준다. 따라서 DNT의 지불금은 USD 100만이었을 것이다. 이 DNT는 좋은 투자인 것 같아 보인다. 하지만 현실적으로 이것은 무한대에 가까운 경우 중 하나에 불과하다. 이와 다른 경우가 될 수도 있다. 예를 들어, 만료까지 59일이 남은 2014년 5월 2일에 AUDUSD 0.9203에 거래됐으며, 이것은 낮은 베리어보다 3pip밖에 낮지 않다. 이때 DNT의 가격은 USD 5,302였을 뿐이며, 다음 코드에서 확인할 수 있다.

```
dnt1(0.9203, 1000000, 0.9600, 0.9200, 0.06, 59/365, 0.0025, -0.025)
[1] 5302.213
```

USD 5,302와 최초 옵션 가격 USD 48,564를 비교해보자.

앞으로의 시뮬레이션에서 몇 개의 다른 경우를 볼 수 있다. 모두 4월 1일 새벽에 0.9266 AUDUSD 현물 가격으로 시작했다. 여기서는 이 중 얼마나 (0.9200; 0.9600) 범위 안에 있었는지를 보인다. DNT를 간단하게 하기 위해 프라이싱할 때 사용했던 것과 같이 동일한 6%의 변동성을 갖는 기하 브라운 모션을 시뮬레이션할 것이다.

```
library(matrixStats)
DNT_sim <- function(S0 = 0.9266, mu = 0, sigma = 0.06, U = 0.96,
  L = 0.92, N = 5){
    dt <- 5 /(365 * 24 * 60)
    t <- seq(0, 0.25, by = dt)
    Time <- length(t)

    W <- matrix(rnorm((Time - 1)* N), Time - 1, N)
    W <- apply(W, 2, cumsum)
    W <- sqrt(dt)* rbind(rep(0, N), W)
    S <- S0 * exp((mu - sigma^2 / 2)* t + sigma * W )
    option_price <- matrix(0, Time, N)

    for(i in 1:N)
      for(j in 1:Time)

            option_price[j,i] <- dnt1(S[j,i], K = 1000000, U, L, sigma,
                0.25-t[j], r = 0.0025,
                b = -0.0250)*(min(S[1:j,i])> L & max(S[1:j,i])< U)

    survivals <- sum(option_price[Time,] > 0)
    dev.new(width = 19, height = 10)

    par(mfrow = c(1,2))
    matplot(t,S, type = "l", main = "Underlying price",
        xlab = paste("Survived", survivals, "from", N), ylab = "")
```

```
    abline(h = c(U,L), col = "blue")
    matplot(t, option_price, type = "l", main = "DNT price",
        xlab = "", ylab = "")}

set.seed(214)
system.time(DNT_sim())
```

위 코드에 대한 결과는 다음과 같다(407페이지 참조).

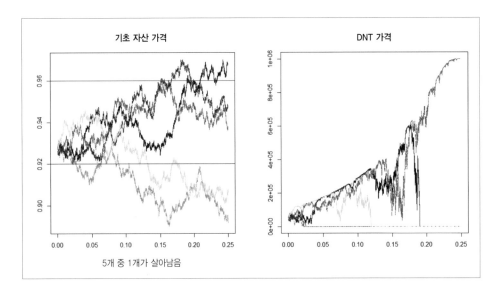

여기서 살아남은 유일한 궤적은 빨간색 선으로 표시했다. 다른 모든 경우는 높은 베리어나 낮은 베리어를 건드렸다. set.seed(214) 라인을 통해 이를 실행할 때마다 언제나 같은 시뮬레이션의 결과를 갖게 된다. 1/5은 아주 나쁘지 않다. 동적 헤징을 하지 않은 최종 사용자나 갬블러들에게 이 옵션은 지불금의 약 20%에 달하는 가치를 제안한다(이율이 낮기 때문에 돈의 시간 가치는 중요하지 않다).

하지만 5개의 궤적만으로 이런 결론을 내리기에는 부족하다. 더 많은 궤적이 있을 경우의 DNT 생존 비율을 체크해야 한다.

생존한 궤적 비율을 살펴보는 것은 실제 DNT의 생존 확률의 좋은 추정값일 수 있다. 따라서 최종 사용자는 이것에 가치를 둔다. N이 빠르게 증가하기 전에 시뮬레이션이 걸리는 시간을 염두에 둬야 한다. 저자의 컴퓨터는 N = 5일 경우 50.75초, N = 15일 경우 153.11초가 걸렸다.

N = 15일 경우의 결과는 다음과 같다(408페이지 참조).

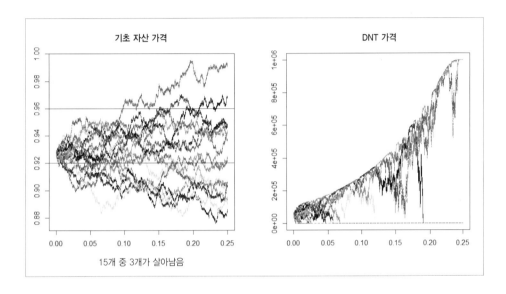

이제 15개 중 3개가 살아남았으므로 추정된 생존 비율은 3/15며, 20%와 같다. 가격은 지불금의 5%인 반면, 추정된 생존 비율은 20%인 것으로 보아 굉장히 좋은 상품인것 같다. 호기심 차원에서 N이 200일 경우 시뮬레이션을 실행했다. 이것은 약 30분이 걸릴 것이다.

N = 200에 대한 결과는 다음과 같다(408페이지 참조).

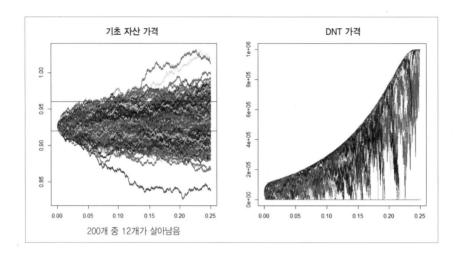

결과는 충격적이다. 이제 200개 중 12개만 살아남았으며 비율은 6%일 뿐이다. 따라서 더 큰 그림을 얻기 위해 더 큰 N에 대해 시뮬레이션을 실행해야 한다.

우디 알렌의 영화 〈Whatever Works〉(Larry David 출연)의 상영 시간은 92분이다. 시뮬레이션 시간 N = 541과 같다. N = 541일 경우를 적용하면, 38개만 살아남았으며, 생존 비율은 7%다(408페이지 참조).

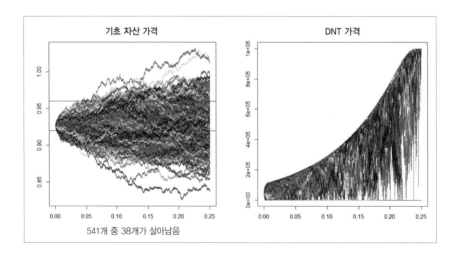

어떤 것이 실제 기대 생존 비율일까? 20%, 6%, 7% 중 어떤 것일까? 지금으로써는 알 수 없다. 수학자들은 대수 법칙은 큰 수를 요구한다고 경고한다. 여기서 큰 수는 541번보다 훨씬 큰 수다. 따라서 시간이 허용하는 한 최대한 많은 N번만큼의 시뮬레이션을 실행하는 것이 좋다. 물론 성능이 더 좋은 컴퓨터를 갖고 있다면 같은 시간 안에 더 많은 N번을 실행할 수 있을 것이다. 어쨌든 이런 관점에서 본다면, 휴이의 상대적으로 빨리 수렴하는 DNT 프라이싱 수식은 존경받을 만하다.

여태까지 시뮬레이션을 할 때 이용했던 똑같은 통계 프로세스를 프라이싱에도 이용했다. 상식적으로 시장의 내재 변동성은 기대 변동성보다 높거나 낮을 수 있다. N = 200이고 시그마 = 5.5%, 시드는 15인 시뮬레이션이 N = 200이고 시그마 = 6.5%, 시드는 9인 시뮬레이션보다 생존율이 높다는 것은 그리 놀랍지 않다. 이는 매우 직관적인 방법으로 베가의 영향력이 크다는 것을 보여준다. 주로 프로세스의 변동성에 따라 생존하는 궤적(9, 12 또는 15)이 달라진다. 생존 비율은 4.5%이거나 6%, 7.5%다. 이는 '리스크 프리미엄이란 무엇일까?'라는 좀 더 철학적인 문제를 제기한다. 시장에 베가가 필요하다면, 5.5%의 변동성을 기대하더라도 6%의 변동성을 기준으로 한 DNT를 살 수 있다. 시장이 많이 긴장돼 있는 상태라면, 베가가 필요할 수도 있다. 이 경우 리스크 프리미엄이 포함돼 있다.

파생 상품 프라이싱은 항상 동적 헤징을 가정하고 있다. 왜냐하면 이런 금융 상품을 생산할 때 한계 비용을 찾기 때문이다. 몇몇 마켓 플레이어는 실제로 이 전략에 따라 움직이려고 하며, 공장과 같이 파생 상품의 공급자가 되려고 한다. 이들은 거래의 어떤 쪽이든 택하려고 한다. 거의 연속적인 동적 헤징을 통해 모든 리스크를 제거할 수 있기 때문이다. 이들은 마켓 메이커다. 모든 마켓 플레이어가 파생 상품을 생산하지는 않지만, 계획적으로 민감도를 찾는다. 따라서 이들은 파생 상품의 포지션을 헤징하지 않는다. 이 두 번째 그룹은 마켓 테이커taker 또는 최종 사용자다. 이 중 일부는 이미 어느 정도 갖고 있고, 이것을 낮추길 원하기 때문에 민감도를 찾는다(자연적인 헤지를 하는 사람). 또 다른 이들은 처음에는 민감하지 않지만 금융 내기(투기)를 원한다.

흥미롭게도 파생 상품의 가격과 최종 사용자의 가치 사이에 큰 차이점이 있을 수 있다.

DNT의 매도를 통해 최종 사용자는 내기를 할 수 있다. 결국 아무것도 얻지 못하거나 최초 가격보다 더 많이 얻을 수 있다. 이 내기에는 리스크 프리미엄이 있을까? 아니면 카지노와 유사할까? 실제 DNT의 기대 가치는 무위험 기대 가치(가격과 같음)보다 높을까? 실제 가치와 이용자가 경험하는 가치는 다를 수 있다. 왜냐하면 마켓 메이커는 내재 변동성을 기반으로 가격을 책정하기 때문이다. 긴장된 시장의 경우 베가에 대한 요구는 가격(내재 변동성)을 기대 변동성보다 더 높일 수 있다.

이 경우 변동성을 팔수 있는 이는 프리미엄을 얻을 것이다. DNT의 경우 프리미엄을 얻는다는 것은 가격이 지불금의 실제 기대 가치보다 낮다는 것을 의미한다.

더블 원 터치double one touch, DOT는 어떨까? 미국 단기 증권Treasury Bill은 DNT와 DOT의 합으로 볼 수 있기 때문에 DNT가 너무 저렴하다면 DOT가 비싼 것이 분명하다. 따라서 이색 옵션은 변동성에 대해 쉬운 배팅을 하는 것이다. 투자자가 생각하기에 변동성이 내재 변동성보다 매우 낮다면 DNT를 매수하는 것이 쉬운 선택이다. 투자자가 내재 변동성보다 낮은 변동성을 기대한다면, DOT는 적정한 배팅일 수 있다.

이런 의미에서 DNT는 숏 스트래들short straddle, DOT는 롱 스트래들long straddle과 유사하다. 하지만 바이너리 옵션은 원하는 사이즈로 칼리브레이트하기가 더 쉽다. 롱 스트래들은 같은 사이즈와 행사 가격, 만료 기간을 가진 롱 콜과 롱 풋이다. 숏 스트래들도 숏 콜과 숏 풋으로 이것과 같다.

스트랭글strangle은 스트래들straddle과 매우 유사하다. 다른 점은 콜의 행사 가격이 풋 행사 가격와 같지 않고 더 높다는 점이다. 숏 스트래들이나 숏 스트랭글과 비교해볼 때 DNT를 매도함으로써 변동성에 배팅하는 것이 더 편리하다. 왜냐하면 롱 DNT 옵션 포지션을 유지하기 위한 추가 담보 조정이 필요하지 않기 때문이다. DNT는 레버리지가 높은 상품이다. 하지만 손실 가능한 전체 금액은 이미 지불되므로 일반 고객이 작은 소매 투자자인 거래 플랫폼의 온라인 메뉴에 적당하다.

이 로직에 따르면 리스크 프리미엄은 다른 마켓 플레이어가 꺼려하는 포지션을 취하길 원하는 플레이어에만 적용된다. 변동성에 대한 추가 수요가 있다면 DNT는 리스크 프리미엄을 포함하게 될 것이다. 하지만 변동성에 추가 공급이 있다면 DOT가 리스크 프리미엄을 포함하게 될 것이다. 또한 시장은 안정적인 평형 상태일 수도 있으며 DNT나 DOT 모두 리스크 프리미엄을 포함하지 않을 수도 있다.

▌ 구조화된 상품에 내재된 이색 옵션

대부분의 경우 이색 옵션은 구조가 있는 형태의 채권이나 증서에 포함돼 위장된 채로 거래된다. 이색 옵션은 일상적인 투자자가 이해하기 쉬운 언어로 해석된다. 예를 들어, 바이너리 지급금은 쿠폰 수익으로 산출할 수 있다. 예를 들어, 바이너리 옵션이 지급금을 줄 수 있는 상황이 된다면 투자자는 더 높은 쿠폰을 갖게 되는 것과 마찬가지다. 녹아웃 옵션을 포함하고 있는 구조는 에어백 증서라고 부를 수 있다. 아주 심각하지 않은 사고에 대해 운전자를 보호하는 에어백처럼 KO 옵션이 녹아웃되지 않는 한 시장 손실에 대해 보호해줄 수 있기 때문이다.

또 다른 예시는 터보 증서^{turbo certificate}다. 이것은 대부분의 경우 인더 머니 행사가와 행사가에 가까운 KO를 갖고 있는 녹아웃 옵션이 증권화된 것이다. 룩백 옵션^{Lookback option}은 쿠폰이 주가 지수의 극단값과 관련 있는 원금 보장^{capital guarantee} 상품에서 발견할 수 있다.

수치적인 예시로 FX 시장 상황에 따라 조건적으로 3%나 0%를 지불하며 만기가 3개월인 CD^{certificate of deposit}를 살펴보자. 이 원금 보장 상품은 T-Bill과 바이너리 옵션으로 이뤄진 포트폴리오로 볼 수 있다. 3개월 T-bill을 99.95%에 매도할 수 있다면 각 달러당 0.25센트로 바이너리 옵션을 매도할 수 있다. 만기 시 원금은 T-Bill 부분에서 보장해줄 수 있으며, 바이너리 옵션은 3% 쿠폰 부분을 책임질 수 있다.

DNT 매도 또한 효과가 있지만, 너무 많은 모수가 있다. 은행은 전체 구조가 매력적으로 보이기 위해 모든 모수를 잘 정리해야 한다. 위험 중립 세상의 마켓 메이커 관점에서 볼 때 L = 0.9195는 3개월 만기의 L = 0.9200과 거의 동일하지만, 만기가 3개월보다 약간 길다.

```
dnt1(0.9266, 1000000, 0.9600, 0.9200, 0.06, 90/365, 0.0025, -0.025)
[1] 50241.58
dnt1(0.9266, 1000000, 0.9600, 0.9195, 0.06, 94/365, 0.0025, -0.025)
[1] 50811.61
```

이것은 옵션 중 녹아웃 이벤트를 포함하는 매우 일반적인 특징이다. 베리어를 현물 가격에서 약간 멀리 밀면, 대부분의 경우 시간을 좀 더 벌 수 있다.

위험 중립 세상에서 S/L 거리는 항상 팩터 $\sigma\sqrt{(T-t)}$로 나눌 수 있으므로 상쇄 효과가 있다.

L을 낮출 수 있지만, 그에 대한 대가로 만기를 늘려야 한다. 현실 세계에서 최종 사용자는 주관적이거나 인지된 확률에 따라 기대하며 판단한다. DNT를 동적으로 헤지하지 않을 경우, L = 0.9200과 T = 90보다는 L = 0.9195와 T = 94를 선호한다.

이것이 최종 사용자에게 매력적으로 보이도록 L과 U, T를 설정해야 하는 이유다. 또한 이색 옵션이 구조 상품에 포함돼 있다면, 구조 상품 자체를 팔기 쉬워야 한다. 대부분의 구조 상품들은 USD 1,000과 같이 더 작은 소매 크기의 조각으로 나눠질 것이다. 물론 각 케이크 조각은 똑같기 때문에 은행은 이것들을 하나의 커다란 상품으로 본다.

L와 U, T의 설정으로 돌아와, DNT의 가격은 L, U, T의 순단조 함수라는 것을 쉽게 알 수 있다(변동성에 대해서도 단조 함수다). 특정 시장 조건에서(S, r, b, 변동성), L = 0.9195, T = 94로 지정했다고 하자. 이제 다음과 같은 반대의 프라이싱 질문을 할 수 있다. DNT 가격이 지불금의 33%가 되려면 U는 어떻게 되야 할까?

이것은 내재된 어퍼 베리어$^{implied\ upper\ barrier}$가 된다. 내재됐다는 것은 가격이 이미 주어졌다는 의미다. 그런데 내재된 U는 존재하지 않는다. 왜냐하면 어퍼 베리어$^{upper\ barrier}$를 증가시키면 DNT 가격은 노 터치$^{No\ Touch,\ NT}$ 옵션의 가격에 수렴하기 때문이다. 이 NT의 가치가 33%보다 낮으면 DNT의 가치를 33%로 만들 수 있는 U는 존재하지 않는다. 다음 코드와 같이 fExoticOptions 패키지의 BinaryBarrierOption 함수를 이용하면 노 터치 옵션을 프라이싱할 수 있다.

```
dnt1(0.9266, 1000000, 1.0600, 0.9200, 0.06, 94/365, 0.0025, -0.025)
[1] 144702
a <- BinaryBarrierOption(9, 0.9266, 0, 0.9200, 1000000, 94/365,
  0.0025, -0.025, 0.06, 1, 1, title = NULL, description = NULL)
(z <- a@price)
[1] 144705.3
```

위험 중립 세계에서 U를 1000pip 높게 하면 이것은 거의 무의미하게 되므로 DNT는 NT 처럼 행동한다.

따라서 이 경우 DNT가 33%이길 원한다면 L을 0.9195보다 낮도록 선택해야 한다. 다음으로 L = 0.9095로 설정해 DNT가 33%가 되도록 하는 U를 찾을 수 있다. 마지막 부분에서 다음 코드와 같이 implied_U_DNT 함수를 이용해 내재 U를 발견하는 방법을 다룬다. 이제 다른 이유로 U = 0.9745로 설정했다고 가정해보자.

```
dnt1(0.9266, 100, 0.9705, 0.9095, 0.06, 90/365, 0.0025, -0.025)
[1] 31.44338
```

이 DNT는 지불금의 31.44%에 불과하므로 은행이 수익을 얻을 수 있는 여지가 있다. 은행이 이 CD를 전체 USD 1억을 판매했다고 가정하면 3개월 후에 은행은 고객에게 USD 1억 혹은 USD 1억 75만(연간 약 3%)을 지불해야 한다. 이것을 헤지하기 위해 USD 1억의 T-Bills와 0.75억의 DNT 옵션을 구매할 수 있다. 처음에 은행이 이 금융 상품을 사기 위해 드는 비용은 99.75%*100,000,000+31. 44338%*750,000 =USD 99,985,825.35다. 은행은 USD 14,174.65의 수익을 얻을 수 있다.

다른 경우, 만기까지의 내재 시간은 흥미로운 질문일 수 있다. 예를 들어, 특정 시장 조건 (S와 r, b, 변동성이 주어졌을 때)하에 (L, U)가 주어졌을 때 DNT를 50%가 되게 하는 T는 무엇일까? (L, U) 구간이 매우 타이트하더라도 DNT 가격이 50% 증가하도록 만드는 충분히 작은 T를 발견할 수 있다. 이 경우도 마찬가지다. 충분한 시간이 있다면 매우 넓은 구간의 (L, U)도 DNT가 50%의 가치만 가질 수 있도록 만들 수 있다. 이 절의 마지막에서 *implied_T_DNT*를 살펴보자.

L, U, T와 달리 변동성 모수는 의도적으로 선택할 수 없다. 하지만 내재 변동성을 산출하는 것은 다른 파생 상품을 프라이싱할 때 유용할 수 있다. 위험 중립 프라이싱이 비교에 바탕을 두는 것은 주요한 프라이싱 개념이다. DNT의 가격을 안다면 프라이싱에 이용된 변동성을 발견할 수 있다. 이 절의 마지막에서 *implied_vol_DNT*를 살펴보자.

다음으로 많은 내재 함수를 살펴보고, 마지막으로 내재 차트를 그려보자.

```
implied_DNT_image <- function(S = 0.9266, K = 1000000, U = 0.96,
  L = 0.92, sigma = 0.06, Time = 0.25, r = 0.0025, b = -0.0250){
    S_ <- seq(L,U,length = 300)
    K_ <- seq(800000, 1200000, length = 300)
    U_ <- seq(L+0.01, L + .15, length = 300)
    L_ <- seq(0.8, U - 0.001, length = 300)
    sigma_ <- seq(0.005, 0.1, length = 300)
    T_ <- seq(1/365, 1, length = 300)
    r_ <- seq(-10, 10, length = 300)
    b_ <- seq(-0.5, 0.5, length = 300)

    p1 <- lapply(S_, dnt1, K = 1000000, U = 0.96, L = 0.92,
      sigma = 0.06, Time = 0.25, r = 0.0025, b = -0.0250)
    p2 <- lapply(K_, dnt1, S = 0.9266, U = 0.96, L = 0.92,
      sigma = 0.06, Time = 0.25, r = 0.0025, b = -0.0250)
    p3 <- lapply(U_, dnt1, S = 0.9266, K = 1000000, L = 0.92,
      sigma = 0.06, Time = 0.25, r = 0.0025, b = -0.0250)
    p4 <- lapply(L_, dnt1, S = 0.9266, K = 1000000, U = 0.96,
      sigma = 0.06, Time = 0.25, r = 0.0025, b = -0.0250)
    p5 <- lapply(sigma_, dnt1, S = 0.9266, K = 1000000, U = 0.96,
      L = 0.92, Time = 0.25, r = 0.0025, b = -0.0250)
    p6 <- lapply(T_, dnt1, S = 0.9266, K = 1000000, U = 0.96,
      L = 0.92, sigma = 0.06, r = 0.0025, b = -0.0250)
    p7 <- lapply(r_, dnt1, S = 0.9266, K = 1000000, U = 0.96,
      L = 0.92, sigma = 0.06, Time = 0.25,        b = -0.0250)
    p8 <- lapply(b_, dnt1, S = 0.9266, K = 1000000, U = 0.96,
      L = 0.92, sigma = 0.06, Time = 0.25, r = 0.0025)
```

```r
    dev.new(width = 20, height = 10)

    par(mfrow = c(2, 4), mar = c(2, 2, 2, 2))
    plot(S_, p1, type = "l", xlab = "", ylab = "", main = "S")
    plot(K_, p2, type = "l", xlab = "", ylab = "", main = "K")
    plot(U_, p3, type = "l", xlab = "", ylab = "", main = "U")
    plot(L_, p4, type = "l", xlab = "", ylab = "", main = "L")
    plot(sigma_, p5, type = "l", xlab = "", ylab = "", main =
      "sigma")
    plot(T_, p6, type = "l", xlab = "", ylab = "", main = "Time")
    plot(r_, p7, type = "l", xlab = "", ylab = "", main = "r")
    plot(b_, p8, type = "l", xlab = "", ylab = "", main = "b")
}

implied_vol_DNT <- function(S = 0.9266, K = 1000000, U = 0.96, L =
  0.92, Time = 0.25, r = 0.0025, b = -0.0250, price){
    f <- function(sigma)
      dnt1(S, K, U, L, sigma, Time, r, b)- price
    uniroot(f, interval = c(0.001, 100))$root
}

implied_U_DNT <- function(S = 0.9266, K = 1000000, L = 0.92,
sigma = 0.06, Time = 0.25, r = 0.0025, b = -0.0250, price = 4) {
    f <- function(U)
      dnt1(S, K, U, L, sigma, Time, r, b)- price
    uniroot(f, interval = c(L+0.01, L + 100))$root
}

implied_T_DNT <- function(S = 0.9266, K = 1000000, U = 0.96, L =
  0.92, sigma = 0.06, r = 0.0025, b = -0.0250, price = 4){
    f <- function(Time)
        dnt1(S, K, U, L, sigma, Time, r, b)- price
    uniroot(f, interval = c(1/365, 100))$root
}
library(rootSolve)
implied_DNT_image()
print(implied_vol_DNT(price = 6))
print(implied_U_DNT(price = 4))
print(implied_T_DNT(price = 30))
```

앞 코드에 대한 결과는 다음과 같다.

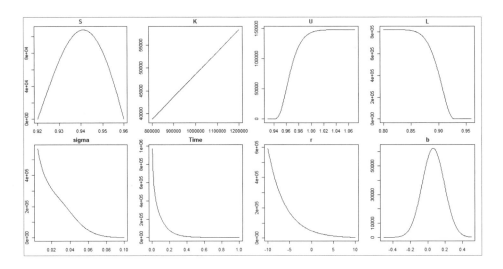

▌ 요약

이색 옵션에 대한 소개로 7장을 시작했다. 간략한 이론 소개를 통해 이색 옵션과 단순 바닐라 옵션이 어떻게 연결돼 있는지 설명했다. 여기에는 많은 타입의 이색 옵션이 있다. 우리는 fExoticOptions 패키지에서 사용하고 있는 분류 방법을 살펴봤다. 그리고 프라이싱 함수를 위해 블랙 숄즈 표면(시간과 기초 가격에 의존하는 파생 상품의 가격을 포함하는 3D 차트)이 어떻게 구축될 수 있는지 다뤘다.

이색 옵션을 프라이싱하는 것은 첫 번째 스텝일 뿐이다. 마켓 메이커는 수천 개의 옵션을 다룬다. 이것은 그릭이라고 불리는 특정 민감도로 옵션을 나눌 수 있기 때문에 가능하다. 그릭은 편도 함수기 때문에 합산이 가능하다. 따라서 파생 상품의 포트폴리오는 각 요소에 대한 그릭의 합이다. 다음 스텝은 파생 상품 프라이싱 함수에 대해 그릭을 추정하는 것이다. 수치 방법들은 실제 시장 조건에 칼리브레이트할 수 있다. 많은 모수의 경우, 가능한 가장 작은 변화량이 무엇인지 이미 알고 있다. 예를 들어, AUDUSD fx율의 가장 작은 변화량은 0.0001이다. 감마나 바나^{vanna} 같은 것도 이런 수치 방법으로 산출할 수 있다.

7장의 후반부에서는 더블 노 터치 바이너리 옵션이라는 특정한 이색 옵션에 집중했다. 이 옵션을 집중해서 다룬 이유는 DNT가 유명할 뿐 아니라 DNT를 통해 다른 이색 옵션과 관련된 트릭을 많이 보여줄 수 있기 때문이다. 먼저 가격이 무한 합계의 결과임을 보이는 휴이(1996)의 수식을 구현했다. 계산 시간을 많이 낭비하지 않고 수렴 이슈를 처리할 수 있는 실제적인 방법을 다뤘다. DNT를 프라이싱하는 다른 방법은 DKO 콜 옵션 하나와 DKO 풋 옵션 하나로 이뤄진 정적 복제다. 이 DKO 옵션을 프라이싱하기 위해 `ExoticOptions` 패키지를 사용했다. 2개의 DNT 프라이싱 방법 결과 간의 매우 작은 차이를 발견했다.

2014년 두 번째 분기의 AUDUSD fx율에 대한 5분 간격으로 돼 있는 시계열을 통해 DNT 옵션이 어떻게 행동하는지 살펴봤다. 변동성에 수요−공급에 기반을 둬 DNT 혹은 DOT에 리스크 프리미엄에 어떻게 포함되는지 시뮬레이션을 통해 DNT의 생존 비율을 추정했다.

마지막으로 특정 가격을 가진 DNT의 모수를 발견하는 실질적인 정제된 방법을 보였다.

▎참고문헌

- Black, F. and Scholes, M. [1973]: The Pricing of Options and Corporate Liabilities, The Journal of Political Economy, 81(3), pp. 637−654

- Carr, P., Ellis, K. and Gupta, V. [1998]: Static hedging of exotic options, Journal of Finance, 53, 1165−1190

- Derman, E., Ergener, D. and Kani, I. [1995]: Static Options Replication, Journal of Derivatives, 2(4), 78−95

- DeRosa, D. F. [2011]: Options on Foreign Exchange, Wiley Finance

- Haug, E. G. [2007a]: The Complete Guide to Option Pricing Formulas, 2nd edition, The McGraw−Hill Companies

- Haug, E. G. [2007b]: Derivatives Models on Models. John Wiley & Sons

- Hui, C. H. [1996]: One-touch Double Barrier Binary Option Values, Applied Financial Economics, 1996, 6, pp. 343–346

- Merton, R. [1973]: Theory of Rational Option Pricing, The Bell Journal of Economics and Management Science, 4(1), pp. 141–183

- Taleb, N. N., [1997]: Dynamic Hedging. John Wiley & Sons

- Wilmott, P., [2006]: Quantitative Finance, 2nd edition. John Wiley & Sons

08

최적 헤징

7장에서 이론적 배경을 다뤘으므로 8장에서는 파생 상품 트레이딩의 실질적인 문제에 집중한다.

파생 상품 프라이싱은 6장, '금리 파생 상품과 모델'에서 자세히 살펴봤듯이 파생 상품 자산과 같은 현금 흐름을 가진 증권으로 이뤄진 복제 포트폴리오를 바탕으로 한다. 다시 말해 파생 상품의 리스크는 특정 개수의 기초 자산과 무위험 채권 소유를 통해 완벽하게 헤지할 수 있다. 선물 계약은 정적으로 헤지할 수 있는 반면, 옵션 헤징은 포트폴리오의 재조정rebalancing of the portfolio이 필요하다. 블랙 숄즈 머튼 모델로 소개된(Black and Scholes, 1973; Merton, 1973) 완벽한 동적 헤지는 실제로 여러 한계를 갖고 있다.

8장에서는 파생 상품의 동적dynamic 헤지뿐 아니라 정적static 헤지도 자세하게 다룬다. 이산적인 시간 거래discrete time trading와 거래 비용의 효과가 존재한다. 이산적 헤징 시간의 경우,

옵션 비용은 확률론적stochastic이 된다. 따라서 리스크와 거래 비용은 상충된다. 최적 헤징 시간 간격은 최저화의 여러 목표에 따라 다르며, 시장 요인뿐 아니라 위험 회피도risk aversion 와 같은 투자자에 따른 변수에도 영향을 받는다.

▎ 파생 상품 헤징

헤징은 원래 존재하는 리스크를 상쇄하는 포트폴리오를 생성하는 것을 의미한다. 리스크 는 미래 현금 흐름의 변동으로 리스크를 측정하므로 헤징의 목표는 전체 포트폴리오 값의 분산을 줄이는 것이다. 다로치 등(2013)의 첫 번째 장은 헤징하는 상품과 포지션이 다르며, 기본적인 리스크만 존재할 때를 다룬다. 이런 경우는 표준 계약(만기와 수량, 가격)만 존재하 는 상품을 거래할 때 많이 생긴다.

최적 헤지 비율은 전체 포지션의 변동성을 최소화하는 헤지 상품의 퍼센티지 비율이다. 8장에서는 기초 자산이 시장에서 거래된다고 가정하고 파생 상품 포지션 헤지를 다룬다. 따라서 노출과 헤지하는 파생 상품 간의 불일치는 없다.

파생 상품의 시장 리스크

선도 또는 선물 계약의 가치는 기초 자산의 현물 가격과 만기까지 시간, 무위험 수익률, 행사 가격에 따라 다르다. 바닐라 옵션의 경우, 기초 자산의 변동성은 옵션 가격에 영향을 미친다. 이것은 파생 상품의 거래 만기까지 기초 자산이 현금 흐름을 갖고 있지 않을 경우 (수입이나 비용이 없는 경우)에 적용된다. 다시 말해, 현금 흐름이 존재할 경우 이것은 가격에 영향을 미칠 수 있다. 여기서는 단순화를 위해 현금 흐름이 없다는 가정하에 파생 상품의 프라이싱을 다룬다. 모델을 다른 기초 자산(환율이나 원자재와 같은)으로 확장시키려면 수식 을 변경할 필요가 있지만, 기본 논리에는 영향을 미치지 않는다. 행사 가격은 만기까지 변 하지 않으므로 네 가지 요인만이 파생 상품의 가치에 영향을 미친다. 6장, '금리 파생 상품 과 모델'에서 자세히 다룬 것과 같이, 파생 상품의 민감도는 주어진 변수에 대한 편도 함수인 그릭으로 나타낼 수 있다.

블랙 숄즈 머튼 모델Black-Scholes-Merton, BSM은 무위험 수익률과 기초 자산의 변동성 모두 상수라고 가정한다. 파생 상품 가치에 영향을 미치는 확률 변수는 기초 자산의 현물 가격이다. 현물 가격의 변동성에 따른 리스크는 정확한 델타양을 보유함으로써 줄일 수 있다. 델타는 기초 자산의 현물 가격 민감도에 대한 파생 상품 가격이다(수식 1 참조).

$$\Delta = \frac{\partial c}{\partial S} \ (1)$$

델타가 일정한지, 시간에 따라 변화하는지 여부는 파생 상품에 따라 다르다. 그리고 이것에 따라 헤지 전략이 달라지며(정적 혹은 동적), 이는 다음 절에서 다룬다(Hull, 2009).

정적 델타 헤지

선도forward 계약은 계약 당사자의 구속력이 있는 계약이므로 이것을 헤징하는 것은 단순하다. 롱 포지션은 만기 시점에서 매수하는 것, 숏 포지션은 기초 자산을 매도해야 하는 것을 의미한다. 파생 상품의 양만큼의 기초 자산을 매도 혹은 매수함으로써 선도 계약을 완벽하게 헤지할 수 있다. 롱 포지션의 가치는 미분을 통해 선도 계약의 델타를 확인할 수 있다.

$$LF = S - PV\left(K\right)(2)$$

여기서 LFs는 롱 포워드long forward, S는 현물 가격, K는 선도 가격forward price인 행사 가격strike price을 의미한다. 현재 가치는 PV로 표현한다.

따라서 델타는 1이며, 실제 시장 상황과 무관하다.

하지만 매일 바뀌는 포지션에 의해 선물^{future} 계약은 실제 선물 가격(F)과 행사 가격(S)의 차이다. 따라서 델타는 F/S며, 시간에 따라 바뀐다. 결과적으로 포지션을 약간 리밸런스할 필요가 있지만, 이자율이 확률적이지 않다면 델타를 예측할 수 있다(Hull, 2009).

동적 델타 헤지

옵션의 경우, 기초 자산 매입은 불확실하다. 이것은 롱 포지션을 취하고 있는 옵션을 구매한 당사자의 결정(옵션을 구매한)에 따른다. 앞에서 소개한 정적 매수-보유$^{static\ buy\ and\ hold}$ 전략으로 이것을 헤지할 수 없다는 것은 놀랍지 않다. 이항 모델$^{binomial\ model}$에서 옵션 포지션은 항상 다음 시간 간격인 Δt에 대해 헤지되며, 블랙 숄즈 머튼 모델에서는 Δt가 0으로 수렴한다. 따라서 헤지 포트폴리오는 모든 순간에 대해 헤지 포지션을 재조정해야 한다. 시간 간격으로 거래되기 때문에 이산적 시간 가격별로 조정된다. 배당을 지불하지 않는 주식에 대한 단순한 바닐라 ATM$^{at-the-money}$ 콜 옵션의 예를 살펴보자.

R은 이산적 시간 가격에 따른 콜 옵션과 풋 옵션을 헤지하는 전략 및 옵션의 가치 추정을 위한 OptHedge 패키지를 갖고 있다. 하지만 우리의 목표는 거래 기간의 길이에 따른 효과를 살펴보는 것이기 때문에 산출을 위해 자체 함수를 사용한다.

우선 사용할 패키지를 설치한다.

```
install.packages("fOptions")
library(fOptions)
```

그리고 이미 알려진 코드를 사용해 선택한 변수에 대한 콜의 BS 가격을 체크할 수 있다.

```
GBSOption(TypeFlag = "c", S = 100, X = 100, Time = 1/2, r = 0.05, b =
  0.05, sigma = 0.3)
```

주어진 변수와 블랙 숄즈 식에 의한 콜 옵션 가격을 구할 수 있다.

```
Parameters:
          Value:
  TypeFlag c
  S         100
  X         100
  Time      0.5
  r         0.05
  b         0.05
  sigma     0.3
Option Price:
  9.63487
```

BS 모델에 따르면 콜의 가격은 9.63487이다.

실제로 옵션 가격은 표준 시장에서 인용되며, 내재 변동성은 블랙 숄즈 식에서 추론할 수 있다. 내재 변동성보다 낮은 변동성을 기대하는 거래자는 델타를 헤지하는 동시에 옵션을 매도하므로 수익을 낼 수 있다. 앞으로의 시나리오에서는 **기하 브라우니안 모션**geometric Brownian motion, GBM을 따르는 주식의 옵션에 대한 숏 포지션을 델타헤징하는 것을 다룬다. 거래 시간이 연속적이라는 조건을 제외하고, 나머지 BSM 모델의 다른 조건들이 모두 적용된다고 가정한다. 숏 옵션을 헤지하려면 델타양만큼의 주식을 갖고 있어야 하며, 델타가 바뀜에 따라 포트폴리오를 주기적으로 재조정해야 한다. 여기서는 일주일에 한 번씩 재조정하므로 옵션 기간 동안 26번의 재조정을 하게 된다. 재조정 주기는 기초 자산의 유동성과 변동성에 따라 조정돼야 한다.

주식 가격의 향후 가능한 경로와 델타에 대해 살펴보자. price_simulation 함수는 주어진 변수에 대한 가격 경로를 생성한다. 주어진 변수는 초기 주식 가격(S_0)과 드리프트(mu), GMB 과정의 변동성sigma, 콜 옵션의 나머지 변수(K, $Time$), 재조정 기간(Δt)이다. 현물 가격을 시뮬레이션한 후에 함수는 모든 중간 날짜에 대해 델타와 옵션 가격을 계산한다. set.seed 함수를 사용해 시뮬레이션을 생성할 수 있다.

```
set.seed(2014)
library(fOptions)
Price_simulation <- function(S0, mu, sigma, rf, K, Time, dt, plots =
  FALSE){
  t <- seq(0, Time, by = dt)
  N <- length(t)
  W <- c(0,cumsum(rnorm(N-1)))
  S <- S0*exp((mu-sigma^2/2)*t + sigma*sqrt(dt)*W)
  delta <- rep(0, N-1)
  call_ <- rep(0, N-1)
  for(i in 1:(N-1)){
    delta[i] <- GBSGreeks("Delta", "c", S[i], K, Time-t[i], rf, rf,
      sigma)
    call_[i] <- GBSOption("c", S[i], K, Time-t[i], rf, rf,
      sigma)@price}
  if(plots){
    dev.new(width=30, height=10)
    par(mfrow = c(1,3))
    plot(t, S, type = "l", main = "Price of underlying")
    plot(t[-length(t)], delta, type = "l", main = "Delta", xlab =
      "t")
    plot(t[-length(t)], call_, type = "l", main = "Price of option",
      xlab = "t")
  }
}
```

그리고 함수의 변수를 지정한다.

```
Price_simulation(100, 0.2, 0.3, 0.05, 100, 0.5, 1/250, plots = TRUE)
```

옵션 가격에 따른 해당 주식 가격의 잠재적 경로와 실제 델타를 얻게 된다.

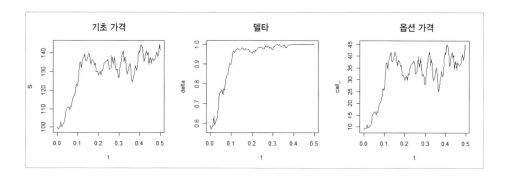

행사 가격이 상승하고 빠르게 인더머니^{in the money} 레벨에 도달하는 것으로 보아, 만기 때 옵션이 행사될 것이라 예측할 수 있다. 콜의 델타는 주식 가격의 변동성을 따르고 1로 수렴된다. 현물 가격이 오르면 콜 옵션을 행사할 가능성이 높아지므로 콜을 복제하기 위해 더 많은 주식을 매입해야 한다. 반면, 현물 가격이 낮아지면 델타가 낮아지므로 주식을 매도해야 한다. 즉, 주식 가격이 높으면 사고, 낮으면 판다. 옵션 가격은 헤지 비용에서 유래한다. 재조정 기간이 짧을수록 우리가 따라야 하는 가격의 움직임은 적다.

헤지 비용은 포지션을 헤지하기 위해 주식을 매도하고 매입할 때 발생하는 모든 비용의 현재 가치로 정의된다(Hull, 2009 참조). 전체 비용은 두 부분으로 나눠지는데, 주식을 사기 위해 지불하는 비용과 포지션을 얻기 위한 이자다. BSM 모델을 따라 복리에 대해 무위험 이자율을 사용한다. 헤지 비용은 미래 가격의 움직임에 따라 달라지며, 여러 주식 가격 경로를 시뮬레이션해 비용에 대한 분포를 그려볼 수 있다. 주식 가격의 변동성이 높으면 헤지 비용의 변동성이 높아진다. Cost_simulation 함수를 이용해 헤지 비용을 계산할 수 있다.

```
cost_simulation = function(S0, mu, sigma, rf, K, Time, dt){
t <- seq(0, Time, by = dt)
N <- length(t)
W <- c(0,cumsum(rnorm(N-1)))
S <- S0*exp((mu-sigma^2/2)*t + sigma*sqrt(dt)*W)
delta <- rep(0, N-1)
call_ <- rep(0, N-1)
for(i in 1:(N-1)){
```

```
delta[i] <- GBSGreeks("Delta", "c", S[i], K, Time-t[i], rf, rf, sigma)
call_i[i] <- GBSOption("c", S[i], K, Time-t[i], rf, rf, sigma)@price
}
```

다음 명령어에서 share_cost는 헤지 포지션을 유지하기 위한 기초 자산 매입 비용을 의미하며, interest_cost는 포지션을 유지하기 위한 비용이다.

```
share_cost <- rep(0,N-1)
interest_cost <- rep(0,N-1)
total_cost <- rep(0, N-1)
share_cost[1] <- S[1]*delta[1]
interest_cost[1] <-(exp(rf*dt)-1)* share_cost[1]
total_cost[1] <- share_cost[1] + interest_cost[1]
for(i in 2:(N-1)){
    share_cost[i] <-(delta[i] - delta[i-1] )* S[i]
    interest_cost[i] <-(total_cost[i-1] + share_cost[i] )*
(exp(rf*dt)-1)
    total_cost[i] <- total_cost[i-1] + interest_cost[i] + share_cost[i]
            }
c = max(S[N] - K, 0)
cost = c - delta[N-1]*S[N] + total_cost[N-1]
return(cost*exp(-Time*rf))
}
```

앞에서 정의한 함수를 이용해 미래의 가격 프로세스를 생성할 수 있으며, 이를 바탕으로 헤지 비용을 계산할 수 있다. 벡터 A는 여러 가능한 헤지 비용을 모으고, 이를 확률 분포인 히스토그램으로 그린다. 그 다음, 주별(A)과 일별(B)로 헤지 전략을 나타낸다.

```
call_price = GBSOption("c", 100, 100, 0.5, 0.05, 0.05, 0.3)@price
A = rep(0, 1000)
for(i in 1:1000){A[i] = cost_simulation(100, .20, .30,.05, 100, 0.5,
1/52)}
B = rep(0, 1000)
for(i in 1:1000){B[i] = cost_simulation(100, .20, .30,.05, 100, 0.5, 1/250)}
```

```
dev.new(width=20, height=10)
par(mfrow=c(1,2))
hist(A, freq = F, main = paste("E = ",round(mean(A), 4)," sd =
",round(sd(A), 4)), xlim = c(6,14), ylim = c(0,0.7))
curve(dnorm(x, mean=mean(A), sd=sd(A)), col="darkblue", lwd=2, add=TRUE,
yaxt="n")
hist(B, freq = F, main = paste("E = ",round(mean(B), 4)," sd =
",round(sd(B), 4)), xlim = c(6,14), ylim = c(0,0.7))
curve(dnorm(x, mean=mean(B), sd=sd(B)), col="darkblue", lwd=2, add=TRUE,
yaxt="n")
```

생성된 비용에 대한 결과값의 히스토그램은 다음과 같다.

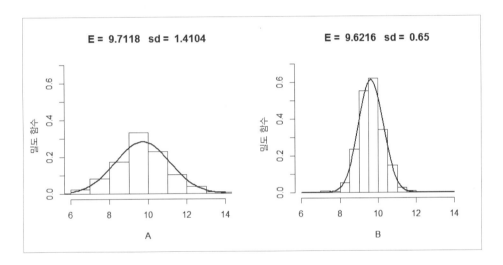

왼쪽 히스토그램은 주별 전략에 대한 비용 분포며, 오른쪽은 일별 재조정 전략이다.

Δt를 줄이면 헤지 비용의 표준편차를 줄일 수 있다. 이는 포트폴리오를 자주 재조정한다는 것을 의미한다. 시간 기간이 짧아지면 헤지 비용의 변동성뿐 아니라 기대 가치 또한 낮아진다는 것에 주의하자.

델타 헤지 성과 비교

비용 시뮬레이션 함수를 약간 수정해 재조정 기간에 미치는 영향을 살펴볼 수 있다. 이 방법을 사용하면 다른 재조정 기간에 따른 전략을 비교할 수 있다.

헐(Hull, 2009)에 따르면, 델타 헷지 성과 척도는 옵션 작성 비용의 표준편차와 옵션의 이론 가격에 대한 헤지 비율로 정의된다.

여러 재조정 기간을 함께 계산하려면 Cost_simulation 함수를 수정해야 한다.

```
library(fOptions)
cost_simulation = function(S0, mu, sigma, rf, K, Time, dt, periods){
t <- seq(0, Time, by = dt)
N <- length(t)
W = c(0,cumsum(rnorm(N-1)))
S <- S0*exp((mu-sigma^2/2)*t + sigma*sqrt(dt)*W)
SN = S[N]
delta <- rep(0, N-1)
call_ <- rep(0, N-1)
for(i in 1:(N-1)){
delta[i] <- GBSGreeks("Delta", "c", S[i], K, Time-t[i], rf, rf, sigma)
call_[i] <- GBSOption("c", S[i], K, Time-t[i], rf, rf, sigma)@price
}
S = S[seq(1, N-1, by = periods)]
delta = delta[seq(1, N-1, by = periods)]
m = length(S)
share_cost <- rep(0,m)
interest_cost <- rep(0,m)
total_cost <- rep(0, m)
share_cost[1] <- S[1]*delta[1]
interest_cost[1] <-(exp(rf*dt*periods)-1)* share_cost[1]
total_cost[1] <- share_cost[1] +
interest_cost[1]
for(i in 2:(m)){
    share_cost[i] <-(delta[i] - delta[i-1] )* S[i]
    interest_cost[i] <-(total_cost[i-1] + share_cost[i] )*
```

```
(exp(rf*dt*periods)-1)
    total_cost[i] <- total_cost[i-1] + interest_cost[i] + share_cost[i]
            }
c = max(SN - K, 0)
cost = c - delta[m]*SN + total_cost[m]
return(cost*exp(-Time*rf))
}
```

다음 명령어는 수정된 cost_simulation 함수를 이용해 각각 다른 재조정 기간에 대한 테이블을 생성한다. 테이블은 6개의 재조정 기간 순서(0.5일, 1일, 2일, 1주, 2주, 4주)로 신뢰도 구간을 포함하는 기대 가치(*E*)와 헤지 비용의 변동성(*v*), 성과 척도(*ratio*)로 이뤄져 있다. 또한 각 전략에 대한 히스토그램과 분포에 적합한 정규 곡선을 포함하는 차트를 생성한다.

```
dev.new(width=30,height=20)
par(mfrow = c(2,3))
i = 0
per = c(2,4,8,20,40,80)
call_price = GBSOption("c", 100, 100, 0.5, 0.05, 0.05, 0.3)@price
results = matrix(0, 6, 5)
rownames(results)= c("1/2 days", "1 day", "2 days", "1 week", "2
  weeks", "4 weeks")
colnames(results)= c("E", "lower", "upper", "v", "ratio")
for(j in per){
  i = i+1
  A = rep(0, 1000)
  set.seed(10125987)
for(h in 1:1000){A[h] = cost_simulation(100, .20, .30,.05, 100,
  0.5, 1/1000,j)}
E = mean(A)
v = sd(A)
results[i, 1] = E
results[i, 2] = E-1.96*v/sqrt(1000)
results[i, 3] = E+1.96*v/sqrt(1000)
results[i, 4] = v
results[i, 5] = v/call_price
```

```
hist(A, freq = F, main = "", xlab = "", xlim = c(4,16), ylim =
  c(0,0.8))
title(main = rownames(results)[i], sub = paste("E = ",round(E, 4)
  ," sd = ",round(v, 4)))
curve(dnorm(x, mean=mean(A), sd=sd(A)), col="darkblue", lwd=2,
  add=TRUE, yaxt="n")
}
print(results)
dev.new()
curve(dnorm(x,results[1,1], results[1,4]), 6,14, ylab = "", xlab =
  "cost")
for(l in 2:6)curve(dnorm(x, results[l,1], results[l,4]), add =
  TRUE, xlim = c(4,16), ylim = c(0,0.8), lty=l)
legend(legend=rownames(results), "topright", lty = 1:6)
```

시뮬레이션 모델의 결과는 다음과 같다.

	E	lower	upper	v	ratio
1/2 days	9.645018	9.616637	9.673399	0.4579025	0.047526
1 day	9.638224	9.600381	9.676068	0.6105640	0,06337
2 days	9.610501	9.558314	9.662687	0.8419825	0,087389
1 week	9.647767	9.563375	9.732160	1.3616010	0,14132
2 weeks	9.764237	9.647037	9.881436	1.8909048	0,196256
4 weeks	9.919697	9.748393	10.091001	2.7638287	0,286857

헤지 포지션을 자주 재조정할수록 헤지 비용의 표준편차는 작아진다. 주별 재조정과 일별 재조정의 기대 가치의 차이는 95% 신뢰 구간에서 유의하다. 재조정 기간이 짧을 경우, 기대 가치 차이의 유의함은 발견할 수 없다.

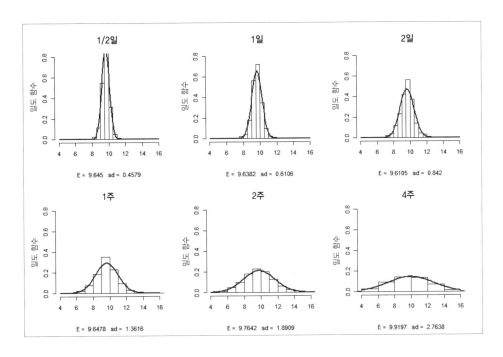

다음 이미지의 차트는 앞의 분석(주별과 일별 재조정)과 유사하지만, 더 많은 재조정 기간을 볼 수 있다. 재조정 주기의 효과는 헤지 비용의 분포로 표현한다.

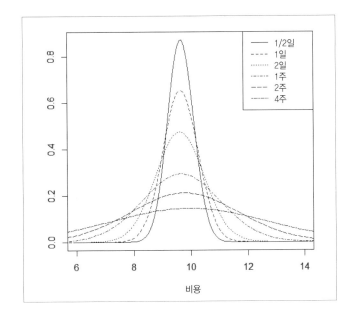

앞 절에서 본 것과 같이 주어진 재조정 기간의 비용 분포들을 같은 차트에서 비교할 수 있다. 시뮬레이션 숫자를 줄이면 걸리는 시간을 줄일 수 있다.

▌ 거래 비용이 있을 경우 헤지

앞에서 살펴본 것 같이 포트폴리오를 많이 조정할수록 헤지 비용의 변동성이 낮아진다. Δt 가 0에 가까워질수록 헤지 비용은 BS 수식에서 구한 옵션 가격과 가까워진다. 지금까지는 거래 비용을 고려하지 않았지만, 여기서는 거래 비용이 옵션 헤지에 미치는 영향을 분석한다. 재조정을 자주 하면 거래 비용으로 인해 헤지 비용이 증가한다. 하지만 동시에 재조정 기간 간격이 짧아지면 헤지 비용의 변동성도 낮아진다. 따라서 이 상쇄 효과를 좀 더 자세히 살펴볼 필요가 있다. 이것을 바탕으로 최적 재조정 전략을 정의해보자. 함수를 정의할 때, 변수를 수정해서 고정돼 있는 거래 비용(각 거래에 따라 정해져 있는) 또는 상대적 거래 비용(거래 사이즈에 비례)을 코드에 추가할 수 있다.

```
cost_simulation = function(S0, mu, sigma, rf, K, Time, dt, periods, cost_per_
trade)
```

고정돼 있는 거래 비용을 계산하는 방법을 다음과 같이 프로그램할 수 있다.

```
share_cost[1] <- S[1]*delta[1] + cost_per_trade
interest_cost[1] <-(exp(rf*dt*periods)-1)* share_cost[1]
total_cost[1] <- share_cost[1] + interest_cost[1]
for(i in 2:m){
    share_cost[i] <-(delta[i] - delta[i-1] )* S[i] + cost_per_trade
    interest_cost[i] <- (total_cost[i-1] + share_cost[i] )*
(exp(rf*dt*periods)-1)
    total_cost[i] <- total_cost[i-1] + interest_cost[i] + share_cost[i]
}
```

상대relative 비용의 경우, 프로그램 코드는 다음과 같다.

```
share_cost[1] <- S[1]*delta[1]*(1+trading_cost)
interest_cost[1] <-(exp(rf*dt*periods)-1)* share_cost[1]
total_cost[1] <- share_cost[1] + interest_cost[1]
for(i in 2:m){
    share_cost[i] <-((delta[i] - delta[i-1] )* S[i])+ abs((delta[i]
- delta[i-1] )* S[i])* trading_cost
    interest_cost[i] <-(total_cost[i-1] + share_cost[i] )*
(exp(rf*dt*periods)-1)
    total_cost[i] <- total_cost[i-1] + interest_cost[i] + share_cost[i]
}
```

cost_simulation 함수를 사용할 때는 고정 또는 상대 비용이 필요하다. 거래당 고정 비용이 0.02일 때 미치는 영향을 살펴보자(비용 단위와 거래 규모가 같다고 가정한다). 걸리는 시간을 줄이기 위해 여기서는 시뮬레이션을 100번만 한다.

사이클에서 cost_simulation 함수에 대한 변수를 변경해야 한다.

```
for(i in 1:100)
  A[i] = cost_simulation(100, .20, .30,.05, 100, 0.5, 1/1000,j,.02)
```

얻어지는 테이블은 다음과 같다.

	E	lower	upper	v	ratio
1/2 days	12.083775	11.966137	12.20141	0.6001933	0.06229386
1 day	10.817594	10.643468	10.99172	0.8883994	0.09220668
2 days	10.244342	9.999395	10.48929	1.2497261	0.12970866
1 week	9.993442	9.612777	10.37411	1.9421682	0.20157700
2 weeks	10.305498	9.737017	10.87398	2.9004106	0.30103266
4 weeks	10.321880	9.603827	11.03993	3.6635388	0.38023748

고정 거래 비용 0.02를 적용해 계산하면 헤지 비용의 기대 가치는 상당히 증가한다. 재조정 기간이 짧아질 경우, 거래가 많아져 비용이 늘어나기 때문에 가장 큰 영향을 미친다. 표준편차 또한 높아지는데, 주로 재조정 기간이 1주보다 짧아질 경우다.

상대 거래 비용이 1%일 경우, 미치는 영향을 확인하기 위해 코드를 다음과 같이 변경할 수 있다.

```
for(i in 1:100)
  A[i] = cost_simulation(100, .20, .30,.05, 100, 0.5, 1/1000,j, 0.01)
```

재조정 기간이 짧아질 경우(일별 또는 더 자주)에는 기대 헤지 비용이 증가하지만, 변동성의 증가 또한 매우 크다는 것을 알 수 있다. 이는 다음 결과 테이블에서 확인할 수 있다.

	E	lower	upper	v	ratio
1/2 days	13.56272	13.26897	13.85646	1.498715	0.1555512
1 day	12.53723	12.28596	12.78850	1.282005	0.1330589
2 days	11.89854	11.59787	12.19921	1.534010	0.1592144
1 week	11.37828	10.96775	11.78880	2.094506	0.2173881
2 weeks	11.55362	10.95111	12.15612	3.073993	0.3190487
4 weeks	11.43771	10.69504	12.18038	3.789128	0.3932724

재조정을 자주 하면 변동성을 줄이는 효과가 있지만, 이것은 거래 비용으로 상쇄된다. 따라서 최적의 재조정 기간은 각각에 대한 효과들을 고려해 결정할 수 있다.

헤지의 최적화

최적 재조정 기간을 찾기 위해 최적화 기준과 최대화 또는 최소화될 측도를 정의해야 한다. 보통 헤지의 목적은 헤지 비용의 분산으로 측정되는 리스크의 감소다. 그렇다면 헤지를 최적화하는 것은 헤지 비용의 변동성을 최소화하는 것이다. 최적화를 하는 다른 목표는 비용의 기대 가치를 최대한 줄이는 것이다. 지금까지 살펴봤듯이 거래 비용이 없다면,

포트폴리오를 자주 재조정함으로서 목표들을 모두 달성할 수 있을 것이다. 하지만 거래 비용은 비용의 기대 가치를 늘릴 뿐 아니라 자주 재조정할 경우 변동성을 많이 높일 수 있다.

이것은 효용 함수[utility function]를 정의하기 위해 기대 가치와 변동성의 사이의 상충 관계를 고려할 때 금융에서 많이 쓰이는 방법이다. 예를 들어, 포트폴리오 이론에서 수익률의 기대 가치는 긍정적인 영향을 미치고 분산은 부정적인 영향을 미치는 개별 효용 함수를 가정한다. 똑같은 테크닉을 사용해 헤지 비용의 기대 가치와 분산을 포함하는 유효 함수를 정의할 수 있다. 하지만 이 경우, 두 요인 모두 거래자의 효용에는 부정적 영향을 미친다. 따라서 두 모수는 양의 부호를 가져야 하며, 함수를 최소화해야 한다. 목적 함수[objective function]는 다음과 같이 정의된 효용 함수가 된다.

$$U\left(x\right) = E\left(x\right) + \alpha \, Var\left(x\right)\ (3)$$

여기서 x는 랜덤 변수인 헤지 비용, E는 기대 가치, Var는 분산, α는 위험 회피 변수를 의미한다. α가 높다는 것은 투자자/거래자가 위험을 회피하는 성향이 크다는 것을 의미한다.

평균−분산 최적화를 하기 위한 또 다른 방법은 미리 정의된 값에서 선택된 위험 척도를 유지하는 경계 조건에서 목표로 하는 기대(비용) 가치 최소화를 설정하는 것이다. 여기서는 가격 하락 리스크를 측정하는 최대 예상 손실액[Value-at-Risk]을 제어 변수[control variable]로 선택했다. 이것은 선택된 시간 동안 미리 정의된 확률에서의 최대 손실로 정의된다.

다음 코드는 1부터 80 Δt까지 각각의 재조정 기간에 대한 1,000개의 시뮬레이션에 바탕을 둔 비용 분포를 계산한다. Δt의 단위는 하루에 4번이며, Δt가 1인 것은 하루에 4번을 재조정한다는 것을 의미한다. 가장 긴 80 Δt는 20일 기간을 의미한다. 이 함수는 기대 가치와 표준편차, 95퍼센타일[percentile]의 분포를 수집한다. 그리고 결과값으로 텍스트 포맷의 네 가지 다른 최적화 시나리오와 결과의 그래프를 제공한다.

```r
n_sim <- 1000
threshold <- 12
cost_Sim <- function(cost = 0.01, n = n_sim, per = 1){a <- replicate(n,
cost_simulation(100, .20, .30,.05, 100, 0.5, 1/1000,per,cost));
l <- list(mean(a), sd(a), quantile(a,0.95))}
A <- sapply(seq(1,80),function(per){print(per); set.seed(2019759);
cost_Sim(per = per)})
e <- unlist(A[1,])
s <- unlist(A[2,])
q <- unlist(A[3,])
u <- e + s^2
A <- cbind(t(A), u)
z1 <- which.min(e)
z2 <- which.min(s)
z3 <- which.min(u)
    (paste("E min =", z1, "cost of hedge = ",e[z1]," sd = ", s[z1]))
    (paste("s min =", z2, "cost of hedge = ",e[z2]," sd = ", s[z2]))
    (paste("U min =", z3, "u = ",u[z3],"cost of hedge = ",e[z3]," sd = ",
s[z3]))
matplot(A, type = "l", lty = 1:4, xlab = "Δt", col = 1)
lab_for_leg = c("E", "Sd", "95% quantile","E + variance")
legend(legend = lab_for_leg, "bottomright", cex = 0.6, lty = 1:4)
abline(v = c(z1,z2,z3), lty = 6, col = "grey")
abline(h = threshold, lty = 1, col = "grey")
text(c(z1,z1,z2,z2,z3,z3,z3),c(e[z1],s[z1],s[z2],e[z2],e[z3],s[z3],u[z3]
),round(c(e[z1],s[z1],s[z2],e[z2],e[z3],s[z3],u[z3]),3), pos = 3, cex =
0.7)
e2 <- e
e2[q > threshold] <- max(e)
z4 <- which.min(e2)
z5 <- which.min(q)
if(q[z5] < threshold ){
print(paste(" min VaR = ", q[z4], "at", z4,"E(cost | VaR < threshold = "
,e[z4], " s = ", s[z4]))
} else {
    print(paste("optimization failed, min VaR = ", q[z5], "at", z5,
"where cost = ", e[z5], " s = ", s[z5]))
            }
```

마지막 최적화는 q 유의수준(q 백분위수)에서의 Value-at-Risk가 미리 정의된 임계값 threshold을 초과하지 않는 조건에서 가능한 최소 비용을 검색한다. 최솟값이 꼭 존재할 필요가 없기 때문에 최적화에 실패했다면 VaR의 최소 Q 값이 결과로 주어진다.

고정 거래 비용의 경우 최적 헤지

거래 비용이 존재할 경우, 이미 변수가 정해진 콜 옵션에 대한 최적 재조정 기간을 찾아보자. 거래 비용은 거래당 0.01이라고 가정하자.

이전 함수의 결과값은 A 매트릭스다. 이것은 각각의 재조정 기간에 따른 분포의 모수와 최적값을 포함한다.

첫 번째와 마지막 행은 다음과 같다.

```
       [,1]      [,2]       [,3]      [,4]
[1,]  14.568    0.3022379  15.05147  14.65935
[2,]  12.10577  0.4471673  12.79622  12.30573
...
[79,] 10.00434  2.678289   14.51381  17.17757
[80,] 10.03162  2.674291   14.41796  17.18345
```

네모난 가로 안에 있는 숫자는 Δt로 표현된 재조정 기간을 의미한다. 각 열은 기대 가치와 표준편차, 95% 백분위, 기대 가치와 표준편차의 합이다. 네 가지 최적화 과정의 결과는 다음과 같다.

```
"E min = 50 cost of hedge = 9.79184040508574 sd = 2.21227796458088"
"s min = 1 cost of hedge = 14.5680033393436 sd = 0.302237879069942"
"U min = 8 u = 11.0296321604941 cost of hedge = 10.2898541853535 sd =
0.860103467694771"
" min VaR = 11.8082026178249 at 14 E(cost | VaR < threshold =
10.0172915117802 s = 1.12757856083913"
```

다음 그림은 재조정 기간(Δt)에 대한 함수의 결과값이다. 파선은 표준편차를 나타내며, 실선은 기대 비용, 점선은 알파 변수가 1과 95 백분위일 때의 효용 함수(수식 3)의 가치를 의미한다.

최적화는 변수에 따라 다르긴 하지만, 차트는 거래 비용이 있을 경우 기대 비용과 변동성 간의 절충 효과를 보여준다.

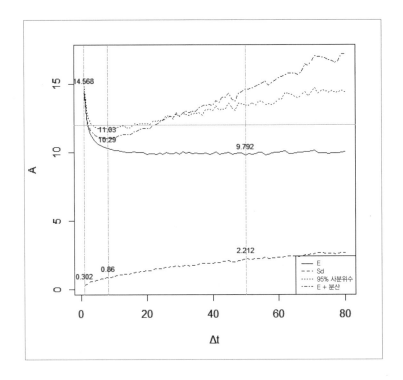

기대 비용의 최솟값 (9.79)은 BS 가격인 9.63과 많이 다르지 않다. 최적 재조정 기간은 50 Δt이며 이것은 12.5일을 의미한다. 가장 낮은 기대 비용일 때 표준편차는 2.21이다.

변동성은 재조정 기간이 가장 짧을 경우, 즉 매일 네 차례 재조정할 경우 최솟값을 갖는다. 표준편차의 최솟값은 0.30이지만 거래 빈도는 비용을 증가시킨다. 기대 비용은 14.57이며, 이것은 앞의 경우보다 50% 더 높다.

수식 3에서 정의된 효용 함수에 바탕을 둔 최적 모델은 헤지의 양쪽 측면을 모두 고려했으며 최적 재조정 기간의 결과값은 정확하게 2일인 8 Δt이다. 기댓값은 10.29이며 이것은 최솟값을 약간 초과한다. 그리고 표준편차는 0.86이다.

앞 결과의 마지막 행은 최대 예상 손실액 한계를 이용한 최적화 결과를 나타낸다. 이것은 모든 경우의 95%에 대해 비용이 임계값 12보다 작을 경우가 전체 경우의 95%임을 의미한다. 이것에 따르면 최적 재조정 기간은 3.5일인 14 Δt다. 비용의 기대 가치(10.02)는 앞의 경우보다 약간 다르다. 결과는 약간 더 높은 표준편차(1.13)로 상쇄된다.

상대 거래 비용의 경우 최적 헤지

이 절에서는 앞 절과 같은 최적화 문제를 다룬다. 다른 점은 여기서는 거래 비용이 거래의 1%라는 점이다. 그 외 변수들은 같다.

결과값은 같은 데이터를 갖고 있는 A 행렬이다.

```
       [,1]      [,2]      [,3]      [,4]
[1,]   16.80509  2.746488  21.37177  24.34829
[2,]   14.87962  1.974883  18.20097  18.77978
...
[79,]  11.2743   2.770777  15.89386  18.9515
[80,]  11.31251  2.758069  16.0346   18.91945
```

비용은 거래 규모와 관련 있기 때문에 기대 가치뿐 아니라 표준편차도 U자 모양을 갖는다. 이것은 변동성 최소화와 관련해 빈번한 거래는 최적이 될 수 없다는 것을 가르킨다.

앞의 최적 문제와 다른 중요한 차이점은 최대 예상 손실액의 임계값을 유지할 수 없다는 점이다(다음 코드에서 확인할 수 있다).

```
"E min = 56 cost of hedge = 11.1495374978655 sd = 2.40795704676431"
"s min = 9 cost of hedge = 12.4747301348104 sd = 1.28919873150291"
"U min = 14 u = 13.9033123535802 cost of hedge = 12.0090095949856 sd =
1.37633671701175"
"optimization failed, min VaR = 14.2623891995575 at 21 where cost =
11.7028044352096 s = 1.518297863428"
```

위 명령어의 결과값을 보여주는 스크린샷은 다음과 같다.

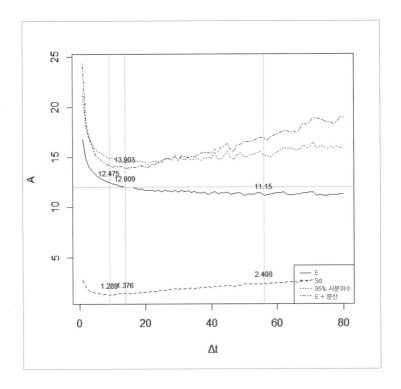

기대 비용의 최솟값은 재조정 기간이 56Δt일 때 11.15이며 이때 표준편차는 2.41이다. 최적 재조정 기간은 14일임을 의미한다.

변동성의 최솟값은 9 Δt일 때 1.23, 기대 가치는 12.47이다. 평균−변동 최적화의 재조정 기간은 14 Δt(3.5days), 표준편차는 1.38, 기대 가치는 12.01이다.

이미 언급했듯이 네 번째 최적화는 실패했다. 95% 최대 예상 손실액은 21 Δt(5.25일)일 때 14.26, 기대 비용은 11.7, 표준편차는 1.52다.

거래 비용이 있을 경우 최적화하기 위해 단순히 변동성을 낮추려면 비용이 크게 상승한다. 따라서 최적 헤지 전략은 이 효과 또한 고려해야 한다.

▌ 추가 확장

다른 가격 과정을 연구해 이 모델을 더 일반화할 수 있다. 보통, 금융 자산의 수익률은 BSM 모델에서 가정한 것과 같이 정규분포를 따르지 않으며, 가우스 곡선에서 예측한 것보다 두꺼운 꼬리를 갖고 있다. 이 현상은 GARCH 모델General Autoregressive Conditional Heteroscedasticity을 통해 설명할 수 있다. 이 모델에서 분산은 자기상관관계를 가지며, 이것은 변동성의 군집clustering of variance을 유발한다. 높은 확률을 갖는 극한 수익률을 만들 수 있는 또 다른 방법은 프로세스에 랜덤 점프를 생성하는 것이다. 모델에 이 과정을 적용하면 파생 상품의 헤지는 더 비싸진다. 비용의 기대 가치뿐 아니라 비용 분포의 분산 또한 증가하기 때문이다.

현물 가격의 변화는 델타의 변화를 일으킨다는 것을 볼 수 있다. 이것은 현물 가격에 대한 옵션 가격의 두 번째 도함수인 감마로 측정할 수 있다. 처음에는 감마가 0이기 때문에 감마 중립 포트폴리오gamma netral portfolio를 구할 수 없다. 하지만 만기나 행사 가격이 있는 같은 기초 자산에 대한 옵션을 매입해야 한다.

더 나아가 변동성이 상수라는 가정을 무시한다면, 파생 상품의 가치는 기초 자산의 현물 가격뿐 아니라 만기까지 남은 기간의 변화와 기초 자산의 변동성의 변화에도 영향을 받는다. 변동성의 변화에 대한 효과는 베가vega로 측정할 수 있으며, 이는 변동성에 대한 옵션 가격의 첫 번째 도함수다. 베가 값이 크면 옵션 가격의 변동성에 큰 영향을 미친다(Hull, 2009). 이로 인해 기초 자산의 가격이 증가하게 되므로 콜 옵션의 가치는 증가하고, 내재 변동성은 감소하게 된다. 그리고 옵션 가격 또한 낮아진다. 베가의 효과를 상쇄하기 위해 같은 기초 자산에 대한 다른 옵션을 매입하거나 VIX 인덱스를 이용해 변동성을 헤지해야 한다. VIX 인덱스는 옵션의 내재 변동성을 포함하는 거래 인덱스다.

8장에서는 델타 헤지를 분석했다. 감마와 베가 중립에 대해 자세히 다루는 것은 이 책의 초점을 벗어난다.

▮ 요약

8장에서는 파생 상품을 헤지할 때 일어날 수 있는 몇 가지 실제적인 문제를 다뤘다. 블랙 숄즈 머튼 모델에서는 거래 비용이 없으며, 연속적으로 재조정하는 헤지 포트폴리오를 가정하지만, 실제로 거래는 이산적인 시간으로 일어나며 비용이 존재한다. 결과적으로 헤지 비용은 기초 자산의 현물 가격에 대한 미래 경로에 따라 다르다. 따라서 이것은 분석 수식으로 표시할 수 있는 단순한 하나의 값이 아니라 확률 분포로 나타낼 수 있는 확률 변수다.

8장에서는 각각 다른 재조정 빈도를 가정한 확률 변수를 보였으며, 헤지 비용을 계산했다. 거래 비용이 없을 경우, 재조정 기간이 짧을수록 변동성이 줄어든다는 것을 확인했다. 하지만 거래 비용은 헤지 비용의 기대 가치뿐 아니라 분산을 증가시킬 수 있다. 여기서는 최적 헤지 전략을 찾기 위한 여러 최적화 알고리즘을 소개했다.

또한 가격 움직임을 시뮬레이션하고 비용 분포를 생성하기 위해 사용자가 사용하기 편한 여러 R 함수를 만들었다. 마지막으로 주어진 최적 모델에 따른 수치 최적화를 적용했다.

▮ 참고문헌

- Black, F. and Scholes, M. [1973]: The Pricing of Options and Corporate Liabilities. The Journal of Political Economy, 81(3), pp. 637-654.

- Hull, J. C. [2009]: Option, Futures and other Derivatives. Pearson, Prentice Hall.

- Merton, R. [1973]: Theory of Rational Option Pricing. The Bell Journal of Economics and Management Science, 4(1), pp. 141−183.

- Száz, J [2009]: Devizaopciók és Részvényopciók Árazása, Jet Set, Budapest.

09

기본적 분석

이제 글로벌 금융 위기는 끝나가고 있는 것처럼 보이고, 대부분의 투자자들도 주식 시장으로 돌아왔다. 이제 앞으로 우리가 직면하는 문제는 다른 주식들보다 수익이 좋은 주식을 선택하는 것이다. 제대로 된 매수 투자 종목을 고르는 데에는 두 가지 방법이 있다. 첫 번째는 과거 주식 가격의 패턴과 트렌드에 의지하는 방법이다. 기술적인 분석 방법을 통해 트렌드를 바탕으로 투자 제안을 할 수 있다. 두 번째는 회사의 금융 실적과 전략 포지션, 선물 계획의 분석을 통해 시장보다 높은 수익률을 갖는 회사들을 찾아내는 기본적 분석fundamental analysis이 있다.

9장에서는 주식 투자를 위한 성공적인 기본적 트레이딩 전략을 판별하기 위한 R의 사용법에 대해 논한다. 우선 간단한 통계 방법으로 시작해 좀 더 복잡한 고급 분석 방법을 다룬다. 기본적 분석 투자에 대한 아이디어를 검정이 가능한 통계적 가설로 변환시키는 방법에 대해 논한다.

▌ 기본 분석의 기초

투자 가능한 자산을 찾을 때, 시장에는 선택할 수 있는 다양한 자산이 존재한다. 채권이나 예술품, 부동산, 외환, 재화, 파생 상품 또는 가장 잘 알려진 자산인 주식을 선택할 수 있다. 주식은 회사(발행인)의 특정 부분을 소유할 수 있는 권리를 준다.

하지만 어떤 주식을 사야 할까? 언제 매도 또는 매수해야 할까? 이 결정에 따라 소유자의 포트폴리오 수익률이 결정된다. 이 문제를 바라보는 데에는 두 가지 관점이 존재한다.

기술적 분석은 과거 가격 데이터를 통해 패턴을 발견하고, 미래 시세quotes의 움직임을 예측하는 것을 말한다. 기본 분석Fundamental analysis은 이와 반대로 시장 가치보다 회사와 소유권ownership right에 더 가치를 둔다. 우리는 시간이 흐름에 따라 주식의 적정 가치가 시장 가격에 반영될 것이라고 생각한다. 다른 종류의 투자의 경우와 마찬가지로 주식의 적정 가치는 보유한 선물의 현금 흐름을 통해 계산된다.

기술적 분석은 과거 패턴을 바탕으로 투자자의 행동이 미래 가격에 미치는 영향에 대해 초점을 맞추는 반면, 기본적 분석은 회사의 예측된 미래의 성과에 따라 가격이 어떤 트렌드를 따르는지 알아내는 데 더 집중한다. 그러므로 기본적 분석을 시행할 때는 회사의 재무corporate finance 및 회계 지식이 필요하다.

주어진 주식의 적정 가격을 확인할 때도 미래 성과 모델링과 매출 성장률, 비용, 투자, 현금 흐름 예측을 위한 적정한 할인율을 구하기 위한 자본 비용을 추정할 시간이 어느 정도 필요하다. 트레이딩 전략을 개발할 때, 수천 개의 잠재적 투자에 대해 리뷰를 해야 한다. 그렇기 때문에 이런 심도 있는 분석을 하기 힘들며, 시도하는 것조차 쉽지 않다. 모든 주식에 대한 스프레드시트spreadsheet 모델을 만든다고 가정했을 때, 모든 모델링이 끝날 때쯤이면 첫 번째 회사에 대한 가정은 이미 구식이 돼 있을 것이다. 그리고 첫 번째 모델의 성능을 검증하기도 전에 다시 모델링 작업을 수행해야 할 것이다. 그러므로 미래 재무제표를 예측하는 대신, 과거 경험을 바탕으로 좋은 투자 패턴을 찾아야 한다. 과거 가격의 기본 비율이 미래에도 동일하다고 예상하고, 이를 수행할 수 있다.

여기서 가장 중요한 것은 투자하기 좋은 회사를 찾는 것이 아니라 가격이 잘못 책정됐을 가능성이 큰 주식을 찾아야 한다는 점이다. 그러므로 저평가된 주식을 매수하거나 시장에서 매도가 허용된다면 고평가된 주식을 매도해야 한다. 9장의 나머지 부분에서는 주가가 오를 가능성을 집중적으로 다룬다. 하지만 가격이 크게 떨어질 가능성이 있는 주식을 판별할 때도 이와 동일한 방법을 사용할 수 있다. 과거 12개월 동안 주식의 가격이 올랐던 회사의 기본적인 특징을 찾아내 현재 재무제표를 바탕으로 다음 연도에 투자할 가치가 있는 곳을 찾아낼 수 있다.

기본 주식 전략을 만들 때는 다음과 같은 단계가 필요하다.

1. 가능한 주식 투자를 위한 재무제표 데이터를 수집한다.
2. 표준화된 데이터를 위해 기본적인 비율을 계산한다.
3. 비율과 미래 가격 결정 간의 관계를 파악한다.
4. 검증을 위해 같은 기간 동안 가능한 다른 주식들의 결과를 계산하고, 다른 기간 동안의 동일한 주식들을 계산해본다.

위 단계들을 한 번만 실행하는 것으로는 충분하지 않다. 작년에 좋은 성과를 냈던 전략을 적용하는 것은 회사나 경제의 급격한 변화가 없을 것이라는 것을 전제로 한다. 시장의 트렌드가 변함에 따라 회사도 변해야 한다. 이것은 작년에 성과가 좋았더라도 이제는 보통에 지나지 않을 수 있다. 그 결과 지난 몇 년 동안 투자 전략이 잘 진행됐다고 하더라도 효과 면에서 점진적 또는 급작스러운 변화를 맞이할 수도 있다. 그러므로 규칙적으로 점검하고 업데이트해야 한다.

▌ 데이터 수집

필요한 데이터베이스를 구축하는 것은 가장 어려운 과제 중 하나다. 여기서 다뤄야 할 데이터 중에는 배당 조정가 시세뿐 아니라 재무제표 데이터도 있다. 4장, '빅데이터 – 고급 분석'에서 오픈 데이터 소스에 접근하는 방법에 대해 다뤘지만, 패키지와 관련된 모든 필요한 정보를 제공하진 않았다.

또 다른 방법은 전문 금융 데이터 제공 플랫폼을 사용하는 것이다. 이 플랫폼은 엑셀 파일로 추출할 수 있는 잘 만들어진 테이블들을 만들 수 있도록 도와준다. 9장에서는 블룸버그 터미널Bloomberg terminal을 사용한다. 우선 데이터를 엑셀 파일 형식으로 추출한다.

스프레드 시트는 다른 소스들에서 수집된 데이터의 데이터베이스를 구축하기 위한 유용한 툴이다. 스프레드시트에 데이터를 준비할 때 이용한 방법에 상관없이, 결과 형식의 변경(xls, xlsx, xlsm, xlsb)과 고급 형식 기능merging cells을 이용해야 하기 때문에 R을 곧바로 사용하는 것은 쉽지 않다. 이를 위해 콤마로 구분되는 포맷 또는 CSV 파일로 데이터를 저장해야 한다. 이 파일은 다음과 같은 커맨드로 데이터를 쉽게 읽을 수 있다.

```
d <- read.table("file_name", header = T, sep = ",")
```

여기서 header = T는 데이터가 header 행을 갖고 있다는 것을 의미하며, sep = ","는 구분자가 쉼표라는 것을 나타낸다. 버전에 따라 엑셀 파일은 세미콜론과 같은 다른 구분자를 갖고 있을 수 있다는 점에 유의하자. 여기서는 sep = ","를 사용한다. 작업하고 있는 R의 디렉터리에 파일이 저장돼 있지 않다면, 전체 경로path를 입력해야 한다.

엑셀 파일을 계속 사용하려면, gdata 패키지를 설치해 xls와 xlsx 파일을 읽을 수 있도록 R의 기능을 향상시킬 수 있다.

```
install.packages("gdata")
library(gdata)
```

다음과 같이 엑셀 파일을 읽을 수 있다.

```
d <- read.xls("file_name", n)
```

여기서 두 번째 argument는 몇 번째 워크시트^{worksheet}를 읽어 들이는지를 나타낸다.

기본적인 트레이딩 전략을 구축하기 위한 절차를 나타내려면 NASDAQ Composite Index 회사를 사용해야 한다. 9장을 집필할 때는 2만 1,931개의 회사가 포함돼 있었다.

전략을 좀 더 견고히하려면 우선 데이터를 정제해야 한다. 극단값이 심각한 데이터의 편향을 초래할 수 있기 때문이다. 예를 들어, 1년 전에 P/E(가격^{Price}/주당 순이익^{Earning per share})이 150이었던 회사의 가격이 지난 12개월 동안 빠르게 상승했다면 이는 놀랍지 않을 것이다. 하지만 이런 주식을 찾는 것은 불가능하며, 전략은 의미가 없다. 이 전략은 선택의 폭이 좁을 때 투자할 주식을 찾을 수 있게 도와준다(물론 높은 P/E를 갖는 주식은 찾기 힘들다). 그러므로 극단값들이 없는 주식을 보유하게 된다. 이를 위해 다음과 같은 제한 사항들이 적용된다.

- P/E^{Price/Earning per share, 가격/주가별 수익률}는 100보다 작다.
- 주주들의 연 총 수익률^{Total Return to Shareholders, TRS}(주가와 배당수익률의 합)은 100%보다 적다.
- 장기 부채/총 자본은 100% 보다 적다(마이너스 주주 자본은 허용하지 않음).
- 주식의 P/BV^{Price per Book value, 장부가액별 가격}는 1보다 크다. 그러므로 주식의 시장 가격은 장부가액보다 높다(회사를 청산할 이유가 없음).
- 영업 이익/매출은 100%보다 적지만 0보다는 크다(과거 성과가 장기적으로 유지될 수 있음).

이 방법은 부도가 나지 않은 회사들을 대상으로 하며, 장기적으로 수익을 내는 회사들이어야 한다. 이 필터를 적용하면 전 세계에 7,198개의 회사가 남는다.

다음 단계에서는 과거 경험을 기반으로 1년 전 재무제표에서 15개의 비율을 선택했다. 이와 함께 회사가 운영되는 업종과 과거 12개월 동안의 총 주주 수익을 추가했다.

데이터들이 목적에 부합하는지 확인하는 것이 필요하다. 이것은 박스플롯^{boxplot}을 통해 나타낼 수 있다. 예를 들어, 대부분의 주식은 큰 수익이나 손실을 보이는지 확인할 수 있으며, 급성장하고 있는 사업을 좋지 않은 투자 전략으로 간주하기 때문에 사업에 걸친 큰 차이점이 있는지 살펴볼 수 있다. 운 좋게도 우리의 데이터에는 그런 문제가 없다(그림 1).

```
d <- read.csv2("data.csv", stringsAsFactors = F)
for(i in c(3:17,19)){d[,i] = as.numeric(d[,i])}
boxplot_data <- split(d$Total.Return.YTD..I., d$BICS.L1.Sect.Nm )
windows()
par(mar = c(10,4,4,4))
boxplot(boxplot_data, las = 2, col = "grey")
```

위 코드의 결과를 보여주는 그래프는 다음과 같다.

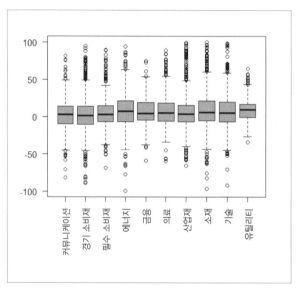

그림 1

새로운 변수들을 소개하는 것도 좋은 아이디어다. 사이즈별로 카테고리를 구분하는 것도 가능한 방법 중 하나다. 대부분의 모델의 경우, 자본 비율이 낮은 회사의 주식은 유동성이 낮기 때문에 요구하는 수익률이 더 높은 것으로 가정한다. 이를 제어하기 위해 스케터 다이어그램scatter diagram을 적용할 수 있다. 이를 위한 코드와 결과는 다음과 같다.

```
model <- lm(" Total.Return.YTD..I. ~ Market.Cap.Y.1", data = d)\
a <- model$coefficients[1]
b <- model$coefficients[2]
windows()
plot(d$Market.Cap.Y.1,d$Total.Return.YTD..I., xlim = c(0, 400000000000),
xlab = "Market Cap Y-1", ylab = "Total Return YTD(I).")
abline(a,b, col = "red")
```

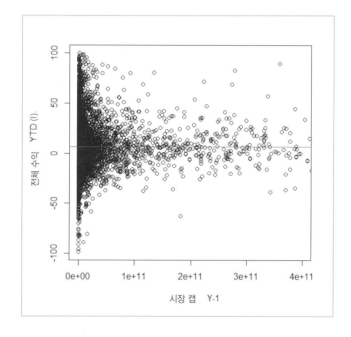

자본 및 TRS에 대한 명확한 트렌드가 보이지 않는다는 것을 확인할 수 있다. 커브를 데이터에 적합하고 적합도^{goodness of the fit} R^2를 계산할 수 있다. 하지만 이 그래프에서는 명확한 관계가 보이지 않는다. R^2는 추정이 전체 분산을 얼마나 설명해주는지를 백분율로 나타낸다. 그러므로 1.1보다 작은 값의 경우 약한 관계를 의미하지만, 0.8 이상인 경우에는 큰 관계를 의미한다.

▎관계 드러내기

상승 잠재성을 가진 주식들을 조사하기 위해 1년 전에 대한 각 비율들과 그 다음해의 수익률 간의 관계를 확인해보자. 9장에서는 다음과 같은 비율을 선택한다. 1년 전 값들을 구하고 이 값을 작년 TRS와 대조해봤다.

- 1년 전의 현찰/자산
- 1년 전의 순고정 자산/자산의 전체 수
- 1년 전의 자산/1000 고용인
- 1년 전의 가격/지난 5년 동안의 현금 흐름 평균
- 1년 전의 가격/현금 흐름
- 1년 전의 영업 소득/순매출액
- 1년 전의 배당 분배율
- 1년 전의 자산 회전율
- 1년 전의 P/BV
- 1년 전의 지난 1년 동안의 매출 증가율
- 1년 전의 장기 부채/자본
- 1년 전의 부채/EBITDA
- 1년 전의 시가총액
- 1년 전의 P/E

피어슨 상관계수의 계산부터 시작해보자.

```
d_filt <- na.omit(d)[,setdiff(1:19, c(1,2,18))]
cor_mtx <- cor(d_filt)
round(cor_mtx, 3)
```

상관관계 테이블들을 보면 다음과 같은 두 가지 중요한 결론을 얻을 수 있다.

- TRS와 유의미한 상관관계를 보이는 4개의 재무비율이 존재한다. 하지만 그 값들이 0.08, +0.08 범위 안에 있기 때문에 연관성은 매우 약해 보인다. 즉, 비율들과 TRS 간에 선형 관계들이 매우 약해 보인다.
- 선택된 재무비율은 꽤 독립적이다. 총 105개의 잠재 연관성 중 15개만 유의미하다. 비록 모든 값이 −0.439 그리고 +0.425 안에 있지만, 그중 8개만이 0.2보다 큰 절댓값을 갖는다.

따라서 이를 통해 좋은 전략을 짜기는 쉽지 않다. 단순히 하나의 비율에 의존한다면 아무런 결과를 얻을 수 없으므로 좀 더 복잡한 방법을 사용해야 한다.

▌여러 변수 포함

다변량 회귀 분석 방법을 사용해 예측 모델을 구축할 수 있다. 선형 추정은 서로 연관성이 약한 변수들만 추려 사용해야 한다. 이제까지 살펴본 것과 같이 설명 변수는 다행히 각각에 대해 독립적이다. 하지만 각각의 설명 변수가 종속 변수(TRS)와도 낮은 상관관계를 보이는 단점이 있다.

최적의 선형 추정값을 구하기 위해 몇몇 방법을 활용할 수 있다. 하나의 방법은 모든 변수를 우선 사용하고, R을 활용해 단계적으로 낮은 유의성을 보이는 변수를 제거하는 것이다(step-wise method). 이와 함께 R에서 많이 사용하는 방법은 우선 하나의 변수로 시작해 단계적으로 설명력이 강한 변수들을 추가하는 것이다(backward method). 여기서는 후자를 선택한다. 첫 번째 방법이 유의미한 모델을 보장해주지 않기 때문이다.

```
library(MASS)
vars <- colnames(d_filt)
m <- length(vars)
```

```
lin_formula <- paste(vars[m], paste(vars[-m], collapse = " + "), sep = "
~ ")
fit <- lm(formula = lin_formula, data = d_filt)
fit <- stepAIC(object = fit, direction = "backward", k = 4)
summary(fit)
```

```
Coefficients:
                                 Estimate Std. Error t value Pr(>|t|)
(Intercept)                       6.77884    1.11533   6.078  1.4e-09
***
Cash.Assets.Y.1                  -0.08757    0.03186  -2.749 0.006022
**

Net.Fixed.Assets.to.Tot.Assets.Y.1 0.07153   0.01997   3.583 0.000346
***
R.D.Net.Sales.Y.1                 0.30689    0.07888   3.891 0.000102
***
P.E.Y.1                          -0.09746    0.02944  -3.311 0.000943
***
---
Signif. codes:  0 '***' 0.001 '**' 0.01 '*' 0.05 '.' 0.1 ' ' 1

Residual standard error: 19.63 on 2591 degrees of freedom Multiple R-squared:
0.01598,  Adjusted R-squared:   0.01446
F-statistic: 10.52 on 4 and 2591 DF, p-value: 1.879e-08
```

후진 제거 방법[backword method]을 통해 R squared 값 1.6%를 구했다. 이것은 회귀 모델이 TRS 전체 분산의 1.6% 이상을 설명하지 못한다는 것을 의미한다. 즉, 모델의 성능은 매우 좋지 않다. 이는 설명 변수와 TRS 간의 낮은 선형 관계 때문에 발생한다. 좀 더 좋은 결과를 얻기 위해 선형 회귀식과 좀 더 강한 연관성을 보이는 변수들을 추가해야 하지 않을까? R^2가 50% 이상인 값을 가질 경우, 훌륭한 주식 선택 전략을 개발할 가능성이 더 크다. 이는 양의 부호를 갖는 유의한 설명 변수에 대해 큰 값을 갖는 반면, 음의 부호를 갖는 변수에 대해서는 작은 값을 갖는 주식 매수를 통해 가능하다. 여기서는 이 방법을 이용할 수 없기 때문에 다른 로직을 따라야 한다.

▌투자 목표 분리

투자 전략을 세우기 위한 다른 방법은 좋은 투자 대상들을 나누고, 그들이 가진 공통점을 확인해보는 것이다. 좋은 성과를 보인 주식들의 유사점을 찾는 좋은 방법은 TRS 값들을 기준으로 낮거나 높은 성과를 보인 주식들의 클러스터를 비교하는 것이다. 이를 위해 가장 먼저 다음과 같은 코드를 사용해보자.

```
library(stats)
library(matrixStats)
h_clust <- hclust(dist(d[,19]))
plot(h_clust, labels = F, xlab = "")
```

위 코드를 통해 다음과 같은 덴드로그램^{dendrogram}을 구할 수 있다.

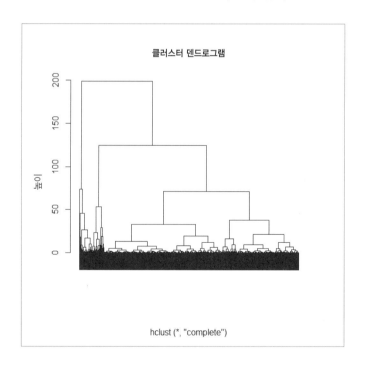

덴드로그램에 따르면 3개의 클러스터로 잘 구분되지만, 가장 큰 클러스터를 2개의 하위 그룹으로 나누려면 클러스터를 최대 7개까지 늘려야 한다. 전체 윤곽을 잘 파악하려면 가능한 한 적은 수의 클러스터를 갖는 것이 좋다. 따라서 우선 k−평균 방법을 통해 3개의 클러스터를 생성하자.

```
k_clust <- kmeans(d[,19], 3)
K_means_results <- cbind(k_clust$centers,
k_clust$size)colnames(K_means_results)= c("Cluster center", "Cluster size")
K_means_results
```

결과는 매우 고무적이다. 3개의 클러스터는 1,000개에서 4,000개의 값들을 갖고 있으며, 매우 높은 성과를 보인 그룹과 낮은 성과를 보인 그룹, 보통의 성과를 보인 그룹들로 잘 구분된다.

	Cluster center	Cluster size
1	9.405869	3972
2	48.067540	962
3	-16.627188	2264

이제 이 세 그룹의 평균 비율값들이 유의미한 차이를 보이는지 확인해보자. 이를 위해 Anova 테이블을 사용한다. 이 통계적인 툴을 이용해 그룹 평균들 간의 오차와 그룹 내의 표준편차를 비교한다. 판별이 가능하다면, 그룹들 간에 큰 차이를 발견할 수 있다. 하지만 같은 클러스터들에 있는 회사들의 차이를 발견하기는 쉽지 않다.

```
for(i in c(3,4,6,10,12,14,16,17)){ print(colnames(d)[i]); print(summary(
aov(d[,i]~k_clust$cluster  , d)))}
```

결과:

```
[1] "Cash.Assets.Y.1"
                 Df    Sum Sq    Mean Sq   F value   Pr(>F)
k_clust$cluster   1      7491       7491     41.94   1e-10 ***
Residuals      7195   1285207        179
---
Signif. codes:  0 '***' 0.001 '**' 0.01 '*' 0.05 '.' 0.1 ' ' 1
1 observation deleted due to missingness
[1] "Net.Fixed.Assets.to.Tot.Assets.Y.1"
                 Df    Sum Sq    Mean Sq   F value   Pr(>F)
k_clust$cluster   1     19994      19994     40.26   2.36e-10 ***
Residuals      7106   3529208        497
---
Signif. codes:  0 '***' 0.001 '**' 0.01 '*' 0.05 '.' 0.1 ' ' 1
90 observations deleted due to missingness
[1] "P.CF.5Yr.Avg.Y.1"
                 Df    Sum Sq    Mean Sq   F value   Pr(>F)
k_clust$cluster   1     24236      24236       1.2   0.273
Residuals      4741  95772378      20201
2455 observations deleted due to missingness
[1] "Asset.Turnover.Y.1"
                 Df    Sum Sq    Mean Sq   F value   Pr(>F)
k_clust$cluster   1         7      6.759     11.64   0.00065 ***
Residuals      7115      4133      0.581
---
Signif. codes:  0 '***' 0.001 '**' 0.01 '*' 0.05 '.' 0.1 ' ' 1
81 observations deleted due to missingness
[1] "OI...Net.Sales.Y.1"
                 Df    Sum Sq    Mean Sq   F value   Pr(>F)
k_clust$cluster   1      1461     1461.4     10.12   0.00147 **
Residuals      7196   1038800      144.4
---
Signif. codes:  0 '***' 0.001 '**' 0.01 '*' 0.05 '.' 0.1 ' ' 1
[1] "LTD.Capital.Y.1"
                 Df    Sum Sq    Mean Sq   F value   Pr(>F)
k_clust$cluster   1      1575     1574.6     4.134   0.0421 *
Residuals      7196   2740845      380.9
```

```
---
Signif. codes: 0 '***' 0.001 '**' 0.01 '*' 0.05 '.' 0.1 ' ' 1
[1] "Market.Cap.Y.1"
                Df    Sum Sq     Mean Sq   F value   Pr(>F)
k_clust$cluster  1  1.386e+08  138616578     2.543    0.111
Residuals     7196  3.922e+11   54501888
[1] "P.E.Y.1"
                Df   Sum Sq    Mean Sq   F value   Pr(>F)
k_clust$cluster  1    1735     1735.3     8.665   0.00325 **
Residuals     7196 1441046    200.3
---
Signif. codes: 0 '***' 0.001 '**' 0.01 '*' 0.05 '.' 0.1 ' ' 1
```

위 결과에서 R은 유의미한 결과에는 F 검정 확률(Pr) 뒤에 (*)를 표시한다. 그러므로 이전 테이블로부터 클러스터들 간에 있는 6개의 변수가 유의미한 차이가 있음을 보여준다. 클러스터들 간에 평균값을 구하기 위해 다음과 같은 코드를 사용할 수 있다.

```
f <- function(x)c(mean = mean(x, na.rm = T), N =
  length(x[!is.na(x)]), sd = sd(x, na.rm = T))
output <- aggregate(d[c(19,3,4,6,10,12,14,16,17)],
  list(k_clust$cluster), f)
rownames(output)= output[,1]; output[,1] <- NULL output <- t(output)
output <- output[,order(output[1,])]
output <- cbind(output, as.vector(apply(d[c(19,3,4,6,10,12,14,16,17)], 2,
f)))
colnames(output)<- c("Underperformers", "Midrange",
  "Overperformers", "Total")
options(scipen=999)print(round(output,3))
```

코드의 결과는 다음과 같다. 각 변수들은 3개의 행(평균과 개체수, 표준편차)을 갖고 있기 때문에 테이블이 매우 길다.

	낮은 성과 그룹	중간 그룹	우수한 성과 그룹	합계
Total.Return. YTD..I..mean	−16.627	9.406	48.068	6.385
Total.Return. YTD..I..N	2264.000	3972.000	962.000	7198.000
Total.Return. YTD..I..sd	12.588	8.499	17.154	23.083
Cash.Assets. Y.1.mean	15.580	13.112	12.978	13.870
Cash.Assets. Y.1.N	2263.000	3972.000	962.000	7197.000
Cash.Assets. Y.1.sd	14.092	12.874	13.522	13.403
Net.Fixed. Assets .to.Tot.Assets. Y.1.mean	26.932	29.756	31.971	29.160
Net.Fixed. Assets.to. Tot.Assets. Y.1.N	2252.000	3899.000	957.000	7108.000
Net.Fixed. Assets.to. Tot.Assets. Y.1.sd	21.561	22.469	23.204	22.347
P.CF.5Yr.Avg. Y.1.mean	18.754	19.460	28.723	20.274
P.CF.5Yr.Avg. Y.1.N	1366.000	2856.000	521.000	4743.000
P.CF.5Yr.Avg. Y.1.sd	57.309	132.399	281.563	142.133
Asset.Turnover. Y.1.mean	1.132	1.063	1.052	1.083
Asset.Turnover. Y.1.N	2237.000	3941.000	939.000	7117.000
Asset.Turnover. Y.1.sd	0.758	0.783	0.679	0.763
OI...Net.Sales. Y.1.mean	13.774	14.704	15.018	14.453

	낮은 성과 그룹	중간 그룹	우수한 성과 그룹	합계
OI...Net.Sales.Y.1.N	2264.000	3972.000	962.000	7198.000
OI...Net.Sales.Y.1.sd	11.385	12.211	12.626	12.023
LTD.Capital.Y.1.mean	17.287	20.399	17.209	18.994
LTD.Capital.Y.1.N	2264.000	3972.000	962.000	7198.000
LTD.Capital.Y.1.sd	18.860	19.785	19.504	19.521
P.E.Y.1.mean	20.806	19.793	19.455	20.067
P.E.Y.1.N	2264.000	3972.000	962.000	7198.000
P.E.Y.1.sd	14.646	13.702	14.782	14.159

위 결과에서 보는 바와 같이, 8개의 재무 비율 중 6개의 Anova 테이블에서 3그룹 간에 유의미한 차이가 있음을 확인할 수 있다. 이 방법으로 비선형 관계도 찾을 수 있다(이는 상관관계 비율과 대조적이다). 이와 관련된 좋은 예제는 현금 자산(Cash.Assets)이다. 매우 높은 성과를 보인 그룹과 평균 그룹은 유사하지만, 낮은 성과를 보인 그룹은 유의미하게 높은 현금을 보유하고 있음을 확인할 수 있다. 이것은 특정 수준보다 현금 자산이 낮은 경우, 주어진 주식이 좋은 투자가 아니라는 것을 의미한다. 자산 회전율에 대해 같은 패턴을 찾을 수 있다.

상관관계만 확인할 때, **가격/현금 흐름**Price/Cash flow, P/CF의 5년 평균은 숨겨진 나머지 관계를 찾기 위한 좋은 예제다. 이 비율은 J 형태를 보인다. 즉, 가장 낮은 값은 중간 그룹, 가장 높은 값은 좋은 성과를 보인 그룹이다.

이 결과를 바탕으로 가장 좋은 투자의 대상은 같은 기간 동안 낮은 현금 비율과 금융 레버리지(LT debt / 자본)를 갖고 있는 동시에 P/E와 자산 회전율이 평균이며 높은 고정 자산 그리고 P/CF 비율을 갖고 있다고 할 수 있다. 즉, 좋은 회사는 현재 자본을 효율적으로 이용한다. 너무 많지 않은 현찰로 자산 회전율을 평균으로 유지한다. 이 회사는 레버리지를 증가시킬 수 있는 여지가 있으며, 높은 P/CF를 통해 알 수 있는 좋은 현금 흐름 성장 전망을 갖고 있다. 이 선택 문제를 테스트하기 전에, 잠재 투자를 분리하기 위해 좀 더 정확한 규칙을 포함하거나 일부 기준을 제거해 단순하게 함으로써 개선할 수 있는지 확인해야 한다.

▌ 분류 규칙 설정

이제 다른 로직을 의사결정 단계에 적용해 두 결과를 비교해보자. 가장 좋은 수익률을 보이는 주식을 선택하자. 이를 위해 의사결정 나무decision or classification trees를 사용할 수 있다. 여기서 R은 주어진 변수들을 사용해 가장 효율적인 의사결정 나무를 만든다. 이전과 같이 joint 룰을 사용할 것이 아니라 우선 TRS에 따라 하위 그룹을 만들 수 있는 변수를 선택하자. 그러면 각 하위 그룹은 두 번째로 가장 효율적인 변수를 계속 선택한다. 이것의 결과가 의사결정 나무다.

```
d_tree <- d[,c(3:17,19)] vars <- colnames(d_tree)
m <- length(vars)
tree_formula <- paste(vars[m], paste(vars[-m], collapse = " + "), sep = "
~ ")
library(rpart)
tree <- rpart(formula = tree_formula, data = d_tree, maxdepth = 5,cp =
0.001)
tree <- prune(tree, cp = 0.003)
par(xpd = T)
plot(tree)
text(tree, cex = .5, use.n = T, all = T)
```

여기서 의사결정 나무는 다음 그림과 같이 5개의 레벨을 갖고 있다. 각 노드node에서 생성된 하위 그룹에 대한 평균 TRS 값들을 확인할 수 있다. 각 하위 그룹에서 의사결정 규칙도 함께 확인할 수 있다. 의사결정 규칙을 만족한다면, 아래 오른쪽 가지, 만족하지 않는다면 왼쪽 가지로 간다. 여기에서 살펴본 것과 같이, 높은 수익률을 가질 확률에 중점을 둔다. 생성된 하위 그룹을 확인하고 어떤 하위 그룹이 높은 TRS를 갖고 있는지 알기 위해 나무의 아랫부분을 확인한다.

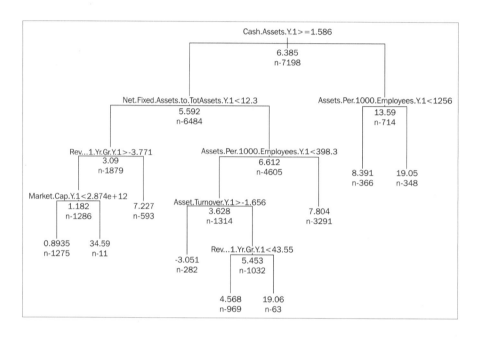

데이터베이스는 높은 평균 TRS를 갖고 있는 3개의 하위 그룹으로 나눠진다. 의사결정 나무를 바탕으로 현금 자산 비율을 확인해보자.

순고정 자산/총 자산의 비율이 1.6%보다 높거나 같은 회사들은 나눠져야 한다. 비율이 12.3보다 높고, 자산/직원 비율이 398 미만이며, 자산 회수율이 1.66 이하라면, 평균 TRS가 19%인 하위 그룹 회사를 얻기 위해서는 작년 1년 동안의 매출 성장률이 43.5%인 회사를 찾을 수 있다.

현금 자산(Cash/Asset)이 1.6% 이상이거나 같고 순고정 자산, 총 자산 비율이 12.3% 미만이면, 이전 연도에 비해 매출이 몇 % 성장했는지 살펴봐야 한다. 11개 회사의 비율은 3.77 이상이며, 시가총액이 USD 2만 8,740억을 초과한다. 그리고 TRS의 평균이 34.6%다.

좋은 성과를 낸 그룹의 세 번째 그룹을 살펴보자. 348개의 회사가 현금 비율이 1.6 이하고 자산/직원 비율이 2,156 이상인 회사들의 평균 TRS는 19%다.

이 세 그룹의 회사수와 분석한 전체 회사수를 비교하면, 첫 번째와 마지막 그룹을 통해 현실적인 투자 전략을 얻을 수 있다. 11개 회사로 이뤄진 그룹은 전체의 0.15%이므로 이는 랜덤 결과 또는 일반적이지 않은 예상치 못한 결과일 가능성이 크다.

정리하면, 높은 현금 비율(1.6 이상)은 높은 고정 자산 비율 12.3과 자산/종업원 가치 398 미만, 자산 회전율 1.66 미만, 전년 대비 연간 매출 증가율 43.5%를 같이 갖고 있어야 한다. 현금 비율이 1.6보다 낮다면 포트폴리오에서 주식을 선택하기 위해서는 자산/종업원은 2156보다 높아야 한다.

여기서 눈여겨봐야 할 점은 투자 의사를 결정할 때 이전에는 8개의 변수를 사용했지만, 이번에는 오직 5개의 변수들만 사용했다는 점이다. 그리고 오직 3개의 비율들만 존재한다(현금/자산과 고정 자산 비율, 자산 회수율). 두 가지 모두 의사결정 과정에 포함된다. 다음 단계에서는 두 가지 방법의 효율성을 비교한다.

▌ 백테스팅

백테스팅backtesting이라는 용어는 과거 데이터를 이용한 트레이딩 전략 결과 계산을 의미한다. 이 경우에는 같은 데이터를 사용한다. 왜냐하면 통계 모델이 그 데이터에서 최적화돼 효과를 과추정하기 때문이다. 실제로는 효율성을 더욱 객관적으로 측정하기 위해 다른 기간이나 다른 주식 그룹을 사용한다.

가장 좋은 성과를 낼 회사를 찾기 위해 사용한 방법과는 상관없이 투자 아이디어를 검증하는 방법은 같다. 결과를 통해 규칙을 발견하고, 이를 만족하는 회사를 선택한다(보통 다른 샘플을 사용). 그리고 다른 회사를 포함하고 있는 다른 클러스터를 생성한다. 마지막으로 두 그룹의 평균 또는 중위수의 값을 비교한다.

의사결정 나무의 변수 선택 규칙을 검증하기 위해 현금 비율 1.6 이상이며 고정 자산 비율 12.3% 이상, 자산/직원 비율 398 이하, 전년도 대비 매출 성장율 43.5%의 조건을 만족하는 회사들의 부분 집합을 생성한다.

```
d$condition1 <-(d[,3] > 1.6)
d$condition2 <-(d[,4] > 12.3)
d$condition3 <-(d[,5] < 398)
d$condition4 <-(d[,10] < 1.66)
d$condition5 <-(d[,13] > 43.5)
d$selected1 <- d$condition1 & d$condition2 & d$condition3 & d$condition4
& d$condition5
d$condition6 <-(d[,3]     <     1.6)
d$condition7 <-(d[,5]     >     2156)
d$selected2   <- d$condition6 & d$condition7
d$tree <- d$selected1 | d$selected2
```

이를 위해 2개의 새 변수들을 생성한다. 두 값 모두 조건을 만족할 경우 1 값을 갖고 만족하지 않으면 0 값을 갖는다. 다음으로 이전 변수들의 합인 세 번째 변수를 생성한다. 이 방법으로 두 가지 클러스터를 만들 수 있다. 1은 투자를 만족하는 회사를 의미하며, 0은 그 외 나머지를 나타낸다.

```
f <- function(x)c(mean(x), length(x), sd(x), median(x))
report <- aggregate(x = d[,19], by = list(d$tree), FUN = f )$x
colnames(report)= c("mean","N","standard deviation","median")
report <- rbind(report, f(d[,19]))
rownames(report)<- c("Not selected","Selected","Total")
print(report)
```

클러스팅을 다시 할 준비가 됐다면 ANOVA 테이블을 통해 선택한 회사와 선택하지 않은 회사의 성과를 비교할 수 있다. 유의적으로 다른 평균값이 이상값[outlier]으로 인한 것이 아니라는 것을 확실시하기 위해 중간값[median]도 확인하는 것이 현명하다. 이 경우 중간값에서도 큰 차이를 보이기 때문에 분류가 잘된 것으로 보인다.

	mean	N standard deviation	median
Not selected	5.490854 6588	22.21786	3.601526
Selected	19.620651 260	24.98839	15.412807
Total	6.384709 7198	23.08327	4.245684

클러스터를 기반으로 하는 투자 아이디어를 검증하는 방법은 좀 더 복잡하다. 여기서 좋은 회사들이 속한 클러스터의 평균이 다른 2개의 그룹에 비해 다른 것을 볼 수 있었다. 여기서 중요한 건 클러스트를 생성했기 때문에 이 차이를 볼 수 없다는 점이다. 사용자가 로직을 고민하고 재무적 비율에 대한 기준을 판단했기 때문에 더 좋은 회사들을 분리해낼 수 있었다.

각 변수들이 유의미한 차이를 보이는지 확인하고 허용 가능한 범위를 만들어야 한다. 허용 범위가 적다면 주식을 조금만 선택하게 되고, 범위가 너무 넓다면 그룹들 간에 TRS의 차이가 없어진다. 여기서는 중앙값을 다시 사용하는 것이 유용하다.

다음 코드를 이용하면 이전에 구한 3개의 클러스터의 평균과 중앙값을 구할 수 있다. 공간을 아끼기 위해 원래 이름들을 사용해 테이블을 프린트할 때, 다음과 같이 3개의 그룹에 숫자를 부여한다.

1. Underperformers
2. Mid-range performers
3. Overperformers

코드는 다음과 같다.

```
d$cluster = k_clust$cluster
z <- round(cbind(t(aggregate(d[,c(19,3,4,6,10,12,14,16,17)],
list(d$selected),function(x)mean(x, na.rm = T))),
t(aggregate(d[,c(19,3,4,6,10,12,14,16,17)], list(d$selected),function(x)
median(x, na.rm = T))))[-1,], 2)
> colnames(z)= c("1-mean","2-mean","3-mean","1-median", "2-median",
"3-median")
```

```
> z
```

```
                                1-mean 2-mean 3-mean 1-median 2-median 3-median
Total.Return.YTD..I.            -16.62   9.41  48.07   -13.45     8.25    42.28
Cash.Assets.Y.1                  15.58  13.11  12.98    11.49     9.07     8.95
Net.Fixed.Assets.to.Tot.Assets.Y.1  26.93  29.76  31.97    21.87    24.73    26.78
P.CF.5Yr.Avg.Y.1                 18.75  19.46  28.72    11.19    10.09    10.08
Asset.Turnover.Y.1                1.13   1.06   1.05     0.96     0.89     0.91
OI...Net.Sales.Y.1               13.77  14.71  15.02    10.59    11.23    11.49
LTD.Capital.Y.1                  17.28  20.41  17.21    11.95    16.55    10.59
Market.Cap.Y.1                  278.06 659.94 603.10     3.27     4.97     4.43
P.E.Y.1                          20.81  19.79  19.46    16.87    15.93    14.80
```

다음 표는 클러스터의 Anova 테이블에 기반을 두고 만든 규칙들을 보여준다. 작은 차이 또는 겹치는 범위 때문에 기준 규칙을 만들 때 3개의 변수를 사용하지 않는다. 잊지 말아야 할 것은 좋은 성과를 보인 회사들을 구분하기 위해 중간 수준의 성과를 낸 회사가 겹쳐 있는 것은 허용해줘야 한다는 점이다(중간 수준의 회사는 실제로 중간에 위치하도록 허용 범위를 넓게 잡는다).

	현금/ 자산	순고정 자산/ 자산 총액	P/CF 5년 평균	자산 회전율	OI/ 순매출액	LTD/ 자본	마켓 캡(M)	P/E
Min	none	23	dropped	none	11	dropped	dropped	none
Max	14	none	dropped	1,7	none	dropped	dropped	20

표 1

다음 코드를 사용해 모든 요구 조건들을 하나의 변수로 정리한다. 그리고 마지막으로 비교 테이블을 생성한다.

```
d$selected <-(d[,3] <= 14)&(d[,4] >= 23)&(d[,10] <= 1.7)&(d[,12]
>= 11)&(d[17] <= 20)
d$selected[is.na(d$selected)] <- FALSE
h <- function(x)c(mean(x, na.rm = T), length(x[!is.na(x)]), sd(x, na.rm
```

```
= T), median(x, na.rm = T))
backtest <- aggregate(d[,19], list(d$selected), h)
backtest <- backtest$x
backtest <- rbind(backtest, h(d[,19]))
colnames(backtest)= c("mean", "N", "Stdev", "Median")
rownames(backtest)= c("Not selected", "Selected", "Total")
print(backtest)
                   mean     N    Stdev    Median
Not selected   5.887845  6255  23.08020  3.710650
Selected       9.680451   943  22.84361  7.644033
Total          6.384709  7198  23.08327  4.245684
```

선택된 회사들의 평균은 9.68%인데 반해 중앙값은 7.6%다. 그러므로 평균값, 중앙값 모두 의사결정 나무를 사용한 결과가 더 나은 성과를 보여준다는 결론을 내릴 수 있다.

```
d$tree <- tree$where%in% c(13,17)
crosstable <- table(d$selected, d$tree)
rownames(crosstable)= c("cluster-0","cluser-1")
colnames(crosstable)= c("tree-0","tree-1")
crosstable <- addmargins(crosstable)
crosstable

            tree-0 tree-1    Sum
 cluster-0    5970    285   6255
 cluser-1      817    126    943
      Sum    6787    411   7198
```

여기서 두 전략은 매우 다르다는 것을 알 수 있다. 두 전략에서는 오직 126개의 회사만 선택했다. 이 회사들에게 특별한 점이 있을까? 그렇다. 이 주식들의 평균 TRS는 19.9%, 중앙값은 14.4%며, 이는 다음과 같이 구할 수 있다.

```
mean(d[d$selected & d$tree,19])
[1] 19.90455
median(d[d$selected & d$tree,19])
[1] 14.43585
```

▌특정 산업 투자

여태까지는 전체 샘플을 하나로 봤다. 몇 가지 산업에만 집중해 의사결정을 하는 것이 더 나을 수 있다. 투자할 회사를 선택할 때는 과거의 성과만 보고 결정하면 안 된다. 우선 몇 년 동안의 세계 경제 트렌드를 보고 이와 유사한 움직임을 보이는지 분석해야 한다. 그리고 미래값들을 예측해 이 중 가장 좋은 결과값을 갖는 것을 선택해야 한다. 이 방법을 이용하면 포트폴리오 내에서 산업에 적용할 수 있는 올바른 가중값을 결정할 수 있다. 하지만 여전히 다른 주식들에 비해 좋은 성과를 보이는 주식을 선택해야 한다.

물론, 특정 산업을 선택했다면, 결정된 투자 규칙이 전체 샘플에 적용된 것과 다를 수 있다. 그러므로 투자 성과를 향상시키기 위해 각각의 산업에 대해 앞에서 다뤘던 단계들을 적용해야 할 수도 있다.

이와 동시에 선택한 데이터(기간과 산업, 회사 크기)가 더 명확할수록 다른 샘플이나 미래에 대해 좋은 성과를 보여주는 전략을 생성하기는 쉽지 않다. 전략의 자유도를 높이면(서브 샘플에 대한 통계적 테스트를 모두 다시 실행), 주어진 샘플에 대한 많은 랜덤 사건의 효과를 반영해 샘플에 대해 완벽에 가깝게 만들 수 있다. 이 랜덤 효과들이 다시 일어나지 않게 되면, 어느 정도 한도를 초과해 랜덤 효과를 모델에 반영한 것은 더 많은 유연성이 더해지면서 최종 결과를 악화시킬 수 있다.

예제에서는 Communications를 선택했다. 여기에 의사결정 나무를 사용하면 다음과 같은 그림을 얻을 수 있다. 이에 따르면 순고정 자산 비율은 8.06% 이상이며, 작년 매출액이 21% 미만이지만, 1.31% 이상 증가한 기업에 투자해야 한다.

```
d_comm <- d[d[,18] == "Communications",c(3:17,19)] vars <- colnames(d_comm)
m <- length(vars)
tree_formula <- paste(vars[m], paste(vars[-m], collapse = " + "), sep = "
~ ")library(rpart)
tree <- rpart(formula = tree_formula, data = d_comm, maxdepth = 5,cp =
0.01, control = rpart.control(minsplit = 100))
tree <- prune(tree, cp = 0.006)
par(xpd = T)
plot(tree)
text(tree, cex = .5, use.n = T, all = T)
print(tree)
```

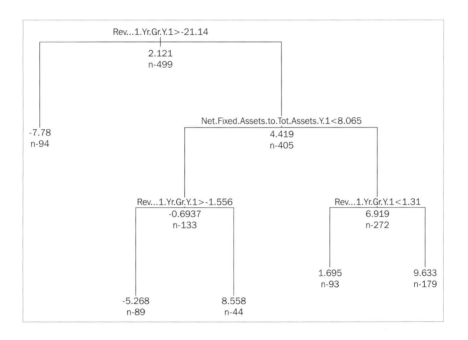

이와 동시에, 주어진 기간의 일반적인 샘플을 기반으로 전략을 수립할 경우, 주어진 해에
좋은 성과를 보인 특정 사업에 초과된 가중값을 적용하는 결과를 초래할 수 있다. 앞으로
도 같은 분야가 선호될 거라는 보장은 없다. 따라서 전략을 수립한 후에는 전략에 심각한
사업 의존성이 있는지 확인해야 한다.

산업과 의사결정 나무 간의 관계를 컨트롤하는 크로스 테이블에 따르면, 에너지 및 공공설비(Energy와 Utilities) 부분에 큰 가중값을 뒀음을 알 수 있다. 이와 동시에, 클러스터에 기반을 둔 전략은 재료^{material} 부분에 추가 가중값을 부여했다. 후자에 대한 코드는 다음과 같다.

```
cross <- table(d[,18], d$selected)
colnames(cross)<- c("not selected", "selected")
cross
```

	not selected	selected
Communications	488	11
Consumer Discretionary	1476	44
Consumer Staples	675	36
Energy	449	32
Financials	116	1
Health Care	535	37
Industrials	1179	53
Materials	762	99
Technology	894	7
Utilities	287	17

```
prop.table(cross)
```

	not selected	selected
Communications	0.0677966102	0.0015282023
Consumer Discretionary	0.2050569603	0.0061128091
Consumer Staples	0.0937760489	0.0050013893
Energy	0.0623784385	0.0044456794
Financials	0.0161155877	0.0001389275
Health Care	0.0743262017	0.0051403168
Industrials	0.1637954987	0.0073631564
Materials	0.1058627396	0.0137538205
Technology	0.1242011670	0.0009724924
Utilities	0.0398721867	0.0023617672

우리의 전략이 전 산업에 걸쳐 좋은 성과를 거두고 있는지 알아보고 싶다면, 선택한 회사의 평균 TRS를 살펴봐야 한다. 이런 테이블을 생성하려면 다음과 같은 명령어를 사용해야 한다. 결과는 의사결정 나무를 기반으로 하는 전략이 어떻게 수행되는지 보여준다(선택되지 않을 경우 0, 선택됐을 경우 1이다).

```
t1 <- aggregate(d[ d$tree,19], list(d[ d$tree,18]), function(x)
c(mean(x), median(x)))
t2 <- aggregate(d[!d$tree,19], list(d[!d$tree,18]), function(x)
c(mean(x), median(x)))
industry_crosstab <- round(cbind(t1$x, t2$x),4)
colnames(industry_crosstab)<- c("mean-1","median-1","mean-0","median-0")
rownames(industry_crosstab)<- t1[,1]
industry_crosstab
```

	mean-1	median-1	mean-0	median-0
Communications	10.4402	11.5531	1.8810	2.8154
Consumer Discretionary	15.9422	10.7034	2.7963	1.3154
Consumer Staples	14.2748	6.5512	4.5523	3.1839
Energy	17.8265	16.7273	5.6107	5.0800
Financials	33.3632	33.9155	5.4558	3.5193
Health Care	26.6268	21.8815	7.5387	4.6022
Industrials	29.2173	17.6756	6.5487	3.7119
Materials	22.9989	21.3155	8.4270	5.6327
Technology	43.9722	46.8772	7.4596	5.3433
Utilities	11.6620	11.1069	8.6993	7.7672

Consumer Staples의 경우, 중앙값이 선택되지 않은 것들의 값에 가깝기는 하지만, 앞의 결과에서 살펴봤듯이 우리의 전략이 모든 산업 부분에서 꽤 잘 수행되고 있음을 알 수 있다. 즉, 어떤 산업 부분에 대해서는 좋은 결과를 갖지 않을 수 있으며, 선택된 회사의 TRS가 선택되지 않은 그룹보다 오히려 낮을 수도 있다. 이 경우, 우리의 모델이 잘 작동하지 않은 산업 부분에 대해서는 따로 주식 결정 모델을 만든다.

▌요약

9장에서는 기본적 전략에 기본을 둔 투자 전략을 수립하기 위한 R의 사용 방법을 살펴봤다. 데이터베이스를 R에 로딩한 이후, 먼저 TRS와 강한 관계를 갖고 있는 변수가 있는지 확인한다. 그 후 이것의 선형 결합이 잘 수행되는지 살펴본다.

허용 가능한 결과를 갖는 방법을 찾지 못했다면, 다른 로직을 적용해본다. TRS 성과를 바탕으로 회사의 클러스터를 생성하고 성과가 좋은 회사가 어떤 것인지 확인해본다. 또한 의사결정 나무도 높은 TRS를 갖는 회사에 적용해본다. 그리고 결과들을 바탕으로 주식 결정 규칙을 정하고 백테스팅을 수행한다.

예제를 보면 개별 설명 변수와 성과가 강한 선형 관계를 보이지 않는다고 하더라도 효율적인 기본적 주식 선택 전략을 수립하는 것이 가능하다. 이 테크닉을 적용할 때는 한계를 잊지 말아야 한다. 유연성이 너무 높은 것은 좋지 않다. 여러 샘플을 적합해 과거 데이터에 완벽에 가깝게 적합된 모델의 경우, 미래를 잘 예측하지 못할 수 있다.

▌참고문헌

- Brealey, Richard – Myers, Stewart – Marcus, Alan(2011). Fundamentals of Corporate Finance, McGraw–Hill/Irwin; 7th edition

- Ross, Stephen – Westerfield, Randolph – Jordan, Bradford D.(2009). Fundamentals of Corporate Finance Standard Edition McGraw–Hill/Irwin; 9th edition

- Koller, Tim – Goedhart, Marc – Wessels, David(2010). Valuation, Measuring and managing the value of companies, 5th edition, John Wiley & Sons, New York

- Damodaran, Aswath(2002). Investment Valuation, Tools and Techniques for Determining the Value of Any Asset, John Wiley & Sons, Inc., New York

10

기술적 분석과 뉴럴 네트워크, 로그옵티멀 포트폴리오

10장에서는 포트폴리오의 성과를 향상시킬 수 있는 기술적 분석technical analysis과 뉴럴 네트워커neural networks, 로그 옵티멀(예: 랜덤 워크) 포트폴리오logoptimal portfolios 방법을 소개한다. 이 방법들은 공통적으로 과거 값의 움직임이 미래 트렌드를 예측하는 데 도움을 줄 수 있다고 가정한다. 즉, 가격은 마코브 프로세스Markov process를 따르지 않는다고 가정한다. 하지만 대체로 시장은 효율적이지 않기 때문에 과거의 패턴이 미래에 다시 반복될 수 있다.

첫 번째 파트에서는 기술적 분석에서 가장 일반적으로 사용하는 방법을 소개하고, 이를 R 환경에서 구현하는 방법을 논한다. 두 번째 파트에서는 뉴럴 네트워크의 개념과 R에서 구현된 함수를 다룬다. 기술적 분석과 뉴럴 네트워크를 비트코인 데이터베이스에 적용한다. 따라서 단일 자산을 중심으로 매도와 매수를 위한 신뢰할 만한 신호를 알아본다. 마지막으로 세 번째 파트에서는 로그 최적 포트폴리오 전략을 다룬다. 이를 통해 장기적으로 여러 자산(여기서는 NYSE 주식을 예제로 사용)으로 이뤄진 포트폴리오를 최적화할 수 있다.

10장의 주요 목적은 개념을 넓게 살펴보고 관련된 프로그램에 대한 몇 가지 예제를 위한 일반적인 툴을 소개하는 것이다. 따라서 여기서는 관련된 내용을 간결하게 설명하고 있으며 독자들이 이 분야에 대한 통찰력을 넓히고 더 깊이 배우길 원한다면 참고문헌을 살펴보기 바란다.

▌ 시장 효율성

시장이 효율적이라는 것은 모든 정보가 현재 가격에 반영돼 있다는 의미다. 약한 형태의 시장 효율성은 '가장 최근 가격은 이미 과거 가격의 차트와 거래량에서 얻은 모든 정보를 이미 반영하고 있다'는 것을 의미한다. 따라서 시장이 약한 형태의 효율성을 갖고 있다면 수익률은 시간에 완전히 독립적이 될 것이다. 그리고 기술적 분석과 뉴럴 네트워크, 로그 옵티멀 포트폴리오 이론에 바탕을 둔 전략은 쓸모가 없을 것이다(Hull(2009), Model of the behavior of stock prices).

하지만 주어진 시장의 효율성은 순전히 경험적 문제다. 실제 세상에서 자산 수익률이 완전히 시간 독립적이라고 확신할 수 없다. 따라서 시장 효율성을 사실로만 받아들이지 말고, 독자만의 새로운 기술 전략을 개발하고 적용해 시장 효율성을 직접 테스트해보자. 과거 거래 데이터에 잘 칼리브레트된 독자의 전략이 충분히 견고하고 미래에도 잘 적용된다는 것이 입증된다면 그 보상으로 시장에서 추가 수익을 얻을 수 있을 것이다. 연구에 따르면, 예를 들어 이머징 환율 시장은 유동성과 중앙 시장의 개입으로 인해 효율성이 떨어지는 반면(Tajaddini–Crack(2012)), 대부분의 기술 전략은 더 발전된 미국 주식 시장에 적용되지 않는다(Bajgrowicz–Scaillet(2012), Zapranis–Prodromos(2012)). 더 나아가 동일한 연구에 따르면 기술적 거래가 성공적일 때 이것이 기본적 분석과 합쳐진다면 더욱 성공적이 될 수 있다(Zwart 등, 2009).

오늘날 여전히 주요 방법이 아님에도 불구하고 기술적 분석은 기본적인 투자자 사이에서 널리 사용되고 있다. 이것은 주로 자기 충족 본성self-fulfilling nature 때문이다. 시장에서 많은 투자자가 TA 툴을 이용한다는 것이 알려지면서 기술적 분석이 더 많은 관심을 받게 됐다. 예를 들어, 주요 인덱스 차트가 200일 이동 평균으로 붕괴되면 헤드라인에 등장하고 판매 흐름을 일으킬 수 있다.

▌ 기술적 분석

기술적 분석 Technical analysis, TA은 이것의 예측력을 과대평가하지 않는다면 더 좋은 결과를 달성할 수 있다. 기술적 분석은 특히 단기 트렌드를 예측하고 시장의 상태를 나타내는 데 유용하다. 기본적 투자자(그리고 10장의 저자 중 한 명)는 매도와 매수할 지점을 선택할 때 사용한다. 시장 방향을 뒷받침할 만한 기본적인 관점을 이미 갖고 있을 경우, 단기적인 최적 선택을 하는 데 도움이 된다. 또한 이것은 잘못 선택한 포지션 사이즈(트렌드 강도의 지표)나 손의 흔들림(사인이 있을 때만 판매), 버튼을 누르지 못한 것(사인이 있을 경우 판매) 등과 같은 일반적인 거래상의 결함을 없앨 수 있다.

기술 부분으로 넘어가기 전에 기억해야 할 세 가지의 황금률은 다음과 같다.

1. **각 시장에는 작동하는 툴이 있다.** 예를 들어, 머리 어깨형은 주로 주식 차트에 나타나는 반면, 지원-저항 레벨은 외환 시장에서의 거래를 강화시킨다. 그리고 시장마다 각 자산은 다를 수 있다. 따라서 관심 있는 실제 자산과 관련된 맞춤형 지표와 뉴럴 네트워크를 사용한다.

2. **고통이 없으면 얻는 것도 없다.** 성배는 없다는 것을 기억하자. 어떤 투자자가 거래의 60%에서 승리했다면 그것은 성공할 수 있는 거래 전략을 발견했다는 것을 의미한다.

3. **충동 투자를 피하자.** 아마 이것이 제일 중요할 것 같다. 최근 거래에서 손실을 봤다는 것이 미래 결정에 영향을 미치지 않도록 해야 한다. 사인이 있을 때만 거래한다.

거래 계좌를 계설하려면 돈 관리(위기와 포지션 사이즈, 레버리지)와 거래 심리(탐욕과 공포, 희망, 후회)에 대해 자세히 공부하자.

TA 툴킷

기술적 분석에는 많은 도구가 있지만, 네 가지 주요 카테고리로 나눌 수 있다. 사용자가 사용하기 편한 도구들보다는 예전 도구들을 사용하는 것이 좋다. 예전 것들은 전문가들이 더 많이 살펴보고 있으며 가격 움직임에 더 민감하기 때문이다.

1. **지원-저항과 가격 채널**: 가격 수준은 주로 거래에 영향을 미친다. 전략적 수준은 가격 수준이 떨어지는 것을 막는 지원의 역할을 하거나 가격이 오르는 것을 방해하는 저항의 역할을 한다. 주요 트렌드 조건에 적용되는 평행선은 가격 채널을 정의한다(증가 트렌드는 바텀, 감소 트렌드는 톱). 이것은 다음 카테고리의 차트 패턴과 같은 톱-바텀top-bottom 분석 도구다.

2. **차트 패턴 - 머리 어깨형, 찻잔**: 이것들은 쉽게 판별할 수 있기 때문에 아마도 많이 들어봤을 것이다. 차트 패턴은 기술적 분석 중 가장 많이 사용되는 툴이다. 차트 패턴은 3개의 카테고리(트렌드 메이커(돛대), 트렌드 브레이커(더블 톱), 결정을 위한 시그널(삼각형))로 나눠진다. 또한 10장의 범위에서 벗어나는 좀 더 직관적으로 프로그램하기 어려운 것들도 존재한다.

3. **캔들 패턴**: 캔들 차트는 가장 널리 사용되고 있다. 이것은 신호를 찾아내고 아침별이나 3명의 백인 병사, 유명한 키 전환과 같은 이름을 부여한다. 다른 TA 툴보다 전략적 가격 레벨과 같은 다른 신호와 결합했을 때 중요하다. 5개의 캔들로 이뤄진 패턴 2개의 조합일 수 있다.

4. **지표**: 앞으로 우리가 가장 많이 다룰 형태다. 이는 프로그램을 하기 쉬우며, **높은 빈도의 거래**high frequency trading, HFT 그리고 알고리즘 결정과 빠른 시장 요구에 기반을 둔 전략에 바탕을 둔 지표 역할을 한다. 이 지표는 4개의 카테고리, 즉 관성

기반^{momentum-based}, 트렌드 동조^{trend follower}, 자금 흐름(물량에 기반을 둔), 변동성 기반을 갖고 있다.

10장에서는 수식 3과 4의 요소를 결합한 전략을 다룬다. 그리고 지표와 키 전환 시그널을 이용해 잠재적인 트렌드의 전환을 살펴본다.

시장

우선 각자의 시장에 가장 잘 적용되는 TA 도구를 찾아야 하지만, 일반적으로 공식화될 수 있는 것들이 있다.

1. **주식**은 보통 차트 형식의 패턴으로 표현하기 쉽고, 이를 캔들 패턴과 이동 평균으로 나타내기 쉽다. 비대칭은 중요한 정보. 비록 원자재^{commodities}에는 이런 경우가 별로 없지만, 예상치 못한 사건으로 새로운 가격 움직임이 변화할 수 있다.

2. **외환**^{FX}은 전 세계에서 연속적으로 거래되고 있으며, 두 가지로 나눠질 수 있다. 첫 번째로 전체 거래 데이터가 존재하지 않으므로 가격 변화의 중요성을 판단하기 위해 시장 유동성에 대한 일반적인 판단을 할 수 있어야 한다. 예를 들어, 여름에는 유동성이 낮기 때문에 매수가 적더라도 변동성을 발생시킬 수 있다. 두 번째로 서로 다른 사람들이 다른 시간에 거래를 하고 있고, 각자 다른 습관을 갖고 있다. 예를 들어, EURJPY에서 미국과 유럽 거래 시간에는 10단위에 가까운 숫자들이 심리적으로 선호되는 반면, 아시아 거래 시간에는 8(8은 행운의 숫자로 여겨진다)로 바뀐다. TA 툴킷 관점에서 볼 때, 삼각형과 돛대형 외의 특정적 차트 패턴은 사용하지 않는다. 지원−저항 레벨과 가격 채널, 시간대, 지연−발사 역학^{stuck-launch dynamics}, 피보나치 비율이 주로 사용된다.

차트 그리기 – 비트코인

트레이딩 프로그램에서 차트를 그리는 기능이 비싼 수수료 문제 등으로 인해 제공되지 않거나 그래프가 깔끔하지 않다면 R을 이용해 그래프를 그릴 수 있다. 비트코인 차트를 그리는 예제를 살펴보자. 비트코인은 2014년 여름에 유명해진 크립토 통화며, 가격이 $1보다 적은 값에서 최고 $1162까지 올라간 새로 만들어진 아직 성숙하지 않은 통화다. 이것은 소수의 투자자들에게 여러 가지 문제를 야기한다. 어떻게 차트를 그릴 수 있을까? 비록 비트스탬프^{BitStamp}가 존재하지만, 이는 사용하기 쉽지 않은 플랫폼이며, 데이터들은 아직까지 스프레드시트 포맷으로 존재한다.

소스 데이터는 http://bitcoincharts.com/에서 다운로드할 수 있다. 여기서 우리는 라이브 데이터를 그래프화할 수 있는 코드를 포함시켜 이것이 마치 라이브 차트 툴인 것처럼 사용해본다. 이를 통해 전문 소프트웨어에 들어가는 수백 달러를 아낄수 있다. 여기서는 많이 사용되고 있는 캔들스틱 차트(또는 OHLC)를 그려본다. 그전에 이것이 어떻게 작동되는지 설명하는 그래픽을 살펴보자.

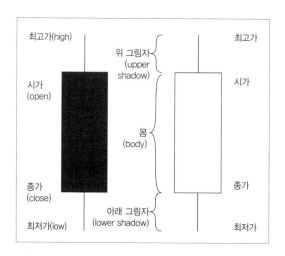

여기서 우리는 OHLC 차트를 그리는 라이브 데이터를 갖고 오는 프로그램 코드를 제공한다.

인터넷에서 데이터를 얻기 위해 RCurl 패키지를 이용한다. 우선 다음 함수를 살펴보자.

```
library(RCurl)
get_price <- function(){
```

우선 웹 사이트 전체를 스트링으로 읽기 위해 RCurl 패키지의 URL 함수를 이용한다.

```
a <- getURL("https://www.bitcoinwisdom.com/markets/bitstamp/btcusd",
  ssl.verifypeer=0L, followlocation=1L)
```

HTML 코드를 살펴보면 찾고 있는 비트코인 가격을 쉽게 발견할 수 있다. 함수는 숫자값으로 리턴한다.

```
  n <- as.numeric(regexpr("id=market_bitstampbtcusd>", a))
  a <- substr(a, n, n + 100)
  n <- as.numeric(regexpr(">", a))
  m <- as.numeric(regexpr("</span>", a))
  a <- substr(a, n + 1, m - 1)
  as.numeric(a)
}
```

또는 정확히 같은 정보를 XML 패키지의 도움을 받아 구할 수 있다. 이 패키지는 HTML과 XML 파일들을 파싱 작업하며, 이를 통해 정보를 추출한다.

```
library(XML)
as.numeric(xpathApply(htmlTreeParse(a, useInternalNodes = TRUE),
  '//span[@id="market_bitstampbtcusd"]', xmlValue)[[1]])
```

여기서 가격 데이터를 얻는 것은 데모를 보여주기 위한 것이다. 라이브 가격 데이터는 우리의 브로커를 통해 제공됐다(이는 R에서 계속 사용할 수 있다). 이제 라이브 캔들 차트를 어떻게 그리는지 알아보자.

```
DrawChart <- function(time_frame_in_minutes,
  number_of_candles = 25, l = 315.5, u = 316.5){

  OHLC <- matrix(NA, 4, number_of_candles)
  OHLC[, number_of_candles] <- get_price()
  dev.new(width = 30, height = 15)
  par(bg = rgb(.9, .9, .9))
  plot(x = NULL, y = NULL, xlim = c(1, number_of_candles + 1),
    ylim = c(l, u), xlab = "", ylab = "", xaxt = "n", yaxt = "n")
  abline(h = axTicks(2), v = axTicks(1), col = rgb(.5, .5, .5), lty = 3)
  axis(1, at = axTicks(1), las = 1, cex.axis = 0.6,
    labels = Sys.time()-(5:0)* time_frame_in_minutes)
  axis(2, at = axTicks(2), las = 1, cex.axis = 0.6)
  box()
  allpars = par(no.readonly = TRUE)
  while(TRUE){
    start_ <- Sys.time()
    while(as.numeric(difftime(Sys.time(), start_, units = "mins"))<
      time_frame_in_minutes){
      OHLC[4,number_of_candles] <- get_price()
      OHLC[2,number_of_candles] <- max(OHLC[2,number_of_candles],
        OHLC[4,number_of_candles])
OHLC[3,number_of_candles] <- min(OHLC[3,number_of_candles],
    OHLC[4,number_of_candles])
      frame()
      par(allpars)
      abline(h = axTicks(2), v=axTicks(1), col = rgb(.5,.5,.5),
        lty = 3)
      axis(1, at = axTicks(1), las = 1, cex.axis = 0.6,
        labels = Sys.time()-(5:0)*time_frame_in_minutes)
      axis(2, at = axTicks(2), las = 1, cex.axis = 0.6)
      box()
      for(i in 1:number_of_candles){
        polygon(c(i, i + 1, i + 1, i),
          c(OHLC[1, i], OHLC[1, i], OHLC[4, i], OHLC[4, i]),
            col = ifelse(OHLC[1,i] <= OHLC[4,i],
              rgb(0,0.8,0), rgb(0.8,0,0)))
        lines(c(i+1/2, i+1/2), c(OHLC[2,i], max(OHLC[1,i],
          OHLC[4,i])))
```

```
      lines(c(i+1/2, i+1/2), c(OHLC[3,i], min(OHLC[1,i],
        OHLC[4,i])))
      }
      abline(h = OHLC[4, number_of_candles], col = "green",
        lty = "dashed")
    }
    OHLC <- OHLC[, 2:number_of_candles]
    OHLC <- cbind(OHLC, NA)
    OHLC[1,number_of_candles] <- OHLC[4,number_of_candles-1]
  }
}
```

이 코드를 모두 이해하기 위해서는 프로그래밍 경험이 있어야 한다. 알고리즘을 요약하면 다음과 같다. 무한 루프 안에서 가격 데이터를 읽고, 이를 4개의 행을 OHLC 값으로 갖고 있는 매트릭스에 저장한다. 매트릭스에서 마지막 열은 특정 기간 동안 언제나 H가 관찰된 값 중 가장 큰 값이고, L이 가장 낮은 가격을 확인하기 위해 다시 계산된다. 매트릭스에서 특정 기간 동안 언제나 H가 관찰된 값 중 가장 큰 값이고, L이 가장 낮은 가격인지 확인하기 위해 마지막 열은 다시 계산된다. time_frame_in_minutes 변수로 결정되는 시간이 매트릭스 열의 최대에 도달했을 때, 가장 오래된 관찰값(첫 번째 열)들은 제거되며, 각 열은 다음 것으로 대체된다. 첫 번째 열은 O(Open) 가격들을 제외하고 NA 값으로 채워진다. 이것은 이전 열의 종가를 의미하기 때문에 차트는 연속형의 형태를 갖는다.

남은 코드는 캔들을 폴리곤 방법polygon method을 이용해 그리는 것이다(이 작업은 이미 존재하는 함수를 이용할 수도 있으며, 이는 나중에 다룬다)

이제 이 함수를 호출해보자.

```
DrawChart(30,50)
```

4장, '빅데이터 – 고급 분석'에서 데이터 작업에 대한 좀 더 자세한 내용을 확인할 수 있다.

빌트인 지표

R은 **단순 이동 평균**simple moving average, SMA과 **지수 이동 평균**EMA, **상대적 강약 지수**RSI, 잘 알려진 MACD와 같은 빌트인 지표built-in indicator를 많이 보유하고 있다. 이들은 기술적 분석에서 필수적인 부분에 해당한다. 이 분석의 가장 큰 목적은 상대적인 벤치마크를 시각화해 자산을 올바른 가격에 매수했는지, 상대적으로 좋은 성과를 내고 있는지, 특정 기준 기간에 대해 전략적 수준이 어떤지를 파악하는 것이다. 여기서는 이들이 각각 어떤 것인지 간단히 설명하고 이를 차트에 그리는 방법을 다룬다.

SMA와 EMA

이동 평균은 가장 간단한 지표다. 이것은 평균 가격의 수준을 수시로 보여준다. 예를 들어, 15캔들 SMA를 사용할 때, 이전 15개의 캔들로 평균 가격 수준을 보여준다. 현재 캔들의 시간이 끝나면 새로운 캔들이 시작되며, SMA는 이전 것의 첫 번째 캔들을 버리고 가장 최근 것 1개를 대신 취해 새로운 평균을 계산한다. SMA와 EMA의 차이는 SMA는 모든 캔들에 같은 가중값을 취하고, EMA는 지수적 가중값을 부여한다는 것이다. 그러므로 현재 값이 이전 값에 비해 더 무거운 가중값을 갖는다. 현재 가격 수준을 더 중점적으로 벤치마크하고 싶다면, 이 방법은 좋은 접근 방식일 것이다. 그리고 가격 수준에 변화가 생기면 더 빠르게 반응할 수 있을 것이다. 이것은 차트에 직접 겹쳐 그릴 수 있는 지표다.

RSI

상대적 강도 지수relative strength index, RSI는 밴드 지표다. 이 값은 3개의 밴드를 갖고 있으며, 0부터 100까지 범위가 다양하다. 0 ~30 사이의 RSI는 과매도, 70에서 100 사이는 과매수를 의미한다. RSI는 가격 변동의 강도를 상대적인 강도 비율값을 사용해 판단한다. 평균 가격은 상승분에서 평균 가격의 하락분으로 나눈다. 평균에 사용되는 합계 기간은 다양하며, 70이 가장 많이 사용된다.

$$RSI = 100 - \frac{100}{(1+RS)}; \quad RS = \frac{average\ of\ upcloses}{average\ of\ downcloses}$$

위 식에서 볼 수 있듯이 이 지수는 대부분 강한 트렌드를 보여준다. 가격이 과매수 또는 과매도 수준에 있다 하더라도 이 지수를 조심스럽게 사용해야 한다. 언제나 다른 종류의 지수와 결합해 사용하거나 트렌드 브리커trend breaker와 같은 차트의 패턴을 참고해야 한다. 예를 들어, 매수 포지션을 취한 자산이 과매수였다는 것을 보인다면 포지션 사이즈를 줄이거나 경고 표시를 찾아야 한다.

여기서 지표와 이동 평균을 추적하는 방법을 살펴볼 수 있다.

```
library(quantmod)
bitcoin <- read.table("Bitcoin.csv", header = T, sep = ",", row.names =
1)
bitcoin <- tail(bitcoin, 150)
bitcoin <- as.xts(bitcoin)
dev.new(width = 20, height = 10)
chartSeries(bitcoin, dn.col = "red", TA="addRSI(10);addEMA(10)")
```

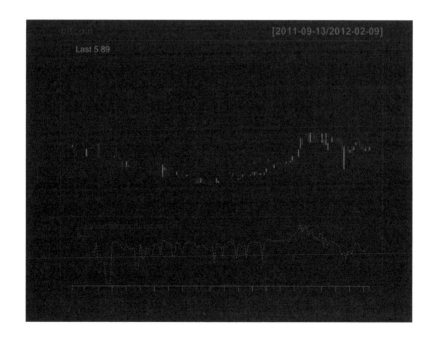

차트를 보면, 이 기간 동안 RSI가 낮은 값에 머무는 경향이 있고, 극단적인 값을 몇 번 보여줬기 때문에 과매도라는 결론을 내릴 수 있다.

MACD

MACD(맥디)는 **이동 평균 수렴 확신 지수**^{Moving Average Convergence-Divergence, MACD}를 의미한다. 이것은 느리고(26캔들), 빠른(12캔들) 지수 이동 평균의 결합이며, 트렌드를 추적하는 지수다. 이 지수는 신호를 잘 주지 않지만, 더 정확한 경향이 있다. MACD는 빠른 EMA가 느린 것을 통과하면 신호를 준다. 아래로부터 교차하면 매수, 위로부터 교차하면 매도를 의미한다(12캔들의 가격 평균은 26개 캔들의 롱텀 평균보다 낮다). EMA(12)의 포지션은 트렌드의 일반적인 방향을 표시해준다. 예를 들어, 만약 EMA(26)의 위에 있다면, 시장은 낙관적이다. 중요한 제한 사항은 MACD는 범위 내에서 잘못된 신호를 줄 수도 있기 때문에 강한 트렌드의 경우에만 사용한다는 점이다. 두 라인 간 거리의 변화 방향을 사용할 수도 있다. 이것은 빨간색이기 때문에 초록색 히스토그램으로 표시된다. 같은 색상의 바(Bar)가 4개가 있다면 강한 트렌드라고 할 수 있다.

기술적인 분석에서는 R 패키지인 quantmod과 ftrading, TTR 등을 사용할 수 있다. 여기서는 대부분 quantmod을 사용한다. 이전에 Bitcoin.csv에 저장된 데이터에 MACD를 적용하는 방법을 알아보자.

```
library(quantmod)
bitcoin <- read.table("Bitcoin.csv", header = T, sep = ",", row.names =
1)
bitcoin <- tail(bitcoin, 150)
bitcoin <- as.xts(bitcoin)
dev.new(width = 20, height = 10)
chartSeries(bitcoin, dn.col = "red", TA="addMACD();addSMA(10)")
```

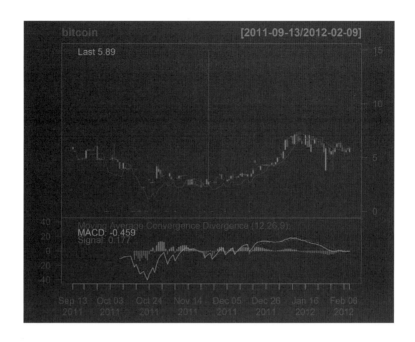

차트에 MACD를 볼 수 있으며, 강하게 감소하는 트렌드임을 감지할 수 있다.

캔들 패턴: 키 전환

이제 R의 TA 패키지에 대해 어느 정도 파악했을 것이다. 이제 간단한 전략에 대한 프로그램을 짜보자. 다음 스크립트는 전략적 가격 수준에서 캔들의 패턴을 파악할 수 있게 해준다.

이를 위해 다음 두 가지 이론적 근거를 적용했다. 첫 번째로 전략적 가격 수준이 무엇인지에 대한 정의를 내렸다. 예를 들어, 가격의 바닥면(캔들의 가장 낮은 부분)이 점차 증가하고 있으며, 현재 MA(25)의 레벨이 이전 25캔들의 MA(25)보다 높을 때 계속 증가하는 트렌드라고 인식한다. 이 모수는 표준 TA 툴을 이루고 있는 부분이 아니라 실제 차트, 즉 비트코인에 가장 잘 적합하도록 모수를 선택했다는 점에 유의하자. 이것을 다른 자산에 적용하려면 다시 새로 조정해야 한다. 이것은 자체적인 트렌드 인식 알고리즘이 아니라 시그널 시스템의 부분이다.

이 알고리즘이 트렌드가 깨질 수 있는 전략적 가격 수준을 인식했다면, 키 전환^{key reversal}을 살피기 시작한다. 키 전환은 트렌드 브레이커^{trend breaker}다. 이전 트렌드의 마지막 캔들이 그 이전 것들과 같은 방향을 가르키고 있다가(상승 트렌드일 때는 초록색, 감소 트렌드일 때는 빨간색) 갑자기 가격이 바뀌어 다음 캔들이 반대의 방향을 가지며 앞의 것보다 더 큰 캔들 크기를 가질 때를 가르킨다. 트렌드 브레이커 캔들은 적어도 그 이전 것보다 높이 시작해야 한다. 연속형이지 않다면 적어도 상승 트렌드일 때는 앞의 것보다 약간 높은 곳에서 시작해야 하며, 하락 트렌드일 때는 약간 아래에서 시작해야 한다. 상승 트렌드일 경우 키 전환을 살펴보기 위해 다음 그래프를 참고하자.

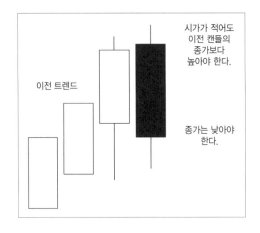

패턴을 인식하는 함수의 코드를 살펴보자.

앞에 비트코인 절에서 캔들 차트를 수동으로 생성하기 위해 polygon 방법을 사용했다. 여기에서는 quantmod 패키지와 chartSeries 함수를 사용해 더 쉽게 작업할 수 있도록 했으며, OHLC 함수로 감싸 유연할 수 있도록 했다.

```
library(quantmod)
OHLC <- function(d){
  windows(20,10)
  chartSeries(d, dn.col = "red")
}
```

다음 함수는 시계열과 2개의 인덱스(*i* 과 *j*)를 아규먼트로 받아 *i*에서 *j*까지 상승 트렌드인지 판단한다.

```
is.trend <- function(ohlc,i,j){
```

첫째로 MA(25)가 상승하지 않는다면 상승 트렌드가 아니므로 FALSE를 리턴한다.

```
avg1 = mean(ohlc[(i-25):i,4])
avg2 = mean(ohlc[(j-25):j,4])
if(avg1 >= avg2)return(FALSE)
```

이 간단한 알고리즘에서 캔들의 바닥면이 이전 것과 그 다음 것보다 낮다면 **밸리**valley라고 부른다. 밸리가 감소하지 않은 시리즈로 이뤄져 있다면 트렌드는 상승하고 있다.

```
ohlc <- ohlc[i:j, ]
  n <- nrow(ohlc)
  candle_l <- pmin(ohlc[, 1], ohlc[, 4])
  valley <- rep(FALSE, n)
  for(k in 2:(n - 1))
    valley[k] <-((candle_l[k-1] >= candle_l[k])&
      (candle_l[k+1] >= candle_l[k]))
  z <- candle_l[valley]
  if(all(z == cummax(z)))return(TRUE)
  return(FALSE)
}
```

이것은 트렌드 인식이다. 트렌드 전환trend reversal을 살펴보자. 우선 상승 트렌드의 조건을 확인하기 위해 이전 함수를 사용한다. 트렌드 전환을 살펴보기 위해 마지막 2개의 캔들을 체크한다.

```
is.trend.rev <- function(ohlc, i, j){
  if(is.trend(ohlc, i, j)== FALSE)return(FALSE)
  last_candle <- ohlc[j + 1, ]

  reverse_candle <- ohlc[j + 2, ]
  ohlc <- ohlc[i:j, ]
  if(last_candle[4] < last_candle[1])return(FALSE)
  if(last_candle[4] < max(ohlc[,c(1,4)]))return(FALSE)
  if(reverse_candle[1] < last_candle[4] |
      reverse_candle[4] >= last_candle[1])return(FALSE)
  return(TRUE)
}
```

이제 이것을 실제 데이터에 사용할 수 있다. 비트코인 데이터를 읽어 들이고, 트렌드가 전환하는지 알아보자. 적어도 10개의 캔들에 대한 추세 전환을 발견했다면, 이것을 그래프로 그려보자.

```
bitcoin <- read.table("Bitcoin.csv", header = T, sep = ",", row.names =
1)
n <- nrow(bitcoin)
result <- c(0,0)
for(a in 26:726){
  for(b in(a + 3):min(n - 3, a + 100)){
    if(is.trend.rev(bitcoin, a,b)& b - a > 10 )
      result <- rbind(result, c(a,b))
    if(b == n)
      break
  }
}

z <- aggregate(result, by = list(result[, 2]), FUN = min)[-1, 2:3]
for(h in 1:nrow(z)){
  OHLC(bitcoin[z[h, 1]:z[h, 2] + 2,])
  title(main = z[h, ])
}
```

시그널 평가와 포지션 관리

코드는 성공적으로 4개의 키 전환을 인식했다. 그중 하나는 과거 비트코인 가격의 전환 포인트에서 매도 신호를 제공했던 것을 포함한다. 시그널은 성공적이라는 결론을 내릴 수 있다. 이제 이것을 현명하게 사용하는 것이 남았다.

비트코인의 본질(중국과 같은 이전의 핵심 시장에서 퇴출되는 돈으로 인식됨)을 인식하고, 다음과 같은 시그널(차트의 마지막 캔들)을 따르면 수익을 얻을 수 있다.

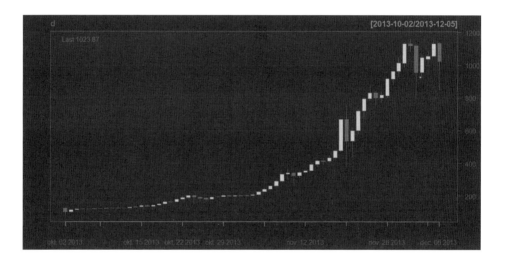

TA는 수익을 얻고 손실을 멈추기에 유용하다. 즉, 포지션을 관리할 수 있다. 시그널이 보일 때 매도하기로 결정했다면 다음과 같은 단계를 따를 수 있다.

시스템의 시그널은 2013년 12월 5일에 $1023,9에 매도할 것을 가르킨다. 이것은 위의 차트에서는 마지막 캔들이며, 다음 차트에는 화살표로 표시돼 있다. 비트코인 가격은 특히 급진적으로 증가하는 이전 트렌드 이후 변동성이 크기 때문에 정지 손실을 역사상 최고 수준인 1163으로 낮출 것을 결정했다.

바로 밑에 있는 다음 차트에서 이 접근이 옳았음을 알 수 있다. 가격이 하락한 이후 변동성이 매우 커졌다.

2013년 말에 캔들의 윗부분을 연결하면 트렌드선(손으로 직접 흰색으로 그린)을 확인할 수 있다. 아래쪽은 좀 더 완만한 트렌드선이 그려지므로 삼각형 모양이 된다. 가격이 길이의 3/4에 도달하기 전에 형태가 달라지면 차트에 삼각형이 유용하다고 말한다.

2013년 12월 26일, 일별 차트의 라인이 상승세였다가 큰 초록색 캔들(화살표로 표시)로 상승세가 꺾였다. MACD는 강한 불bull 시장의 신호를 보였으므로 747에서 포지션을 끝냈다. 그래서 거래로 인해 USD 276.9, 즉 27%의 수익률을 얻었다.

돈 관리에 대한 한 마디

이제 기술적 분석으로 노출을 관리하는 방법을 보이기 위해 이 거래의 리스크를 살펴본다. 가장 좋은 방법은 리스크-리워드 비율을 살펴보는 것이다.

$$Risk - reward\ ratio = \frac{Expected\ gain}{Units\ at\ risk}$$

분수는 포지션에서 가능한 손실이며, 이 경우 (1163.0−1023.9) = $139.1가 된다.

분모인 가능한 수익은 피보나치 조정 비율로 갈음할 수 있다. 이것은 지수 트렌드일 때 특히 유용하며, 가능한 가격 전환을 예측하기 위해 골든 절을 이용한다. https ://bitcoinwis dom.com/의 다음 그래프에서 이를 확인할 수 있다.

추세의 높이를 100%라고 가정하면, 추세가 깨질 때 가격이 피보나치 레벨에 가까울 것이라고 예상할 수 있다. 키 전환은 강한 사인이기 때문에 우선 38.2%, 즉 USD 747.13을 취해보자. 이때 가격이 내려갈 것이라고 예상한다. 따라서 리스크-리워드 비율의 분모는 (1023.9−747.1) = USD 276.8이며, 최종 결과는 276.8 /139.1 = 1.99가 된다. 이것은 1달러당 USD 1.99의 사전 잠재 수익률이 있음을 의미한다. 이것은 단지 가능성이므로 거래가 승인돼야 한다.

어떤 포지션을 취하려고 할 때마다 예상되는 수익에 비해 리스크는 어떻게 되는지 계산해야 한다. 3/2 이하라면 포지션이 가장 좋지 않으며, 1보다 작다면 거래 자체를 하지 않는 것이 좋다. 위험/보상 비율을 향상시킬 수 있는 가능한 방법은 손실을 중지하고 좀 더 강한 신호를 선택하는 것이다. 기술적 분석은 거래에서 성공하길 원할 경우에 유용한 리스크 관리를 제공한다.

정리

기술적 분석, 특히 차트로 접근하는 방법은 직관적이며 금융 자산을 그래픽으로 분석한다. 이것은 미래 가격 움직임을 예측하기 위해 지원-저항 레벨과 차트, 캔들 패턴, 지표를 사용한다. R을 통해 실제 데이터를 무료로 구해 이것을 OHLC 차트로 그리고, 키 전환과 캔들 스틱 패턴에 대한 자동 신호를 받을 수 있다. 이들 중 하나를 사용해 수동으로 실제 포지션을 관리할 수 있는 방법을 보였다. 그리고 포지션을 오픈해야 할 시기뿐 아니라 클로즈해야 할 때를 보여주는 기술적 분석을 살펴봤으며, 리스크 관리 문제들을 이용해 시그널의 강도를 계산했다.

▌ 뉴럴 네트워크

뉴럴 네트워크neural networks, NN는 고급 수학 백그라운드로 인해 오랫동안 학계에만 머물렀는데, 유용한 포맷(R의 빌트인 함수와 같은)이 가능해지면서 유명해졌다. NN은 데이터의 복잡한 패턴을 인식할 수 있는 인공 지능 적용 소프트웨어다. 이것은 시장에 대한 직관력을 갖고 있지만, DIJA에서 숏 포지션을 취해야 하는지를 항상 설명할 수 없는 오래된 거래자와 같다.

네트워크의 구조는 여러 개의 노드node와 이를 연결하는 링크link로 이뤄진다. 항상 3개 또는 4개의 레이어layer로 이뤄져 있다. 인풋input과 히든hidden, 아웃풋output 레이어며, 각 레이어에는 뉴런neuran이 있을 수 있다. 첫 번째 레이어의 노드는 모델 설명 변수explanatory variables

의 수를 의미하며, 마지막 레이어는 응답 변수^{target variable}의 수와 같다(2개의 목표 변수가 있을 경우 2개의 뉴런이 있으며, 연속 목표 변수일 경우 1개의 뉴런이 있다). 모델의 복잡성과 예측 가능성은 히든 레이어에 있는 노드 수에 따라 결정된다. 보통, 한 레이어의 각 노드는 다음 레이어의 다른 노드에 모두 연결돼 있으며, 이 에지^{edge}는 가중값을 의미한다(그림 참조). 모든 뉴런은 이전 레이어로부터 인풋을 받으며, 비선형 함수를 사용해 다음 레이어의 인풋으로 전환할 수 있다.

1개의 히든 레이어를 갖고 있는 순방향^{feed forward} NN은 거의 모든 경우의 복잡한 문제에 유용하게 사용될 수 있으므로(Chauvin-Rumelhart, 1995), 연구자들이 이것을 자주 사용한다(Sermpinis 등, 2012; Dai 등, 2012). 아살라키스-바살라니스^{Atsalakis-Valavanis}(2009)는 **순방향 뉴럴 네트워크**^{feed-forward neural networks, FFNN}의 무리에 포함되는 **다중 계층 프셉트론**^{multi-layer precepton, MLP}이 금융 시계열을 예측할 때 가장 효과적이라고 언급했다. 다음 그래프는 3계층 MLP 뉴럴 네트워크다(Dai 등, 2012).

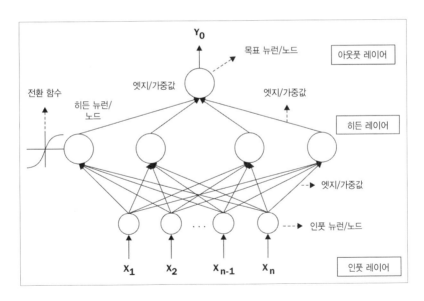

연결의 가중값(선 끝에 있는 값)은 처음에 첫 값이 적용된다. 예측과 실제 가치의 차이는 네트워크를 통해 다시 전달돼 가중값이 업데이트된다. 머신 러닝의 학습 프로세스에 의해 원하는 결과와 예측된 결과 간의 오류(보통 MSE, RMSE, MAPE)를 최소화하려고 노력한다. 히든 레이어에 특정 개수의 뉴런을 갖고 있는 네트워크는 데이터의 어떤 관계도(이상값과 노이즈도) 배울 수 있다. 따라서 학습 알고리즘을 정지해 너무 많이 배우는 것을 막을 수 있다. 네트워크의 학습 프로세스는 테스트가 최소를 넘어섰을 때 멈출 수 있다. 그 후 네트워크에 주어진 변수를 이용해 유효성 검사를 시행해야 한다(Wang 등, 2012).

뉴럴 네트워크를 생성하고 실행할 때 해결해야 하는 실제적인 문제가 있다. 예를 들어, 적절한 네트워크 토폴로지의 선택, 인풋 변수의 선택과 전환, 결과 변동성의 최소화다. 그리고 가장 중요한 것은 필요 이상으로 적합하는 것을 줄이는 것이다. 이것은 트레이닝 데이터에서의 오류는 작지만, 새로운 데이터에 네트워크를 적용할 때 오류가 커지는 상황을 가르킨다. 이는 네트워크가 트레이닝 예제를 기억하지만 일반적인 관계 구조를 이해하는 것에는 성공적이지 않다는 것을 의미한다. 과적합overfitting을 막기 위해서는 데이터를 3개, 즉 연습과 유효성 검사, 테스트로 나눌 필요가 있다. 전체 데이터의 60~70%인 연습 데이터는 네트워크 변수를 학습하고 적합하는 데 사용된다. 유효 검사 데이터(10~20%) 과적합 효과를 최소화하고 변수를 조정하는 데 사용된다. 예를 들어, 이는 NN의 히든 노드 숫자를 정하는 것을 의미한다. 테스트 데이터(10~20%)는 네트워크의 예측력을 확인하기 위해 최종 결과를 테스트하는 데 사용한다.

비트코인 가격 예측

실제로 이것이 어떻게 적용되는지 살펴보자. 이 예시에는 비트코인의 종가를 예측하는 거래 전략을 적용한다. 분석을 위해 2013년 8월 3일부터 2014년 5월 8일까지의 기간을 선택했다. 데이터에는 모두 270개가 있으며, 첫 240개는 연습 샘플로 사용하고 나머지 30개는 테스트 샘플로 사용한다. 예측된 모델은 9개월의 시계열 중 마지막 한달의 데이터에 테스트한다.

우선 이 책의 웹 사이트에서 찾을 수 있는 Bitcoin.csv의 데이터를 로드하자.

```
data <- read.csv("Bitcoin.csv", header = TRUE, sep = ",")
data2 <- data[order(as.Date(data$Date, format = "%Y-%m-%d")), ]
price <- data2$Close
HLC <- matrix(c(data2$High, data2$Low, data2$Close),
  nrow = length(data2$High))
```

두 번째로 로그 수익률을 계산하고 일반적인 기술 지표를 사용하기 위해 TTR 라이브러리를 설치한다.

```
bitcoin.lr <- diff(log(price))
install.packages("TTR")
library(TTR)
```

모델링에 선택된 6개의 기술 지수는 연구자뿐 아니라 전문 거래자에게도 널리 사용되고 있다.

```
rsi       <- RSI(price)
MACD      <- MACD(price)
macd      <- MACD[, 1]
will      <- williamsAD(HLC)
cci       <- CCI(HLC)
STOCH     <- stoch(HLC)
stochK    <- STOCH[, 1]
stochD    <- STOCH[, 1]
```

연습과 유효성 검사를 위한 데이터를 위해 인풋과 타깃 매트릭스를 생성했다. 연습과 유효성 데이터는 2013년 8월 3일(700)부터 2014년 8월 8일(940)까지의 종가와 기술 지표를 포함한다.

```
Input <- matrix(c(rsi[700:939], cci[700:939], macd[700:939],
  will[700:939], stochK[700:939], stochD[700:939]), nrow = 240)
Target <- matrix(c(bitcoin.lr[701:940]), nrow = 240)
trainingdata <- cbind(Input, Target)
colnames(trainingdata)<- c("RSI", "CCI", "MACD", "WILL",
  "STOCHK", "STOCHD", "Return")
```

이제 학습 데이터를 나누기 위해 caret 패키지를 설치하고 로드하자.

```
install.packages("caret")
library(caret)
```

학습 데이터를 90-10%(연습–유효성 검사) 비율로 나누자.

```
trainIndex <- createDataPartition(bitcoin.lr[701:940],
  p = .9, list = FALSE)
bitcoin.train <- trainingdata[trainIndex, ]
bitcoin.test <- trainingdata[-trainIndex, ]
```

nnet 패키지를 설치하고 로드하자.

```
install.packages("nnet")
library(nnet)
```

적절한 변수(히든 레이어의 뉴런 개수와 학습 비율)는 그리드 서치 프로세스greedy search process를 이용해 선택했다. 네트워크의 인풋 레이어는 6개의 뉴런으로 이뤄져 있으며(설명 변수의 개수에 따라), 히든 레이어에서 5, 12, …, 15개의 뉴런을 테스트한다.

네트워크는 하나의 결과를 가진다. 비트코인의 일별 수익률. 모델은 학습 과정 중 낮은 학습 비율(0.01, 0.02, 0.03)로 테스트된다. 여기서는 1,000번째 반복에 도달했을 때 학습 과정을 멈추는 것이다. 테스트에서 가장 낮은 RMSE를 갖는 네트워크가 최적으로 선택된다.

```
best.network <- matrix(c(5, 0.5))
best.rmse <- 1
for(i in 5:15)
  for(j in 1:3){
    bitcoin.fit <- nnet(Return ~ RSI + CCI + MACD + WILL + STOCHK +
      STOCHD, data = bitcoin.train, maxit = 1000, size = i,
        decay = 0.01 * j, linout = 1)
    bitcoin.predict <- predict(bitcoin.fit, newdata = bitcoin.test)
    bitcoin.rmse <- sqrt(mean
      ((bitcoin.predict - bitcoin.lr[917:940])^2))
    if(bitcoin.rmse<best.rmse){
      best.network[1, 1] <- i
      best.network[2, 1] <- j
      best.rmse <- bitcoin.rmse
    }
}
```

이 과정에서는 테스트 데이터를 위한 인풋과 타깃 매트릭스를 생성한다. 테스트 데이터
는 2013년 4월 8일(940)부터 2014년 5월 8일(969)까지의 종가와 기술 지표를 포함한다.

```
InputTest <- matrix(c(rsi[940:969], cci[940:969],
  macd[940:969], will[940:969], stochK[940:969],
    stochD[940:969]), nrow = 30)
TargetTest <- matrix(c(bitcoin.lr[941:970]), nrow = 30)
  Testdata <- cbind(InputTest,TargetTest)
colnames(Testdata)<- c("RSI", "CCI", "MACD", "WILL",
  "STOCHK", "STOCHD", "Return")
```

마지막으로 테스트 데이터를 가장 좋은 뉴럴 네트워크 모델에 적합한다.

```
bitcoin.fit <- nnet(Return ~ RSI + CCI + MACD + WILL +
  STOCHK + STOCHD, data = trainingdata, maxit = 1000,
    size = best.network[1, 1], decay = 0.1 * best.network[2, 1],
      linout = 1)
bitcoin.predict1 <- predict(bitcoin.fit, newdata = Testdata)
```

이상 네트워크를 제거하기 위해 모델을 20번 반복하고 평균을 구했다.

```
for(i in 1:20){
  bitcoin.fit <- nnet(Return ~ RSI + CCI + MACD + WILL + STOCHK +
  STOCHD, data = trainingdata, maxit = 1000,
    size = best.network[1, 1], decay = 0.1 * best.network[2, 1],
      linout = 1)
  bitcoin.predict <- predict(bitcoin.fit, newdata = Testdata)
  bitcoin.predict1 <-(bitcoin.predict1 + bitcoin.predict)/ 2
}
```

테스트 데이터에서 바이 앤 홀드[buy and hold] 벤치마크 전략과 뉴럴 네트워크의 결과를 계산
한다.

```
money <- money2 <- matrix(0,31)
money[1,1] <- money2[1,1] <- 100
for(i in 2:31){
  direction1 <- ifelse(bitcoin.predict1[i - 1] < 0, -1, 1)
  direction2 <- ifelse(TargetTest[i - 1] < 0, -1, 1)
  money[i, 1] <- ifelse((direction1 - direction2)== 0,
    money[i-1,1]*(1+abs(TargetTest[i - 1])),
      money[i-1,1]*(1-abs(TargetTest[i - 1])))
  money2[i, 1] <- 100 *(price[940 + i - 1] / price[940])
}
```

테스트 데이터(한 달)에 벤치마크와 뉴럴 네트워크 전략에 따른 투자 가치를 그래프로 그
려보자.

```
x <- 1:31
matplot(cbind(money, money2), type = "l", xaxt = "n",
  ylab = "", col = c("black", "grey"), lty = 1)
legend("topleft", legend = c("Neural network", "Benchmark"),
  pch = 19, col = c("black", "grey"))
axis(1, at = c(1, 10, 20, 30),
```

```
    lab = c("2014-04-08", "2014-04-17", "2014-04-27", "2014-05-07"))
box()
mtext(side = 1, "Test dataset", line = 2)
mtext(side = 2, "Investment value", line = 2)
```

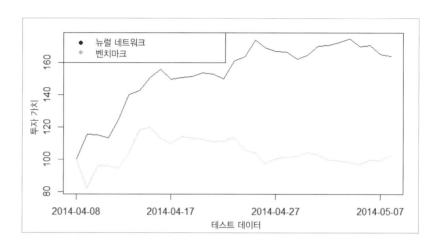

전략 평가

실현된 수익면에서 보면 NN 전략은 바이 앤 홀드 전략보다 성과가 좋은 것을 위 그림에서 확인할 수 있다. 뉴럴 네트워크를 통해서는 한 달에 20%의 수익을 달성한 것에 반해, 바이 앤 홀드 전략은 3%의 수익을 얻었다. 하지만 거래 비용과 입찰가 스프레드, 가격 효과는 고려하지 않았기 때문에 이 요인들이 뉴럴 네트워크의 수익을 크게 줄일 수 있다.

▌ 로그옵티멀 포트폴리오

앞의 관점과 다르게 시장에 한정된 수의 위험 자산이 존재하다고 가정해보자. 자산은 거래 비용 없이 연속적으로 거래된다. 투자자는 과거 시장 데이터를 분석하고, 이를 바탕으로 매일 하루가 끝날 때마다 포트폴리오를 재정비할 수 있다. 장기적으로 어떻게 수익을 극

대화할 수 있을까? 수익이 시간과 독립적이라면 약한 의미로 시장은 효율적이며, 수익률의 시계열은 어떤 기억도 갖고 있지 않다. 수익률이 독립적인 분포를 갖는다면, 옵티멀 포트폴리오는 포트폴리오의 가중값, 예를 들어 마코위츠 모델$^{Markowitz\ model}$(Daróczi 등, 2013)을 따르게 하고, 전체 시간에 대해 포트폴리오의 가중값을 유지하는 것이다. 이 경우, 모든 재배치는 장기적으로 포트폴리오에 부정적인 영향을 미친다.

이제 독립성에 대한 가정을 미뤄두자. 즉, 자산 수익률에 숨겨진 패턴이 있다고 가정한다. 따라서 시장은 더 이상 효율적이지 않으며, 과거 가격의 움직임을 분석해볼 가치가 있다. 여기서 유일한 가정은 자산 수익률은 정상성을 갖고 있으며, 에르고딕한 과정에 의해 생성된다는 것이다. 가장 좋은 전략은 **로그옵티멀 포트폴리오**$^{logoptimal\ portfolio}$인 것으로 나타났다(Algoet-Cover, 1988). 보다 정확하게는 로그옵티멀 포트폴리오보다 더 높은 기대 수익률을 갖는 다른 투자 전략은 없다. 로그옵티멀 포트폴리오를 판단하기 위한 문제는 생성 프로세스를 알아야 한다는 점이다.

그러나 확률 과정의 본질을 알지 못할 경우에는 현실적으로 무엇을 할 수 있을까? 평균 성장 비율이 정상적이고 에르고딕한 생성 프로세스에 대한 모든 로그옵티멀 전략과 점진적으로 유사하다면 전략을 **보편적으로 일관성**$^{universally\ consistent}$이 있다고 부른다. 놀랍지만 보편적으로 일관성을 갖는 전략이 존재한다. 알고렛-커버$^{Algoet-Cover}$(1988)를 참고하자. 따라서 기본 아이디어는 가장 최근에 관찰된 패턴과 유사한 패턴을 과거 데이터에서 찾고, 이것을 참고로 미래 수익률을 예측하고 예측과 관련된 포트폴리오를 최적화하는 것이다. 유사성의 개념은 다양한 방법으로 정의할 수 있다. 설명을 하기 위해 다음 부분에서는 간단한 보편적으로 일관성을 갖는 전략을 다룬다. 이것은 죠르피 외(Györfi 등, 2006)에 따른 핵심 함수 접근법에 바탕을 두고 있다.

보편적이고 일관적인 비모수 투자 전략

시장에 거래되고 있는 d개의 주식이 있다고 가정해보자. 포트폴리오 가중값을 포함하고 있는 벡터 b는 매일 재조정될 수 있다. 포트폴리오의 가중값은 음의 값을 갖지 않으며(공

매도는 불가능), 총합은 언제나 1이라고 가정한다.

벡터 x는 상대 가격 $\left(\dfrac{P_{i+1}}{P_i}\right)$을 포함하고 있다. 여기서 P는 i번째 날의 종가를 의미한다. 처음에 투자자의 가치는 S_0였으므로 n번째 기간 후의 가치는 다음과 같다.

$$S_n = S_0 \prod_{j=1}^{d} b^{(j)} x^{(j)} = S_0 \langle b, X \rangle = S_0 e^{n w_n (B)}$$

여기서 $\langle b, x \rangle$는 두 벡터의 스칼라 곱이며, n은 투자 전략을 따르는 기간 동안의 일수, W_n는 n일 동안의 평균 로그 수익률, B는 적용되는 모든 벡터 b를 의미한다. 따라서 목표는 W_n가 장기적으로 최대가 되는 재할당 규칙을 결정하는 것이다. 여기서는 이 매력적인 속성을 대신하는 간단하고 보편적으로 일관성 있는 전략을 소개한다. J_n은 유클리드 거리를 기준으로 가장 최근에 관찰된 일과 유사한 일(days)의 집합을 의미한다. 이것의 다음 식에 의해 결정된다.

$$J_n = \left\{ i \le n \,\middle|\, \left\| \boldsymbol{x}_{i-1} - \boldsymbol{x}_{n-1} \right\| \le r_l \right\}$$

여기서 r_l은 l번째 전문가가 선택한 거리radium의 최댓값을 의미한다. l번째 전문가에 대한 로그 옵티멀 포트폴리오는 다음과 같은 방법으로 표현할 수 있다.

$$h^{(l)} = \arg\max_b \sum_{i \in J_N} \ln \langle b, x_i \rangle$$

균형 잡히고 견고한 전략을 수립하기 위해 각 전문가에 다른 길이radium를 부여하고 각 전문가에게 가중값 벡터 q에 따라 부를 할당한다. 각 가중값은 동일할 수 있다. 또는 각 전문가의 예전의 성과나 다른 특징에 따라 다를 수도 있다. 여러 전문가의 의견과 n번째 날의 부를 조합한 방법은 다음과 같다.

$$S_n(B) = \sum_l q_l S_n \left(h^{(l)} \right)$$

1997년부터 2006년 동안 위의 전략을 따른 전문가라고 가정해보자. 시장의 4개의 NYSE 주식(aph과 alcoa, amerb, coke)과 채권을 갖고 1년의 이동 시간—창moving time-window을 사용했다. 예시 데이터는 http://www.cs.bme.hu/~oti/portfolio/data.html에서 구할 수 있다. 우선 데이터를 읽어 들이자.

```
all_files <- list.files("data")
d <- read.table(file.path("data", all_files[[1]]),
        sep = ",", header = FALSE)
colnames(d)= c("date", substr(all_files[[1]], 1,
  nchar(all_files[[1]])- 4))
for(i in 2:length(all_files)){
  d2 <- read.table(file.path("data", all_files[[i]]),
    sep = ",", header = FALSE)
  colnames(d2)= c("date", substr(all_files[[i]], 1,
    nchar(all_files[[i]])-4))
  d <- merge(d, d2, sort = FALSE,by='date')
}
```

이 함수는 이미 설정해둔 길이(r)에 따른 포트폴리오 가중값이 적용된 포트폴리오의 기대 가치를 계산한다.

```
log_opt <- function(x, d, r = NA){
  x <- c(x, 1 - sum(x))
  n <- ncol(d)- 1
  d["distance"] <- c(1, dist(d[2:ncol(d)])[1:(nrow(d)- 1)])
  if(is.na(r))r <- quantile(d$distance, 0.05)
  d["similarity"] <- d$distance <= r
  d["similarity"] <- c(d[2:nrow(d), "similarity"], 0)
  d <- d[d["similarity"] == 1, ]
  log_return <- log(as.matrix(d[, 2:(n + 1)])%*% x)
  sum(log_return)
}
```

이 함수는 특정한 날에 대한 최적화된 포트폴리오 가중값을 계산한다.

```
log_optimization <- function(d, r = NA){
  today <- d[1, 1]
  m <- ncol(d)
  constr_mtx <- rbind(diag(m - 2), rep(-1, m - 2))
  b <- c(rep(0, m - 2), -1)
  opt <- constrOptim(rep(1 /(m - 1), m - 2),
    function(x)-1 * log_opt(x, d), NULL, constr_mtx, b)
  result <- rbind(opt$par)
  rownames(result)<- today
  result
}
```

이제 모든 날에 대한 포트폴리오의 가중값을 최적화해보자. 동시에 각 날에 대한 투자 포트폴리오의 실제 가치 또한 계산할 수 있다.

```
simulation <- function(d){
  a <- Position(function(x)substr(x, 1, 2)== "96", d[, 1])
  b <- Position(function(x)substr(x, 1, 2)== "97", d[, 1])
  result <- log_optimization(d[b:a,])
  result <- cbind(result, 1 - sum(result))
  result <- cbind(result, sum(result * d[b + 1, 2:6]),
    sum(rep(1 / 5, 5)* d[b + 1, 2:6]))
  colnames(result)= c("w1", "w2", "w3", "w4", "w5",
    "Total return", "Benchmark")
  for(i in 1:2490){
    print(i)
    h <- log_optimization(d[b:a + i, ])
    h <- cbind(h, 1 - sum(h))
    h <- cbind(h, sum(h * d[b + 1 + i, 2:6]),
      sum(rep(1/5,5)* d[b + 1 + i, 2:6]))
    result <- rbind(result,h)
  }
  result
```

```
}
A <- simulation(d)
```

마지막으로 시간 흐름에 따른 투자 가치를 그래프로 그려보자.

```
matplot(cbind(cumprod(A[, 6]), cumprod(A[, 7])), type = "l",
  xaxt = "n", ylab = "", col = c("black","grey"), lty = 1)
legend("topright", pch = 19, col = c("black", "grey"),
  legend = c("Logoptimal portfolio", "Benchmark"))
axis(1, at = c(0, 800, 1600, 2400),
  lab = c("1997-01-02", "2001-03-03", "2003-05-13", "2006-07-17"))
```

다음과 같은 그래프를 구할 수 있다.

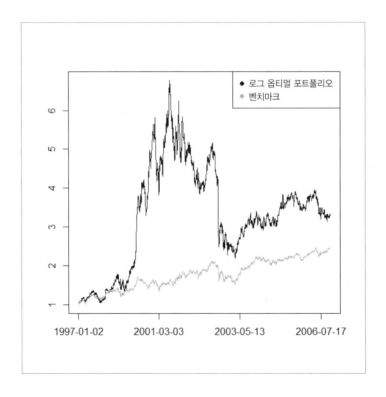

전략 평가

위 그래프를 살펴보면, 로그 옵티멀 전략이 포트폴리오의 가중값을 같게 항상 유지하는 것보다 성과가 좋다는 것을 알 수 있다. 하지만 평균 수익뿐 아니라 투자 가치의 변동성이 앞의 것보다 더 높다는 것에 주목해야 한다.

투자자의 가치에 대해 "거의" 최적의 성장률을 달성하기 위한 실현 수익률에 대한 숨겨진 패턴을 효과적으로 찾을 수 있는 비모수 투자 전략이 존재한다는 것이 수학적으로 증명됐다. 이것을 위해 관련 프로세스를 알 필요는 없다. 유일한 가정은 프로세스가 고정^{stationary} 돼 있으며 에르고딕하다는 것이다. 실제로 이 가정이 만족한다는 것도 확신할 순 없다. 이 전략이 점진적인 관점에서만 최적화됐다는 것을 아는 것이 중요하다. 하지만 잠재적 경로의 단기 특징은 거의 알지 못한다.

▌ 요약

10장에서는 기술적 분석뿐 아니라 뉴럴 네트워크와 로그 옵티멀 포트폴리오 같은 관련 전략을 살펴봤다. 이 방법들은 과거의 상황이 미래에 다시 나타날 수 있다고 가정한다는 점에서 유사하다. 따라서 시장 효율성에 대한 개념에 대해 문제를 제기했으며, 적극적인 거래 전략을 수립했다. 여기서는 1개의 자산(비트코인) 가격을 예측하는 것에 대한 문제점을 논의하고, 거래 시간을 최적화했다. 그리고 여러 위험 자산(NYSE 주식)에 대한 포트폴리오를 다이내믹한 방법으로 최적화했다. 또 R에서 제공하는 툴킷에 바탕을 둔 몇몇 단순한 알고리즘을 시연해봤다. 이것으로 바이 앤 홀드 전략에 비해 상당한 추가 수익을 창출할 수 있었다. 하지만 포괄적인 성과를 평가할 때 평균 수익률뿐 아니라 관련 리스크에 관심을 둬야 한다는 점에 주의해야 한다. 따라서 전략을 최적화할 때 경기 침체와 변동성, 다른 위험 측정 또한 다룰 것을 제안했다. 그리고 물론 제시된 방법의 한계를 알아야 한다. 수익률의 생성 프로세스를 알 수는 없다. 거래를 자주 하면 지불해야 할 거래 비용이 많아진다.

그리고 더 많이 소유할수록 가격이 불리해질 경우 더 많은 고통을 받을 수 있다. 독자들 스스로 새로운 영감과 유용한 힌트를 얻어 독자적인 세련된 거래 전략을 개발하기 바란다.

▌ 참고문헌

- Algoet, P.; Cover, T.(1988) Asymptotic optimality, asymptotic equipartition properties of logoptimal investments, Annals of Probability, 16, pp. 876–898

- Atsalakis, G. S. Valavanis, K. P.(2009) Surveying stock market forecasting techniques–Part II. Soft computing methods. Expert Systems with Applications, 36(3), pp. 5932–5941

- Bajgrowicz, P; Scaillet, O.(2012) Technical trading revisited: False discoveries, persistence tests, and transaction costs, Journal of Financial Economics, Vol. 106, pp. 473–491

- Chauvin, Y.; Rumelhart, D. E.(1995) Back propagation: Theory, architectures, and applications. New Jersey: Lawrence Erlbaum associates.

- Dai, W.; Wu, J–Y.; Lu, C–J.(2012) Combining nonlinear independent component analysis and neural network for the prediction of Asian stock market indexes. Expert Systems with Application, 39(4), pp. 4444–4452

- Daróczi, G. et al.(2013) Introduction to R for Quantitative Finance, Packt

- Györfi, L.; Lugosy, G.; Udina, F.(2006) Non–parametric Kernel–based sequential investment strategies, International Journal of Theoretical and Applied Finance, 10, pp. 505–516

- Sermpinis, G.; Dunis, C.; Laws, J.; Stasinakis, C.(2012) Forecasting and trading the EUR/USD exchange rate with stochastic Neural Network combination and time−varying leverage. Decision Support Systems, 54(1), pp. 316−329

- Tajaddini, R.; Falcon Crack, T.(2012)Do momentum−based trading strategies work in emerging currency markets?, Journal of International Financial Markets, Institutions & Money, Vol. 22, pp. 521−537

- Wang, J. J.; Wang, J. Z.; Zhang, Z. G.; Guo, S. P.(2012)Stock index forecasting based on a hybrid model. Omega, 40(6), pp. 758−766

- Zapranis, A.; T. E. Prodromos(2012)A novel, rule−based technical pattern identification mechanism: Identifying and evaluating saucers and resistant levels in the US stock market, Expert Systems with Applications, Vol. 39, pp. 6301−6308

- Zwart, G.; Markwat, T.; Swinkels, L.; van Dijk, D.(2009)The economic value of fundamental and technical information in emerging currency markets, Journal of International Money and Finance, Vol. 28. pp. 581−604

11

자산과 부채 관리

11장에서는 상업은행의 **자산과 부채 관리**asset and liability management, ALM를 위한 R의 활용 방법을 살펴본다. 은행의 ALM 역할은 전통적으로 금리 리스크, 은행의 장부 상태와 밀접한 관계가 있는 유동성 리스트 관리와 연관이 있다. 금리 포지셔닝과 유동성 리스크 관리를 위해 은행 상품을 모델링해야 한다. 요즘 전문적인 ALM 유닛은 복잡한 **기업 위험 관리**enterprise risk management, erm 체제를 이용하고 있다. 이것으로 모든 유형의 위험을 관리하고 대차대조표를 이용하는 적절한 툴을 사용할 수 있다. R을 활용해 여러 ALM 업무를 수행하기 위해 간단한 ALM 프레임워크를 구축해보자. 여기서는 ALM 업무 중 이자율 그리고 유동성 리스크 관리, 비만기 계좌non-maturing accounts 모델링에 대해 다룬다.

11장에서 다룰 내용은 다음과 같다. 우선 ALM 분석을 위한 데이터 준비 프로세스에 대해 다룬다. 기획과 측정 프로세스에는 회계 장부와 시장 조건, 비즈니스 전략과 같은 특정 정보가 필요하다. 이 부분은 주요 입력 데이터셋으로 이뤄졌으며, 11장의 나머지 부분에서 사용할 형태로 데이터를 추출하는 데이터 관리 툴에 대해 다룬다.

그 다음은 금리 리스크 측정에 대해 다룰 것이다. 은행 장부상 자산 부채의 금리 리스크 크기를 측정하는 데는 보통 두 가지 방법이 사용된다. 간단한 방법으로는 리프라이싱 갭 테이블 분석을 이용해 금리 리스크 노출을 관리하고 수익률 커브 충격을 산출해 **순이자 수입**Net Interest Income, NII을 예측하고, **자본의 시가총액**Market Value of Equity, MVoE을 산출하는 방법이 있다. 보다 진전된 방법은 대차대조표의 동적 시뮬레이션과 금리의 확률적 시뮬레이션을 사용하는 것이다. 둘 중 어떤 방법을 사용할 것인지는 목표하는 바와 대차대조표의 구조에 따라 결정할 수 있다.

저축 은행(고객의 정기 저축은 부채, 채권 투자는 자산)은 자본 시가총액 리스크에 초점을 두는 반면, 기업 은행(변동 금리 포지션을 취하고 있는)은 순이자 수입 리스크에 중점을 둔다. 이 책에서는 R을 이용해 리프라이싱 갭 테이블repricing gap table을 만들고, 순이자 수익을 효율적으로 예측할 수 있는 방법을 다룬다.

우리가 다룰 세 번째 토픽은 유동성 리스크와 관련이 있다. 유동성 리스크는 세 가지 유형, 즉 구조적structural 유동성 리스크, 자금 조달funding 유동성 리스크, 우발적contingent 유동성 리스크로 나눠볼 수 있다. 구조적 유동성 리스크는 자산과 부채의 만기가 도래하는 시점의 불일치mismatch에서 발생하는 것이므로 상업은행들이 지니고 있는 문제들은 고객의 단기 예금을 통해 자금을 조달해 대출 고객에게 장기로 돈을 빌려주는 구조로 이뤄져 있기 때문에 비롯되는 것이라고 볼 수 있다. 기존 고객 예금의 만기가 도래했을 때 얼마나 다시 예금으로 들어올지roll over가 불확실해 변제 불능insolvency 위험이 대기하고 있는 것이다.[1]

---

1 롤 오버가 대거 이뤄지지 않은 상태에서는 기존 예금 고객에 대한 변제가 어려워질 수 있음. – 옮긴이

자금 조달 유동성 리스크는 은행 간 예금interbank deposit market의 만기 도래 시점에서 시장 유동성available liquidity이 부족해 설사 롤오버가 가능하더라도 자금 조달 비용funding cost이 턱없이 높아질 위험이다. 우발적 리스크는 예기치 못한 상황에서의 고객 파행적 행태에서 비롯되는 위험으로, 예를 들어 예금 고객[2]의 갑작스런 예금 인출sudden withdrawal, 대출 고객 (거액 대출 고객)의 갑작스런 기한 전 대출 상환이 있을 경우에 벌어지는 위험을 일컫는다.

11장의 마지막 절에서는 비만기 예금, 즉 만기가 따로 없는 은행 상품non-maturing products에 논의의 초점을 맞춘다. 은행의 상품은 그 만기 구조와 금리 행태interest behavior에 따라 분류할 수 있는데 요구불 예금on-demand deposit 또는 사전 통지 없이 수시 인출이 가능한 저축성 예금은 부채 항목에 속하는 전형적인 비만기 예금이다. 고객은 자신의 예금을 아무 때나 인출할 수 있고, 은행은 이에 대해 제공하는 금리를 바꿀 수 있는 특징이 있다. 이와 매우 유사한 특징을 갖는 상품으로는 자산 항목에 있는 당좌 대월overdraft과 신용카드가 있다. 비만기 은행 상품을 모델링하는 것은 복잡하기 때문에 은행의 자산 부채 관리 조직에게는 어려운 과제다. 실무적으로 비만기 예금 상품이란, 현금 흐름의 프로필을 매핑하는 것, 수요의 가격(이자율) 탄력성 측정 그리고 **자금의 내부 이전 가격 결정**internal funds transfer pricing, FTP 시스템 등을 의미한다고 할 수 있다. 이 책에서는 비만기 예금의 금리 민감도interest sensitivity를 측정하는 방법을 실제 사례를 들어 설명한다.

▌ 데이터 준비

복잡한 ERM 소프트웨어는 순이자 수입과 주식 위험의 시장 가치를 수량화하고, 특히 자산 부채 포트폴리오와 리프라이싱, 유동성 포지션에 대한 보고서를 준비하기 위해 은행 업계에서 사용하는 필수적인 툴이다. 우리는 R을 이용해 상업적으로 이용되는 ALM 소프트웨어 솔루션의 주요 기능들을 재현할 수 있는 단순한 시뮬레이션과 리포팅 환경을 만들 것이다.

---

2 거액 예금 고객 - 옮긴이

일반적인 ALM 데이터 프로세스는 **ETL**(추출과 변화, 로드) 로직을 따른다.

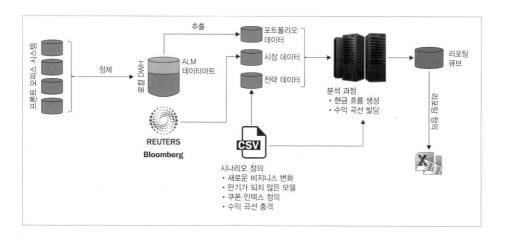

첫 번째 단계인 추출extraction은 은행이 이미 중간 오피스인 컨트롤링이나 어카운트 시스템인 **데이터 웨어하우스**DWH에서 딜 레벨의 어카운트를 기본으로 한 원천 데이터를 이미 추출했다는 것을 의미한다. 계산 시간과 메모리, 저장 공간을 아끼기 위해 전체 재무제표(여기에서는 포트폴리오라고 부른다)의 원천 데이터 또한 추출한다. 또한 딜 레벨의 싱글 데이터는 주어진 디멘션(예를 들어, 통화 단위나 이자 움직임, 상환 구조 등)에 따라 합산된다. 시장 데이터(수익률 곡선이나 시장 가격, 변동성 곡면와 같은) 또한 미가공 데이터셋에서 준비된다. 다음 단계에서는 우리가 전략이라고 불리는 시뮬레이션의 파라미터(예: 수익률 곡선의 쇼크와 새로 갱신한 비지니스의 부피 증분량)를 정한다. 단순하게 하기 위해 재무제표가 유지되도록 파라미터를 줄인다. 따라서 예측 기간 동안 같은 재무제표가 유지된다.

변환 단계에서는 포트폴리오와 시장, 전략 데이터들을 결합해 추가 분석에 사용되며 새로운 구조로 변환된다. 다시 말하면 현금 흐름표는 포트폴리오와 시장 디스크립터를 이용해 생성되며, 좁은 데이터 형태로 변환된다.

로딩 결과는 보고 테이블에 기록된다. 항상 사용자는 결과 데이터베이스에 로드될 포트폴리오의 디멘션과 위험 측정값을 정의할 수 있다. 다음 절에서는 유동성 위험과 이자율 위험을 측정하고 문서를 작성하는 방법을 다룬다.

처음 보는 데이터 소스

재무제표 아이템을 나열하는 데이터 소스를 포트폴리오라고 부른다. 시장 데이터(수익률 곡선과 시장 가격, 변동성 곡면과 같은) 역시 원시 데이터셋에서 준비된다. 우선 11장에서 사용할 데이터셋과 함수를 팩트출판사의 링크에서 다운로드해야 한다. 이제 다음 코드를 이용해 로컬 폴더에 있는 일반적인 csv 포맷으로 저장된 샘플 포트폴리오와 시장 데이터셋을 임포트하자.

```
portfolio <- read.csv("portfolio.csv")
market <- read.csv("market.csv")
```

선택된 데이터셋은 적절한 포맷으로 변환돼야 하는 날짜를 포함하고 있다. as.Date 함수를 이용해 날짜 포맷을 변환한다.

```
portfolio$issue <- as.Date(portfolio$issue, format = "%m/%d/%Y")
portfolio$maturity <- as.Date(portfolio$maturity, format =
  "%m/%d/%Y")
market$date <- as.Date(market$date, format = "%m/%d/%Y")
```

head(portfolio) 명령어를 이용해 임포트된 데이터셋의 처음 몇 행을 프린트하자.

결과는 다음과 같다.

```
head(portfolio)
  id account                          account_name volume
1  1    cb_1 Cash and balances with central bank    930
2  2   mmp_1              Money market placements   1404
3  3   mmp_1              Money market placements    996
4  4    cl_1                      Corporate loans    515
5  5    cl_1                      Corporate loans    655
6  6    cl_1                      Corporate loans    560
  ir_binding reprice_freq spread       issue    maturity
1        FIX           NA      5  2014-09-30  2014-10-01
```

```
2        FIX        NA     7   2014-08-30   2014-11-30
3        FIX        NA    10   2014-06-15   2014-12-15
4      LIBOR         3   301   2014-05-15   2016-04-15
5      LIBOR         6   414   2014-04-15   2016-04-15
6      LIBOR         3   345   2014-03-15   2018-02-15
  repayment payment_freq yieldcurve
1    BULLET          1     EUR01
2    BULLET          1     EUR01
3    BULLET          1     EUR01
4    LINEAR          3     EUR01
5    LINEAR          6     EUR01
6    LINEAR          3     EUR01
```

이 데이터 프레임의 각 열은 식별 번호(행 번호), 어카운트 타입, 제품의 특징을 나타낸다. 처음 3개의 열은 제품 식별자와 어카운트 식별자(약식 이름), 어카운트의 긴 이름을 의미한다. levels 함수를 이용해 일반적인 상업은행의 제품이나 재무제표 아이템에 관련된 어카운트 타입을 쉽게 나열할 수 있다.

```
levels(portfolio$account_name)
 [1] "Available for sale portfolio"
 [2] "Cash and balances with central bank"
 [3] "Corporate loans"
 [4] "Corporate sight deposit"
 [5] "Corporate term deposit"
 [6] "Money market placements"
 [7] "Other non-interest bearing assets"
 [8] "Other non-interest bearing liabilities"
 [9] Own issues"
[10] "Repurchase agreements"
[11] "Retail overdrafts"
[12] "Retail residential mortgage"
[13] "Retail sight deposit"
[14] "Retail term deposit"
[15] "Unsecured money market funding"
```

portfolio 데이터셋은 EUR의 볼륨과 이자율 바이딩 타입(FIX 혹은 LIBOR), 계좌가 리프라이싱되는 월별 주기(이자율 바이딩이 LIBOR일 경우), 이자율의 스프레드 구성 요소를 포함한다. 그뿐 아니라 다른 열은 제품의 현금 흐름 구조를 표시한다. 열은 이슈가 된 날짜(리프라이싱된 첫 번째 날)와 만기 날짜, 마지막 열은 미래 변동률 지불의 계산에 이용되는 이자율 곡선의 식별자를 저장한다.

실제 이자율은 market 데이터셋에 저장된다. 확인하기 위해 첫 몇 개의 행을 나열해보자.

```
head(market)
    type       date       rate comment
1  EUR01 2014-09-01  0.3000000      1M
2  EUR01 2014-12-01  0.3362558      3M
3  EUR01 2015-03-01 -2.3536463      6M
4  EUR01 2015-09-01 -5.6918763      1Y
5  EUR01 2016-09-01 -5.6541774      2Y
6  EUR01 2017-09-01  1.0159576      3Y
```

첫 번째 열은 수익률 곡선 타입을 의미한다(예: 채권 시장이나 은행 간 시장의 수익률).

두 데이터셋을 연결하기 위해 type 열은 portfolio와 동일해야 한다. date 열은 현재 이자율의 만기를 나타내며, rate는 1/100%(basis points)에서의 이자율값을 나타낸다. 이 시점에서의 수익률 곡선은 특정 부분에서 음의 값을 보이기 때문에 평범하지 않다. 마지막 열은 수익률 곡선의 레벨을 저장한다.

데이터셋은 현재 상태의 은행 포트폴리오와 현재 시장 상황을 보여준다. 우리의 분석에서 실제 날짜는 2014년 9월 30일이다. 이 날짜를 NOW라고 불리는 날짜 변수로 설정하자.

```
NOW <- as.Date("09/30/2014", format = "%m/%d/%Y")
```

이제 소스 데이터 준비를 끝냈다. 이것은 가상의 상업은행 재무제표 구조의 단순 버전을 보여주기 위해 저자가 생성한 샘플 데이터셋이다.

현금 흐름 생성 함수

이 정보는 재무제표와 현재 수익률 곡선에 대한 데이터를 임포트한 후, 은행의 전체적인 현금 흐름을 만들기 위해 이용한다. 우선 선도 수익률을 이용해 변동 이자율을 계산한다. 이후 원금과 이자율 현금 흐름을 따로 생성한다. 이렇게 하기 위해 지불 빈도에 바탕을 두고 원금의 현금 흐름을 계산하며, 변동 이자율 상품에 따라 변동 이자율을 추출할 수 있도록 함수를 미리 정의한다. 이 스크립트는 팩트출판사가 제공한 링크에서 찾을 수 있다. 이것을 로컬 폴더에 복사하고 작업하고 있는 디렉터리에서 미리 정의된 함수에 대한 스크립트를 실행하자.

```
source("bankALM.R")
```

이 소스 파일은 xts와 zoo, YieldCurve, reshape, caR 패키지를 로드하며, 만약 필요하면 이 필수 패키지를 설치한다. 이 스크립트 파일에서 우리가 사용할 가장 중요한 함수를 살펴보자. cf 함수는 이미 정의된 현금 흐름 구조를 생성한다. 예를 들어, 다음과 같이 EUR 100의 액면 가격을 갖고 있으며, 3년의 만기와 10%의 고정 이율을 갖고 있는 만기 일시 상환 구조의 대출을 생성할 수 있다.

```
cf(rate = 0.10, maturity = 3, volume = 100, type = "BULLET")
$cashflow
[1]  10  10  110
$interest
[1] 10 10 10
$capital
[1]   0   0 100
$remaining
[1] 100 100    0
```

이 함수는 현금 흐름 전체와 이자, 자본 상환 구조, 각 기간 동안 남아 있는 자본을 보여준다. get.yieldcurve.spot은 특정 날짜 간에 적합된 수익률 곡선^{fitted spot yield curve}을 제공한다. 이 함수는 이미 로드한 YieldCurve 패키지를 이용한다. 다음과 같이 날짜 변수를 정의하자.

```
test.date <- seq(from = as.Date("09/30/2015", format = "%m/%d/%Y"),
  to = as.Date("09/30/2035", format = "%m/%d/%Y"), by = "1 year")
```

market 데이터를 이용해 특정 날짜의 적합된 수익률 곡선을 구하고 그래프로 그려보자.

```
get.yieldcurve.spot(market, test.date, type = "EUR01", now = NOW,
  showplot = TRUE)
```

앞에 소개된 명령어로 다음 스크린샷과 같은 결과를 구할 수 있다.

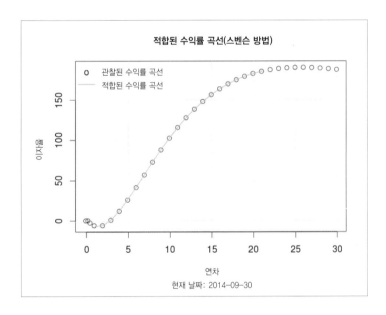

위 그래프는 관찰된 수익률 곡선(점)과 적합된 수익률 곡선(선)을 그리고 있다. get.yieldcurve.forward와 get.floating 함수를 살펴보면 2개의 함수 모두 재무제표 상품의 리프라이싱 날짜를 사용하고 있는 것을 알 수 있다. 다음 예시는 20개 시점에 대한 기간 동안 리프라이싱 날짜의 시퀀스를 생성한다.

```
test.reprice.date <- test.date[seq(from = 1,to = 20, by = 2)]
```

market 데이터를 이용해 포워드 수익률 곡선을 추출하자.

```
test.forward <- get.yieldcurve.forward(market, test.reprice.date,
  type = "EUR01", now = NOW)
```

이제 showplot 옵션을 TRUE로 설정해 변동 이율을 생성하고, 포워드 곡선과 test.floating 변수의 차이점을 그림으로 그려보자.

```
test.floating<-get.floating(market, test.date, test.reprice.date,
  type="EUR01", now=NOW, showplot=TRUE)
```

위 명령어의 결과로 다음 스크린샷을 얻을 수 있다.

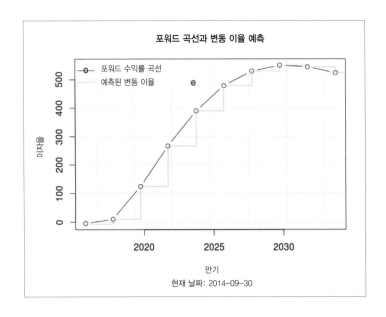

변동 금리 예측은 각 스텝별로 잘 짜여진 함수로 이뤄져있다. 프라이싱이 목적일 때는 변동 금리 대신 실제 포워드 이율을 사용할 수 있다. 하지만 변동 이율은 리프라이싱 때만 업데이트할 수 있다.

현금 흐름 준비

다음 단계에서는 portfolio와 market 데이터셋에서 현금 흐름 테이블을 생성하는 방법을 다룬다. cf.table 함수는 앞에서 설명한 함수를 호출하고 id 식별 번호에 해당하는 특정한 상품의 현금 흐름을 제공한다. 데이터셋에서 식별 번호는 정수며, 오름차순으로 나열돼야 한다. 사실상 각 번호는 주어진 행의 라인 넘버다. 모든 상품에 대한 현금 흐름을 생성해보자.

```
cashflow.table <- do.call(rbind, lapply(1:NROW(portfolio),
  function(i)cf.table(portfolio, market, now = NOW, id = i)))
```

portfolio 데이터셋은 147개의 상품으로 이뤄졌기 때문에 이 코드를 실행하는 데 10~60초 정도 걸릴 수 있다. 준비가 됐다면 결과의 첫 몇 줄을 살펴보자.

```
head(cashflow.table)
  id account     date         cf  interest capital  remaining
1  1     cb_1  2014-10-01  930.0388  0.03875     930          0
2  2    mmp_1  2014-10-30    0.0819  0.08190       0       1404
3  2    mmp_1  2014-11-30 1404.0819  0.08190    1404          0
4  3    mmp_1  2014-10-15    0.0830  0.08300       0        996
5  3    mmp_1  2014-11-15    0.0830  0.08300       0        996
6  3    mmp_1  2014-12-15  996.0830  0.08300     996          0
```

이제 현금 흐름 테이블 생성을 모두 끝냈다. 상품의 현재 가치와 은행 주식의 시장 가치 또한 계산할 수 있다. 다음 루프에 있는 pv.table 함수를 실행해보자.

```
presentvalue.table <- do.call(rbind, lapply(1:NROW(portfolio),
  function(i)pv.table(cashflow.table[cashflow.table$id ==
    portfolio$id[i],], market, now = NOW)))
```

결과를 확인하기 위해 테이블의 첫 행을 표시해보자.

```
head(presentvalue.table)
    id  account        date    presentvalue
1   1     cb_1    2014-09-30        930.0384
2   2    mmp_1    2014-09-30       1404.1830
3   3    mmp_1    2014-09-30        996.2754
4   4     cl_1    2014-09-30        530.7143
5   5     cl_1    2014-09-30        689.1311
6   6     cl_1    2014-09-30        596.3629
```

방법이 다른 결과를 생성할 수 있기 때문에 결과가 조금 다를 수 있다. 주식 시장값을 얻기 위해 현재 가치를 추가할 필요가 있다.

```
sum(presentvalue.table$presentvalue)
[1] 14021.19
```

현금 흐름 테이블은 부채를 음의 값을 갖는 자산으로 취급한다. 따라서 모든 아이템을 더하면 적절한 결과를 얻을 수 있다.

▌ 금리 리스크 측정

금리 리스크 관리는 자산 부채 관리의 가장 중요한 요소 중 하나다. 금리 변동은 이자 수익과 자본의 시가총액 양쪽 모두에 영향을 미칠 수 있다. 금리 관리는 순이자 수익의 민감도에 초점을 둔다. 순이자 수익[NII]은 이자 수익과 이자 비용의 차이와 같다.

$$NII = \left(SA + NSA\right)i_A - \left(SL + NSL\right)i_L$$

여기에서 SA와 SL는 금리에 민감한 자산과 부채를 의미하며, NSA와 NSL는 금리에 민감하지 않은 자산과 부채를 의미한다. 자산과 부채의 금리는 i_A와 i_L로 표시한다.

전통적인 재무제표의 금리 리스크 접근 방법은 갭 모델에 바탕을 둔다. 금리 갭은 일정 기간 동안의 금리 담보 자산과 부채 간의 순자산 포지션을 의미하며, 동시에 이것은 리프라이싱된다. 금리 갭(G)은 다음과 같다.

$$G = SA - SL$$

리프라이싱 갭 테이블은 리프라이싱 시점과 리프라이싱 기준에 따라 분류된 금리에 영향을 받는 재무제표의 아이템을 보여준다. 이자 수익 변동은 다음과 같이 이자 담보 항목에 금리 변화를 곱한 값으로 표현할 수 있다.

$$\Delta NII = \left(SA - SL\right)\Delta i = G\Delta i$$

갭의 부호는 금리 리스크 측면에서 아주 중요하다. 양의 갭은 금리가 인상될 때 수익이 증가하며 금리가 낮아질 때 수익이 감소함을 의미한다. 리프라이싱 갭 테이블은 금리 담보 자산과 부채를 기준 금리를 바탕으로(3개월이나 6개월의 EURIBOR) 합산함으로써 기본 위험을 포착할 수 있다. 금리 갭 테이블은 수익 관점에서 볼 때 위험 노출을 판단하기에 충분한 툴이 될 수 있다. 그러나 갭 모델은 전체 대차대조표의 순금리 수익 위험을 수량화하기 위한 단일 위험 측정으로 사용할 수 있다. 금리 갭은 금리 리스크 포지셔닝의 가이드라인을 제공하는 운영 툴이다.

여기서는 순이자 수익과 리프라이싱 갭 테이블을 만드는 방법, 순이자 수익의 기간 구조에 대한 수치를 생성하는 방법을 다룬다. `cashflow.table` 데이터를 통해 금리 갭 테이블을 만들자. 이전 절에 이어 원하는 데이터 형식을 만들기 위해 미리 정의된 `nii.table` 함수를 사용한다.

```
nii <- nii.table(cashflow.table, now = NOW)
```

앞으로 7년 동안의 순금리 수익을 고려하면 다음과 같은 테이블을 얻는다.

```
round(nii[,1:7], 2)
          2014     2015     2016     2017     2018     2019     2020
afs_1     6.99     3.42     0.00     0.00     0.00     0.00     0.00
cb_1      0.04     0.00     0.00     0.00     0.00     0.00     0.00
cl_1    134.50   210.04    88.14    29.38     0.89     0.00     0.00
cor_sd_1  -3.20   -11.16    -8.56    -5.96    -3.36    -0.81     0.00
cor_td_1  -5.60    -1.99     0.00     0.00     0.00     0.00     0.00
is_1    -26.17   -80.54   -65.76   -48.61   -22.05    -1.98     0.00
mmp_1     0.41     0.00     0.00     0.00     0.00     0.00     0.00
mmt_1    -0.80    -1.60     0.00     0.00     0.00     0.00     0.00
oth_a_1   0.00     0.00     0.00     0.00     0.00     0.00     0.00
oth_l_1   0.00     0.00     0.00     0.00     0.00     0.00     0.00
rep_1    -0.05     0.00     0.00     0.00     0.00     0.00     0.00
ret_sd_1 -8.18   -30.66   -27.36   -24.06   -20.76   -17.46   -14.16
ret_td_1-10.07   -13.27     0.00     0.00     0.00     0.00     0.00
rm_1    407.66  1532.32  1364.32  1213.17  1062.75   908.25   751.16
ro_1    137.50   187.50     0.00     0.00     0.00     0.00     0.00
total   633.04  1794.05  1350.78  1163.92  1017.46   888.00   736.99
```

어떤 계좌에서 은행의 금리 수익이나 비용이 발생하는지 쉽게 알 수 있다. 순 이자 수익 테이블은 다음과 같이 그래프로 그릴 수 있다.

```
barplot(nii, density = 5*(1:(NROW(nii)-1)), xlab = "Maturity",
  cex.names = 0.8, Ylab = "EUR", cex.axis = 0.8,
    args.legend = list(x = "right"))
title(main = "Net interest income table", cex = 0.8,
  sub = paste("Actual date: ",as.character(as.Date(NOW))))
    par(fig = c(0, 1, 0, 1), oma = c(0, 0, 0, 0),mar = c(0, 0, 0, 0),
      new = TRUE)
plot(0, 0, type = "n", bty = "n", xaxt = "n", yaxt = "n")
legend("right", legend = row.names(nii[1:(NROW(nii)-1),]),
  density = 5*(1:(NROW(nii)-1)), bty = "n", cex = 1)
```

다음 그래프에서 결과를 확인할 수 있다.

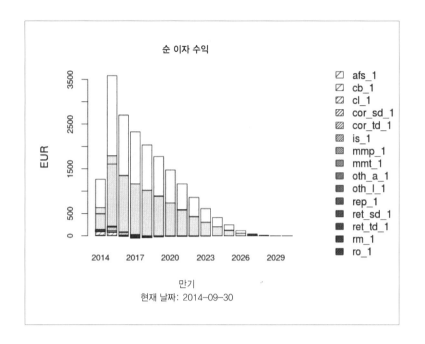

이제 리프라이싱 갭 테이블을 작성해 리프라이싱 갭을 살펴볼 수 있다. 미리 정의된 repricing.gap.table 함수를 이용해 월별 갭을 구하고 그 결과를 barplot을 이용해 그 래프로 그려보자.

```
(repgap <- repricing.gap.table(portfolio, now = NOW))
          1M    2M   3M   4M   5M   6M   7M   8M   9M  10M  11M  12M
volume  6100  9283  725 1787 7115 6031 2450 5919 2009 8649 6855 2730
barplot(repgap, col = "gray", xlab = "Months", ylab = "EUR")
title(main = "Repricing gap table", cex = 0.8,
  sub = paste("Actual date: ",as.character(as.Date(NOW))))
```

위 코드에 이용해 12개월에 대한 마지널 갭[marginal gaps]을 그림으로 표현할 수 있다.

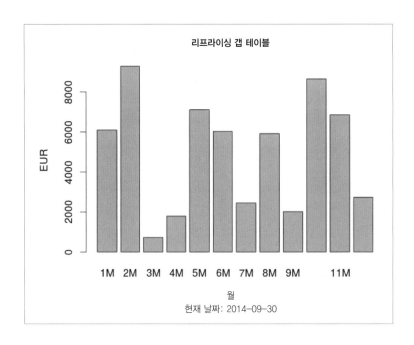

금리 리스크를 관리하기 위한 더 정교한 툴들이 있다. 실제로 시뮬레이션 모델은 위험 운영을 목적으로 적용된다. 하지만 바젤 2 규정의 필라 1에서는 장부 리스크를 자본 비용에 부과하지 않는다. 필라 2에 장부의 금리 리스크가 포함됐다. 금융 규제 기관은 자본의 시가총액에 관련된 리스크 평가에 특히 중점을 두고 있다.

리스크 한도는 특정 스트레스 시나리오를 기반으로 한다. 특정 스트레스는 결정된 금리 충격이나 과거 변동성에 기반을 둔 리스크 개념의 수익일 수 있다. 따라서 리스크 측정 기술은 시나리오나 확률론적 시뮬레이션 접근 방법을 의미하며, 이자 수익이나 자본의 시가총액에 중점을 둔다. 순 이자 수익률 시뮬레이션은 역동적이고 미래에 대한 접근법인 반면, 자본 시가총액 계산은 정적인 결과를 갖는다. 장부의 금리 리스크를 측정할 때 자본의 듀레이션이 많이 사용된다. 자산과 부채의 듀레이션을 계산해 자본의 듀레이션을 구한다. ALM 전문가들은 금리 민감도를 산출할 때 내재 옵션(캡, 플로 등)과 같은 효과적인 듀레이션을 사용한다.

유동성 리스크 측정

전통적인 유동성 리스크 측정 툴은 정적이며 동적인 유동성 갭 테이블이다. 유동성 갭 테이블은 대차대조표 관점의 현금 흐름을 제공하며, 현금의 유입과 유출에 따라 버켓으로 대차대조표 항목을 정리한다. 각 버켓의 순현금 흐름 갭은 은행의 구조적 유동성 위치를 보여준다. 정적 관점은 쇠퇴된 대차대조표를 가정하는 반면, 다이내믹 유동성 테이블은 롤 오버및 새로운 비지니스에 대한 현금 흐름도 고려한다. 여기서는 유동성에 대한 정적인 관점만 시연한다.

일일 현금 흐름 포지션을 준비하는 것부터 시작해보자. 때때로 주어진 날짜에 유동성 포지션이 어떤지 알 필요가 있다. cashflow.table을 날짜별로 합산하는 것은 쉽다.

```
head(aggregate(. ~ date, FUN = sum,
  data = subset(cashflow.table,select = -c(id, account))))
          date           cf     interest     capital  remaining
1   2014-10-01   930.0387500    0.0387500    930.0000       0.00
2   2014-10-14     0.6246667    0.6246667      0.0000    3748.00
3   2014-10-15  2604.2058990  127.5986646   2476.6072   13411.39
4   2014-10-28   390.7256834  124.6891519    266.0365   23444.96
5   2014-10-30 -3954.2638670   52.6149502  -4006.8788  -33058.12
6   2014-10-31    -0.1470690   -0.1470690      0.0000   -2322.00
```

두 번째로 유동성 갭 테이블을 준비하고 차트를 생성하자. 미리 정의된 함수(lq.table) 또한 사용할 수 있으며, 결과 테이블을 체크할 수 있다.

```
lq <- lq.table(cashflow.table, now = NOW)
round(lq[,1:5],2)
               1M      2-3M      3-6M     6-12M      1-2Y
afs_1        2.48   3068.51  14939.42      0.00      0.00
cb_1       930.04      0.00      0.00      0.00      0.00
cl_1      3111.11      0.00    649.51   2219.41   2828.59
cor_sd_1   217.75   -217.73   -653.09  -1305.69  -2609.42
```

cor_td_1	-1.90	-439.66	-6566.03	0.00	0.00
is_1	-8.69	-17.48	-2405.31	-319.80	-589.04
mmp_1	0.16	2400.25	0.00	0.00	0.00
mmt_1	-0.12	-0.54	-0.80	-1201.94	0.00
oth_a_1	0.00	0.00	0.00	0.00	0.00
oth_l_1	0.00	0.00	0.00	0.00	0.00
rep_1	-500.05	0.00	0.00	0.00	0.00
ret_sd_1	-186.08	-186.06	-558.04	-1115.47	-2228.46
ret_td_1	-4038.96	-5.34	-5358.13	-3382.91	0.00
rm_1	414.40	808.27	1243.86	2093.42	4970.14
ro_1	466.67	462.50	1362.50	2612.50	420.83
total	-28.69	5872.72	2653.89	-400.48	2792.63

barplot 함수의 결과는 다음과 같다.

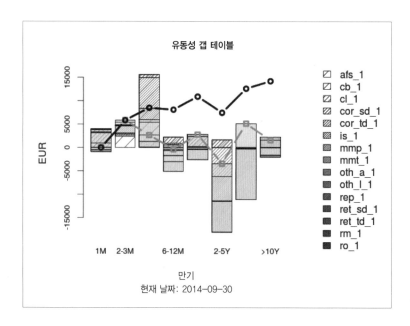

그림의 바들은 각 시간 버켓마다의 유동성 갭을 보여준다. 점선으로 된 네모는 순유동성 포지션을 나타내는 반면, 실선은 누적 유동성 갭을 나타낸다.

비만기 예금 모델링

상업은행 대차대조표의 대부분은 계약돼 있지 않은 현금 흐름을 특징을 갖고 있는 고객 계약들로 이뤄져 있기 때문에 비만기 예금non-maturity deposit, NMD의 중요성이 상당히 높다. 비만기 예금은 은행이 예금 계좌에 지불되는 이자를 언제든지 변경할 수 있는 옵션을 갖고 있는 특별한 금융 상품이며, 고객은 사전 통보 없이 계좌에서 원하는 금액을 출금할 수 있다. 이 상품의 유동성과 금리 리스크 관리는 ALM 분석의 중요한 부분이다. 따라서 비만기 예금의 모델링에 특별한 관심을 기울일 필요가 있다. 불확실한 만기와 금리는 헤징과 내부 이전 프라이싱internal transfer pricing, 위험 모델링의 높은 수준의 복잡성을 야기한다.

예금 이율 모델

다음 코드에서는 공개적으로 사용할 수 있는 통계 데이터베이스에서 호주의 비만기 예금의 시계열 데이터를 가져온다. 데이터셋에는 월별 예금 금리(cpn)와 월말 잔액(bal), 한 달 동안의 EURIBOR 고정(eur1m)이 있다. 이 시계열은 로컬 폴더의 csv 파일로 저장돼 있다. 명령어는 다음과 같다.

```
nmd <- read.csv("ecb_nmd_data.csv")
nmd$date <- as.Date(nmd$date, format = "%m/%d/%Y")
```

우선 다음과 같은 명령어를 이용해 한달 동안의 예금 이율과 EURIBOR을 그래프로 그려보자.

```
library(car)
plot(nmd$eur1m ~ nmd$date, type = "l", xlab="Time", ylab="Interest rate")
lines(nmd$cpn~ nmd$date, type = "l", lty = 2)
title(main = "Deposit coupon vs 1-month Euribor", cex = 0.8 )
legend("topright", legend = c("Coupon","EUR 1M"),
  bty = "n", cex = 1, lty = c(2, 1))
```

다음 스크린샷은 예금 쿠폰과 **한 달 동안의 EURIBOR**에 대한 그래프다.

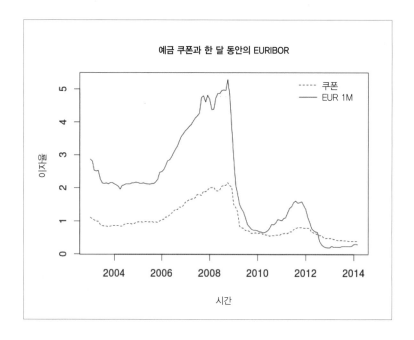

첫 번째 목표는 비만기 예금 이자에 대한 한 달 동안의 EURIBOR이 갖는 장기 설명력을 설명하기 위해 오류 수정 모델error correction model, ECM을 추정하는 것이다. 시장 금리의 통과 효과를 측정하는 것 또한 최근 규제 관점에서 중요하게 여기게 됐다. ECB는 유로존 은행에 특정 스트레스 테스트 시나리오의 통과 효과를 측정하도록 요구한다. ECM 모델을 측정하기 위해 Engle-Granger two-step 방법을 사용한다. 잔차를 갖고 두 번째 스텝으로 오류 수정 메커니즘을 이용해 예금율에 대한 EURIBOR의 장기와 단기 효과를 측정한다. 첫 번째 과정 전에 2개의 시계열을 같은 순서로 통합할 수 있는지 확인해야 한다. 따라서 ADF와 KPSS 테스트를 실행한다. 스크립트는 다음과 같다.

```
library(urca)
attach(nmd)
# 단위근 테스트(ADF)
cpn.ur <- ur.df(cpn, type = "none", lags = 2)
```

```
dcpn.ur <- ur.df(diff(cpn), type = "none", lags = 1)
eur1m.ur <- ur.df(eur1m, type = "none", lags = 2)
deur1m.ur <- ur.df(diff(eur1m), type = "none", lags = 1)
sumtbl <- matrix(cbind(cpn.ur@teststat, cpn.ur@cval,
                    dcpn.ur@teststat, dcpn.ur@cval,
                    eur1m.ur@teststat, eur1m.ur@cval,
                    deur1m.ur@teststat, deur1m.ur@cval), nrow=4)
colnames(sumtbl)<- c("cpn", "diff(cpn)", "eur1m", "diff(eur1m)")
rownames(sumtbl)<- c("Test stat", "1pct CV", "5pct CV", "10pct CV")
# 정상성 테스트(KPSS)
cpn.kpss <- ur.kpss(cpn, type = "mu")
eur1m.kpss <- ur.kpss(eur1m, type = "mu")
sumtbl <- matrix(cbind(cpn.kpss@teststat, cpn.kpss@cval,
    eur1m.kpss@teststat, eur1m.kpss@cval), nrow = 5)
colnames(sumtbl)<- c("cpn", "eur1m")
rownames(sumtbl)<- c("Test stat", "10pct CV", "5pct CV", "2.5pct
    CV", 1pct CV")
print(cpn.ur@test.name)
print(sumtbl)
print(cpn.kpss@test.name)
print(sumtbl)
```

결과로 다음 서머리 테이블을 얻었다.

Augmented Dickey-Fuller Test

	cpn	diff(cpn)	eur1m	diff(eur1m)
Test stat	-0.9001186	-5.304858	-1.045604	-5.08421
1pct CV	-2.5800000	-2.580000	-2.580000	-2.58000
5pct CV	-1.9500000	-1.950000	-1.950000	-1.95000
10pct CV	-1.6200000	-1.620000	-1.620000	-1.62000

KPSS

	cpn	eur1m
Test stat	0.8982425	1.197022
10pct CV	0.3470000	0.347000

5pct CV	0.4630000	0.463000
2.5pct CV	0.5740000	0.574000
1pct CV	0.7390000	0.739000

ADF 테스트의 귀무가설은 원래의 시계열을 기각할 수 없다. 하지만 테스트 결과는 예금 이자율과 한 달 시계열의 처음 차이가 단위근을 포함하지 않다는 것을 보여준다. 이것은 두 시계열 모두 한 번 적분이 되며, I(1) 프로세스라는 것을 의미한다. KPSS 테스트는 유사한 결과를 갖는다. 다음 단계는 간단한 회귀 방정식의 잔차를 테스트해 두 시계열의 공적분을 테스트한다. 여기서 회귀 방정식은 한 달 EURIBOR율에 대한 예금 이자율의 식이다. 공적분 식을 추정한다.

```
lr <- lm(cpn ~ eur1m)
res <- resid(lr)
lr$coefficients
(Intercept)        eur1m
  0.3016268    0.3346139
```

잔차의 단위근 테스트는 다음과 같다.

```
res.ur <- ur.df(res, type = "none", lags = 1)
summary(res.ur)
###########################################
#        증강된 디키-풀러 테스트 단위근 테스트        #
###########################################

Test regression none

Call:
lm(formula = z.diff ~ z.lag.1 - 1 + z.diff.lag)

Residuals:
      Min        1Q     Median        3Q       Max
-0.286780  -0.017483  -0.002932  0.019516  0.305720
```

```
Coefficients:
          Estimate Std. Error t value Pr(>|t|)
z.lag.1    -0.14598    0.04662  -3.131  0.00215 **
z.diff.lag -0.06351    0.08637  -0.735  0.46344
---
Signif. codes:    0 '***' 0.001 '**' 0.01 '*' 0.05 '.' 0.1 ' ' 1
Residual standard error: 0.05952 on 131 degrees of freedom
Multiple R-squared:  0.08618,   Adjusted R-squared:  0.07223
F-statistic: 6.177 on 2 and 131 DF,  p-value: 0.002731

Value of test-statistic is: -3.1312

Critical values for test statistics:
     1pct  5pct 10pct
tau1 -2.58 -1.95 -1.62
```

ADF 테스트의 통계량이 임계값의 1%보다 낮기 때문에 잔차가 정상성을 갖는다는 결론을 내릴 수 있다. 이것은 두 시계열의 선형 결합이 정상 프로세스기 때문에 예금 쿠폰과 한 달 EURIBOR이 공적분된다는 것을 의미한다. 공적분의 존재는 오류 수정 모델 추정의 전제 조건이기 때문에 중요하다. ECM 방정식의 기본 구조는 다음과 같다.

$$\Delta Y_t = \alpha + \beta_1 \Delta X_{t-1} + \beta_2 EC_{t-1} + \varepsilon_t$$

Y에 대한 X의 단기와 장기 효과를 추정하자. 공적분 방정식의 래그 잔차는 오류 수정 메커니즘을 나타낸다. β_1 계수는 단기 수정 부분을 측정하는 반면, β_2는 X 평형 상태로부터의 잔차를 평가하는 장기 평형 상태의 계수다. 이제 dynlm 패키지를 이용해 ECM 모델을 추정해보자.

```
install.packages('dynlm')
library(dynlm)
res <- resid(lr)[2:length(cpn)]
dy <- diff(cpn)
```

```
dx <- diff(eur1m)
detach(nmd)
ecmdata <- c(dy, dx, res)
ecm <- dynlm(dy ~ L(dx, 1)+ L(res, 1), data = ecmdata)
summary(ecm)
Time series regression with "numeric" data: Start = 1, End = 134

Call:
dynlm(formula = dy ~ L(dx, 1)+ L(res, 1), data = ecmdata)

Residuals:
    Min       1Q   Median       3Q      Max
-0.36721  -0.01546  0.00227  0.02196  0.16999

Coefficients:
             Estimate Std.  Error t value  Pr(>|t|)
(Intercept) -0.0005722  0.0051367  -0.111     0.911
L(dx, 1)     0.2570385  0.0337574   7.614  4.66e-12 ***
L(res, 1)    0.0715194  0.0534729   1.337     0.183
---
Signif. codes: 0 '***' 0.001 '**' 0.01 '*' 0.05 '.' 0.1 ' ' 1

Residual standard error: 0.05903 on 131 degrees of freedom
Multiple R-squared: 0.347,      Adjusted R-squared: 0.337
F-statistic: 34.8 on 2 and 131 DF, p-value: 7.564e-13
```

한 달 EURIBOR의 래그 변화는 예금 이자율을 단기적으로 25.7% 수정했다. 장기 평형 상태에서의 편차가 수정됐다는 결론은 내릴 수 없다. $beta_2$는 유효하지 않으며, 양의 부호를 갖고 있기 때문이다. 이는 오류는 수정되지 않았지만 7% 올라갔음을 의미한다. 이 결과를 경제적 관점에서 설명하면 NMD 쿠폰과 EURIBOR 이율 사이의 장기적 관계를 찾을 수 없지만, 단기적으로 EURIBOR의 편차는 쿠폰에 25.7%로 반영됐다고 할 수 있다.

비만기 예금의 정적 복제(Static replication)

이자율과 관련된 비만기 예금^{non-maturity deposit}의 리스크를 헤지하는 방법은 예금의 이자 지급을 모방하도록 제로 쿠폰으로 복제 포트폴리오를 구축하는 것이다. 그래서 예금 계좌의 낮은 이자보다 더 높은 수익률을 갖는 복제 포트폴리오에서 마진을 얻는다.

복제 포트폴리오에 한 달과 3달 EUR 단기 금융 상품^{money market placement}과 1년과 5년, 10년 정부 채권을 포함한다고 가정해보자. 통계 데이터 웨어하우스에서 과거 시계열을 갖고 와 로컬 폴더에 있는 csv 파일에 데이터를 저장한다. 다음과 같은 명령어를 사용해 csv 파일을 호출한다.

```
ecb.yc <- read.csv("ecb_yc_data.csv")
ecb.yc$date <- as.Date(ecb.yc$date, format = "%d/%m/%Y")
```

결과를 그래프로 그려보자.

```
matplot(ecb.yc$date, ecb.yc[,2:6], type = "l", lty =(1:5), lwd = 2,
  col = 1, xlab = "Time", ylab = "Yield", ylim = c(0,6), xaxt = "n")
legend("topright", cex = 0.8, bty = "n", lty = c(1:5), lwd = 2,
  legend = colnames(ecb.yc[,2:6]))
title(main = "ECB yield curve", cex = 0.8)
axis.Date(1,ecb.yc$date)
```

ECB 수익률 곡선은 다음과 같다.

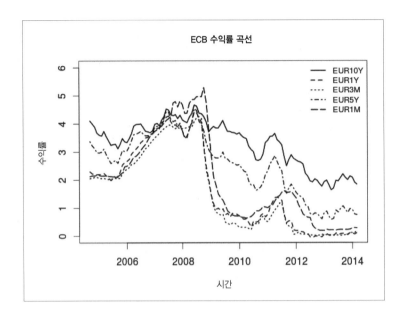

우리의 목표는 복제 포트폴리오에서 5개 헤징 상품의 포트폴리오 가중값을 계산해 주어진 시간 범위에서 예금 쿠폰에 대한 마진 변동성을 최소화하는 것이다. 즉, 복제 포트폴리오에서 이자 수익에 대한 추적 오차를 최소화하길 원한다. 이 문제는 다음의 최고 제곱 최소화 식으로 수식화할 수 있다.

$$min\|Ax - b\|^2$$

이것의 조건은 다음과 같다.

$$\sum x = 1$$

$$x \geq 0$$

$$x'm = l$$

여기서 A는 과거 이율에 대한 $(t \times 5)$ 매트릭스, b는 예금 쿠폰의 벡터, x는 포트폴리오의 가중값 벡터다. 최소화해야 하는 함수는 x와 매트릭스 A에 대한 선형 결합과 벡터 b 차이의 제곱근이다. 첫 번째 조건은 포트폴리오의 가중값은 음이 아니며 모두 더해 1이 돼야 한다는 것이다. 그리고 포트폴리오의 평균 만기에 대한 추가 조건을 소개했다. 평균 만기는 l과 동일하다. m 벡터는 5개의 월별로 표현된 5개의 헤징 상품의 만기를 포함한다. 이 제약들은 은행이 비만기 예금의 핵심 기반은 은행에 오랫동안 남아 있다고 가정하는 데에 근거한다. 이 장기적인 부분은 일반적으로 볼륨 모델에서 얻을 수 있다. 이것은 ARIMA 모델이거나 시장 이율 및 예금 쿠폰에 의존하는 다이내믹 모델일 수 있다.

이 최적화 문제를 해결하기 위해 quadprog 패키지의 solve.QP 함수를 이용한다. 이 함수는 등제한 조건과 부등식 제한 조건을 갖고 있는 이차 최적화 문제를 해결하기에 적당하다. solve.QP 함수의 적절한 모수 매트릭스$(A'A)$와 모수 벡터$(b'A)$를 유도하기 위해 최소 제곱 최소화 문제를 다시 정리한다. 또한 복제 포트폴리오의 최종 만기를 5년으로 가정해 $l = 60$으로 지정한다. 이것은 다음 코드를 사용해 NMD 포트폴리오의 핵심적인 유동성 특징을 모방한다.

```
library(quadprog)
b <- nmd$cpn[21:135]
A <- cbind(ecb.yc$EUR1M, ecb.yc$EUR3M,
  ecb.yc$EUR1Y, ecb.yc$EUR5Y, ecb.yc$EUR10Y)
m <- c(1, 3, 12, 60, 120)
l <- 60
stat.opt <- solve.QP(t(A)%*% A, t(b)%*% A,
             cbind(matrix(1, nr = 5, nc = 1),
                   matrix(m, nr = 5, nc = 1),
                   diag(5)),
             c(1, l, 0,0,0,0,0),
             meq=2 )
sumtbl <- matrix(round(stat.opt$solution*100, digits = 1), nr = 1)
colnames(sumtbl)<- c("1M", "3M", "1Y", "5Y", "10Y")
cat("Portfolio weights in%")
print(sumtbl)
```

```
      1M    3M  1Y  5Y   10Y
[1,]   0  51.3   0   0  48.7
```

과거 칼리브레이션에 기반을 둔 결과에 따르면, 최소 추적 오차를 갖는 NMD 쿠폰을 복제하기 위해, 복제 포트폴리오는 51%의 3달 단기 금융 상품과 49%의 10년 정부 채권을 갖고 있어야 한다. 다음 코드로 이 포트폴리오 가중값을 적용해 복제 포트폴리오의 수입과 예금 계좌의 비용을 계산할 수 있다.

```
mrg <- nmd$cpn[21:135] - stat.opt$solution[2]*ecb.yc$EUR3M +
    stat.opt$solution[5]*ecb.yc$EUR10Y
plot(mrg ~ ecb.yc$date, type = "l", col = "black", xlab="Time", ylab="%")
title(main = "Margin of static replication", cex = 0.8 )
```

정적 복제의 마진^{Margin of static replication}은 다음 그래프에서 살펴볼 수 있다.

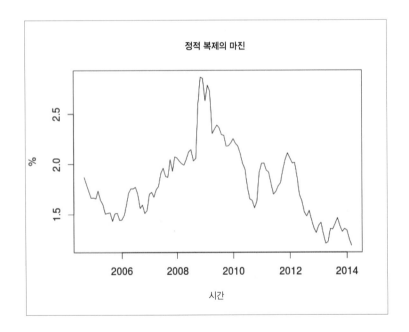

정적 전략의 복제에 의해 은행은 2010년 근처에 더 많은 수익률을 얻었다. 이때 단기와 장기 이율 간의 금리차가term spread가 드물게 높았다.

▍요약

11장에서는 R이 상업은행에서 자산과 부채를 관리하는 과정에 어떻게 사용되는지 시연했다. R 프로그래밍 언어를 이용해 반복적인 문제를 해결할 수 있는 범위는 데이터 준비부터 리포팅까지 광범위하다. 하지만 이자율과 유동성 측정을 어떻게 하는지 짧게 설명했다. 또한 비만기 예금에 대한 이자율 민감도의 통계적 측정에 대한 예제를 다뤘다. 다음과 같은 지식을 얻을 수 있다.

- 은행 포트폴리오와 시장 데이터의 현금 흐름 생성
- 기본 이자율 리스크 관리에 대한 측정과 리포팅 툴
- 기본 유동성 리스크 관리에 대한 측정과 리포팅 툴
- 비만기 예금 움직임의 모델링

우리는 11장이 이 책의 은행 관리 주제 중 유기적인 부분이라고 생각한다. 은행 관리 중 자산과 부채 관리는 어려운 문제다. 여러 패키지 라이브러리를 갖고 있는 오픈소스 언어인 R은 실무자에게 효율적이며 가치 있는 툴을 제공할 수 있다.

▍참고문헌

- Bessis, Joel(2011). Risk management in banking, John Wiley & Sons.
- Choudhry, Moorad(2011). Bank asset and liability management: strategy, trading, analysis, John Wiley & Sons.

- Matz, Leonard and Neu, Peter(2006). Liquidity risk measurement and management: A practitioner's guide to global best practices, John Wiley & Sons.

12

자본 적정성

11장에서 살펴봤듯이, 은행업은 특별히 위험이 큰 사업이며, 고객 돈의 안전이 가장 최우선이다. 이런 주요 목표를 위해 은행업은 엄격한 규제를 받고 있다. 은행이 무너지는 것을 막고 고객의 부를 보호하기 위해 규정을 정하는 것은 관리 당국의 매우 중요한 업무다. 자본 적정성capital adequacy 혹은 필요 자본량capital requirement은 이런 목표를 위한 가장 중요한 규제 도구 중 하나다. 금융업은 가장 높은 레버리지leverage를 갖고 있기 때문에 은행이나 다른 금융 기관들은 자산을 모두 자유롭게 사용할 수 없다. 이런 기업들은 상황이 나빠지더라도 안전한 운영과 지불 능력solvency을 보장하기 위해 충분한 자산을 보유할 필요가 있다.

각 국가는 서로 다른 은행 감독 기관(금융 감시 단체나 중앙은행 등)과 규제 기준을 갖고 있다. 하지만 은행 시스템이 글로벌화되면서 전 세계적으로 통용될 수 있는 기준이 필요해졌다. 1974년에 전 세계에 있는 각각 다른 나라에 적용할 수 있는 은행 규제 기준을 제공하기 위해 G-10 중앙은행에 의해 **바젤 은행 감독 위원회**Basel Committee on Banking Supervision, BCBS 가 창설됐다.

그 후 이 부분의 경제는 매우 빠르게 발전했으며, 위험 관리 및 자본 적정성 계산을 위해 점점 더 복잡한 수학적 방법들이 사용되고 있다. R은 이런 복잡한 수학적 분석 문제들을 완벽하게 해결할 수 있는 강력한 도구다. 따라서 많은 은행이 R을 위험 관리를 위한 중요한 도구로 이용한다는 것은 놀라운 일이 아니다.

▌ 바젤 협약의 원칙(Principles of the Basel Accords)

1988년에 스위스 바젤에서 BCBS는 지불 불능 위험risk of insolvency을 최소화하기 위해 은행이 보유해야 하는 최소 자산을 설정하기 위한 규제 프레임워크를 발표했다. 현재 Basel I로 언급되고 있는 소위 첫 번째 바젤 협정은 1992년까지 모든 G-10 나라에서 법으로 시행됐다. 2009년까지 27개의 회원국이 바젤 규제 프레임워크에 관여하고 있다(바젤 위원회의 역사는 http://www.bis.org/bcbs/history.htm을 참고하기 바란다).

Basel I

첫 번째 바젤 협약은 신용 리스크에 초점을 맞추고 있다. 서로 다른 자산 클래스를 고려한 적절한 위험 가중값을 공식화했다. 협약에 따르면, 은행의 자산은 신용 리스크를 고려한 카테고리로 분류돼야 하며, 각 카테고리의 노출도에 따라 정해진 값(0%나 20%, 50%, 100%)으로 가중돼야 한다. Basel I 법에 따르면, 국제 시장에 있는 은행은 적어도 **RWA**risk-weighted assets의 8%를 보유해야 한다. 이것은 최소 자본 비율이라고 불린다(은행 감독에 관한 바젤 위원회Basel Committee on Banking Supervision(http://www.bis.org/bcbs/charter.htm)).

소위 재무제표 아이템이 아닌 파생 상품이나 미사용 약정unused commitment, 신용장credit letter 등은 RWA에 포함돼야 하며, 보고돼야 한다.

이 협약은 시간이 지남에 따라 개정되고 구체화돼 신용 리스크뿐 아니라 다른 리스크를 소개할 수 있도록 의도됐다. 더 나아가 자본 적정성 계산에 관련된 특정 자산 클래스에 대해 더 적절한 정의를 내리고 이후 확인된 효과를 인식하기 위해 개정됐다.

Basel I은 은행의 자본 적정성을 수치화하기 위해 다른 자본 비율도 정의한다. 자본 비율은 모든 RWA와 관련된 특정 자본 계층 요소tier capital element로 간주된다. 자본 계층 요소Tier-capital element는 Basel I의 정의에 따라 그룹화된 자본 타입을 포함한다. 그러나 각 나라별 법적 구조는 다르기 때문에 은행 감독 기관은 자본 계산에 고려되는 금융 상품의 분류를 개정할 수 있다.

Tier 1 자본은 정의된 요구 사항을 만족시키는 보통주와 이익 잉여금, 특정 우선주로 이뤄진 기본 자본을 포함한다. Tier 2는 보충 부채와 비공개 적립금, 재평가 적립금, 일반 대출 손실 적립금, 하이브리드 자본 상품을 포함하는 보완 자본로 간주되는 반면, Tier 3은 단기 보충 자본이다(Committee on Banking Regulations and Supervisory Practices(1987), Proposals for international convergence of capital measurement and capital standards, Consultative paper, December 1987, http://www.bis.org/publ/bcbs03a.pdf).

Basel II

Basel II는 Basel I의 뒤를 이어 새로운 자본 적정성 프레임워크를 제안하기 위해 1999년에 발행됐으며, 이전 바젤 협약에서 규제됐던 특정 이슈를 해결하기 위해 2004년에 출판됐다.

Basel II의 주요 목적은 다음과 같다.

- 좀 더 위험에 민감한 자본 배분 제공
- 신용 리스크뿐 아니라 시장 리스크와 운영 리스크를 위한 적절한 계산 방법 실행

- 시장 참여자들이 좀 더 자본 적정성을 인지할 수 있도록 공개 요구 사항 개선
- 구제 차익 방지

Basel II의 프레임워크는 다음 3개의 필라pillar를 바탕으로 한다.

- 위원회가 표준화된 자본 적정성 계산을 개발하고 확장하기 위한 최소 요구 자본
- 금융 당국의 금융 기관 자본 적정성과 내부 평가 프로세스의 리뷰
- 시장 규율을 높이기 위한 효과적인 공시

최소 요구 자본

신용 위험의 요구 자본은 표준화된 접근 방법으로 계산할 수 있다. 신용 익스포저는 이 방법에 기초해 우선 **외부 신용 평가 기관**ECAI에 관련된 등급을 고려한 수치로 가중돼야 한다. 국가, 법인, 은행 또는 증권 회사는 등급에 따라 0%, 20%, 50%, 100%, 150%의 위험 가중값을 가질 수 있다. 하지만 IMF나 BIS, EC 같은 국제 협회에 따르면, 위험 가중값은 지속적으로 0%가 돼야 한다.

위원회는 담보 부채와 현찰, 다른 자산과 관련한 상수의 가중값을 정의했으며, 이것은 위험 완화를 염두에 두고 있는 현지 금융 기관에 의해 실행된다. 적격성eligibility은 각기 다른 자산 클래스에 따라 각각 다른 레벨에서 고려될 수 있으며, 각 나라의 현지 법령에 따라 규제된다. 더 나아가 부동산은 표준 접근법에 따라 익스포저로 간주되며, 따라서 자산 클래스의 규정에 포함된다.

재무제표 아이템이 아닌 경우의 전환 팩터conversion factor를 고려해 최소 요구 자본은 RWA의 8%로 정의됐다. 이 방법으로 결정된 요구 자본은 신용 리스크와 시장 리스크, 운영 리스크 또한 적절히 커버해야 한다.

신용 리스크를 산출하는 다른 방법으로는 소위 말하는 **내부 등급 접근법**Internal Raitings-Based, IRB이 있으며, 기초 IRB와 고급 IRB가 있다.

내부 등급IRB 접근법은 요구 자본을 결정하기 위해 자본 함수를 적용한다. 자본 함수에 영향을 미치는 **부도 예상율**probability of default, PD과 **부도 시 손실률**loss given default, LGD, **부도의 익스포저**exposure at default, EAD, **만기**maturity, M와 같은 주요 모수가 있다.

부도 예상률은 고객이 특정 시간 안에 채무를 만족하지 못할 가능성을 말한다. 내부 등급 접근 방법에 따르면, 은행은 직접 개발한 모델이나 ECAI의 등급을 적용해 고객의 PD를 예측할 수 있다.

부도 시 손실율은 고객이 채무를 불이행했을 때와 관련된 자산의 비율이다. LGD는 EAD 와 밀접하게 관련돼 있다. 부도의 익스포저는 채무의 불이행이 일어났을 때 그 고객의 미납된 채무의 가치다. 기초 IRB를 적용할 때 EAD의 계산 방법은 현지 규제에 따라 결정되지만, 고급 IRB에 따르면 은행은 자체적인 방법을 개발할 수 있다.

만기는 기간 타입 모수며, 신용 기간의 평균 잔여 부분을 가르킨다.

고급 IRB는 익스포저와 자산의 다른 분류를 가능하게 해 은행 포트폴리오의 특징을 좀 더 반영할 수 있다. 더 나아가 적용 가능한 신용 위험 완화 조치의 범위 또한 확대된다.

기초 IRB 또는 고급 IRB의 적용에 따른 여러 방법을 통해 RWA가 정해질 수 있지만, Basel II에 따르면 최고 요구 자본은 두 가지 경우 모두 RWA의 8%다.

운영 리스크는 다양한 방법을 통해 결정할 수 있다. 가장 단순한 계산 방법은 소위 말하는 **기초 지표 접근법**Basic Indicator Approach, BIA이다. 이 접근법에 따르면, 요구 자본은 지난 3년간의 **총소득**gross incomes, GI에 주어진 수치인 알파를 곱한 값으로 정의되며, 알파는 법안에 따라 15%로 결정된다.

표준화 접근 방법 Standardized Approach, STA은 약간 더 복잡하다. 이 접근 방법은 BIA의 특정 방법을 차용했다. 하지만 STA를 사용하기 위해 **영업 부문**lines of business, LoB에 따른 총소득을 결정해야 한다. 각 LoB의 총소득에 정해진 값인 베타(LoB에 따라 12%이나 15%, 18%)를 곱해야 한다. 자본 요구량은 총소득과 LoB에 따른 베타 곱의 합계다.

대체 표준 접근법 Alternative Standard Approach, ASTA의 목표는 신용 리스크로 인한 이중 부과를 피하는 것이다. ASTA는 STA의 방법을 채택한다. 하지만 두 가지 LoB의 경우, 표준화 접근 방법과 계산이 다르다. 이 LoB에 대해 GI는 대출 채권값(LA)과 고정 팩터($m = 0.035$)의 합으로 대체된다.

운영 리스크를 결정하는 가장 복잡한 방법은 **고급 측정 접근법**Advanced Measurement Approach, AMA 이다. 이 접근법은 양적, 질적 요구 사항을 모두 만족시켜야 한다. 운영 리스크를 측정하기 위한 내부 모델은 1년 동안의 99.9% 위험 가능성 측정과 같은 안전한 운영의 기준을 따라야 한다. 더 나아가 AMA를 적용하는 은행은 손실과 관련해 지난 5년간의 데이터를 제공해야 한다.

위험 완화 테크닉은 고급 측정 접근법을 사용하는 은행만 최대 요구 자본량의 20%까지 적용할 수 있다. 은행은 위험 완화 효과를 적용하기 위해 특정한 엄격한 요구 사항을 만족시켜야 한다.

시장 리스크의 요구 자본량의 계산과 관련해 표준화 접근법은 금융 당국이 정의한 측정과 테크닉을 바탕으로 한다. 더 고급 접근법을 위해 최대 **예상 손실액**Value at Risk, VaR이 선호되는 방법론으로 간주된다.

감독 당국의 검토

Basel II는 금융 당국의 감독과 중재 책임에 대해 정의했다. 금융 당국이 필라 I에서 결정된 것보다 더 높은 요구 자본량을 요구할 수 있도록 했다. 더 나아가 유동성과 편중, 전략적 및 시스템 리스크와 같은 필라 I에서 언급되지 않은 나머지 위험을 규제하고 관리할 수 있다.

국제 자본 적정성 평가 프로세스 International Capital Adequacy Assessment Process, ICAAP는 은행이 적절하고 정교한 위험 관리 시스템을 운영하도록 보장하기 위한 것이다. 이 시스템은 발생 가능한 모든 위험을 측정하고 정량화하며 요약, 모니터한다. 또한 은행이 모든 언급된 위험을 감당할 수 있도록 내부 방법을 통해 정해진 자본을 충분히 갖고 있는지 여부를 감독해야 한다.

평가 프로세스 Supervisory Review Evaluation Process, SREP는 현지 감독 기관이 위험과 자본 적정성을 평가하기 위한 절차를 정의한다. 또한 필라 II를 고려할 때 금융 기관은 주기적으로 필라 I에 따른 자본 적정성을 모니터해야 하며, 적정한 수준의 자본을 유지하기 위해 개입해야 한다.

투명성

바젤 II의 필라 III는 은행의 공시 요구 사항에 중점을 둔다. 이것은 주로 필라 I-II의 적용 범위와 위험 평가 프로세스, 위험 익스포저, 자본 적정성에 대한 정보를 공개하도록 요구되는 상장된 금융 기관을 의미한다(Basel Committee on Banking Supervisions(1999), A New Capital Adequacy Framework; Consultative paper; June 1999; http://www.bis.org/publ/bcbs50.pdf).

Basel III

금융 위기 이전에 이미 바젤 II의 프레임워크를 검토하고 구조적으로 강화시켜야 할 필요가 있었다. 금융 위기 동안 은행이 충분하지 않은 유동성과 너무 많은 레버리지를 갖고 있다는 것은 분명해졌다. 신용과 유동성 위험은 잘못 계산됐던 반면, 위험 관리를 더욱 중요하게 여겼어야 했다.

세 번째 바젤 협약은 금융 업계에 좀 더 안정적이고 안전한 운영 프레임워크를 제공하려는 목적으로 2010년에 개발됐다. 바젤 III과 그와 관련된 자본 요구 지침Capital Requirements Directive, CRD IV은 2019년까지 현지 법령으로 이행돼야 한다.

실행은 여러 단계로 진행되지만, 금융 기관은 그 전에 새로운 자본 기준 적용 준비를 몇 년 전에 시작해야 한다.

바젤 III의 규제와 관련된 분야는 다음과 같다.

- 요구 자본의 요소 – 자본 보존 버퍼capital conservation buffer와 카운터 순환 버퍼counter-cyclical buffer

- 레버리지율의 소개

- 유동성 지표의 구현

- 거래 상대방 위험의 측정

- 신용회사와 투자 회사의 자본 요구량

- 글로벌 건전성 기준의 이행

자본의 질을 높이기 위해 바젤 III는 요구 자본 구성 요소들을 규제한다. 핵심 Tier 1은 기본 Tier 1 자본 안에서 정의되며, 소위 자본 보존 버퍼는 2.5%의 일정값으로 적용된다. 재량 경기 반대 버퍼Discretionary counter cyclical butter 또한 소개됐으며, 이것은 신용 성장이 높은 기간 동안 추가로 자본의 2.5%를 적용한다.

바젤 III이 정의한 레버리지 비율은 위험 가중값과 상관없이 모든 자본과 부외 항목에 대한 손실 완충 자본의 금액이다.

바젤 III의 가장 중요한 조항은 두 가지 유동성 지표의 도입이다. 첫 번째는 단기간 동안 고려되며, 2015년까지 실행돼야 하는 **유동성 커버리지 비율**liquidity coverage ratio, LCR이다. LCR은 30일 기간 동안의 누적 순현금 흐름에 관련된 유동성 자산의 가치다. 초기에는 LCR 의 최솟값은 60%여야 하지만, 2019년까지 100%까지 인상돼야 한다. LCR 수식은 다음과 같다.

$$LCR = \frac{유동 \ 자산}{30일 \ 동안의 \ 전체 \ 순 \ 현금 \ 흐름}$$

순안정 자금 조달 비율 Net stable funding ratio, NSFR은 2018년에 시행된다. 이 지표의 목표는 금융 기관의 자산과 부채 간의 만기 격차 방지다. 이것의 목표는 부채의 안정성을 고려해 장기 자산의 자금 조달을 제공하는 것이다. 결과적으로 NSFR은 자금 조달된 안정 자산에 대한 안정 부채로 정의된다. NSFR 값 또한 2019년에는 최소 100%여야 한다.

$$NSFR = \frac{안정\ 자산}{장기\ 자산}$$

시스템 위험을 피하기 위해 상대 거래 대상의 위험을 고려한 자본 요구량도 이행돼야 한다. 거래 상대 대상의 자본 적정성과 유동성에 대한 기대값은 바젤 III 규정에 따라 정해진다. 자본 적정성에 관해 내부 계산 방법을 주로 적용하는 금융 기간은 새로운 규정에 포함된다. 이 규정은 향후 발생할 수 있는 잠재적 위험과 시스템적으로 중요한 금융 기관Systematically Important Financial Institutions, SIFI의 익스포저에 대한 좀 더 세분화된 평가를 고려하기 때문이다. 금융 기관은 세 번째 바젤 협약에 기초해 감독 기관이 정한 요구 사항을 적용하는 것보다 지표를 바탕으로 SIFI를 구분해야 한다(History of the Basel Committee 참조).

바젤 III의 주요 수치와 단계별 협약은 다음 표에 포함돼 있다.

단계		2013	2014	2015	2016	2017	2018	**2019**
	레버리지 비율	2013년 1월 1일부터 2017년 1월 1일까지 적용, 2015년 1월 1일부터 공시 시작					필라 1 도입	
자본편	최소 일반 자기 자본 비율	3.5%	4.0%	4.5%				**4.5%**
	자본 보존 버퍼				0.625%	1.25%	1.875%	**2.5%**
	최소 일반 자기 자본 비율 + 자본 보존 버퍼	3.5%	4.0%	4.5%	5.125%	5.75%	6.375%	**7.0%**
	CET1의 단계적 도입		20%	40%	60%	80%	100%	**100%**
	최소 티어 1 자본	4.5%	5.5%	6.0%				**6.0%**
	최소 전체 자본	8.0%						**8.0%**
	최소 전체 자본 + 보존 버퍼	8.0%			8.625%	9.25%	9.875%	**10.5%**
	티어 1 또는 2 자본에 더 이상 속하지 않는 자본	2013년을 시작으로 10년 이상 단계적으로 도입						
유동성	유동성 보상 비율 - 최소 요구량			60%	70%	80%	90%	**100%**
	순 안정 자금 비율						최소 기준 소개	

▌리스크 척도

금융 위험은 가시적이고 정량화할 수 있는 개념이며, 특정 금융 투자를 통해 손실을 볼 수 있는 가치다. 여기서는 불확실성과 위험을 엄격하게 구분하고 있으며, 위험은 다른 결과를 갖는 확실한 확률을 사용하는 수학 통계 방법을 통해 측정할 수 있다. 하지만 금융 위험을 측정하는 다양한 종류의 척도가 있다. 가장 많이 사용되는 위험 척도는 특정 금융 기관의 수익에 대한 표준편차다. 널리 쉽게 사용되고 있지만, 몇 가지 중대한 단점이 있다. 위험 척도로서의 표준편차의 가장 중요한 문제점은 상승 잠재력을 가격 하락 리스크와 같이 다룬다는 것이다. 즉, 덜 불안정한 자산보다 큰 수익과 작은 손실을 가져다줄 금융 상품을 좋지 않게 평가할 수 있다.

다음의 극단적인 예시를 살펴보자. 주식 시장은 두 가지의 주식을 갖고 있으며, 세 가지 다른 거시 경제 상황에서의 주식 수익률을 정확하게 측정할 수 있다고 가정해보자. 내년에 경제가 성장할 경우, 중견 기업의 주식 A의 수익률은 5%, 침체일 때는 0%, 불황일 경우에는 5%의 손실을 가져온다. 유망한 신생 기업의 주식 B는 경제 상황이 좋을 경우 수익률이 50%로 급등하며 침체일 때는 30%, 만약 경제가 좋지 않을 경우 20%의 연 수익률을 갖는다. 주식 A와 B의 통계적 표준편차는 각각 4.1%와 12.5%다. 따라서 만약 표준편차에 기초해 결정을 내린다면, 주식 B보다는 주식 A를 선택하는 것이 더 위험해 보인다. 하지만 상식적으로 볼 때, 주식 B가 모든 다른 거시적 경제 상황에서 더 나은 수익률을 보이기 때문에 주식 A보다는 주식 B를 선택하는 것이 더 낫다. 이 작은 예시는 표준편차를 위험 척도로서 사용하는 것의 가장 큰 문제점을 완벽하게 보여준다.

표준편차는 단순성^{monotonicity}이라는 일관된 위험 척도$^{coherent\ risk\ measure}$의 가장 단순한 조건을 만족하지 못한다. σ가 표준화^{normalized}돼 있으며, 다음 조건을 만족시킨다면 σ를 일관된 위험 척도라고 부를 수 있다. 일관된 위험 척도에 대한 더 많은 정보를 원한다면 아츠니어와 도벤$^{Artzner\ and\ Delbaen}$의 연구를 참고하라.

- **단조성**^{monotonicity}: 모든 시나리오상에서 X_1 포트폴리오의 가치가 포트폴리오 X_2보다 낮다면, X_1의 위험은 X_2보다 낮아야 한다. 즉, 만약 모든 경우에 대해 한 상품이 다른 상품보다 더 많이 지불한다면 이것이 더 낮은 위험을 가져야 한다.

$$X_1, X_2 \in R^n \text{일 경우, } X_1 \geq X_2 \text{라면 } \sigma(X_1) \leq (X_2) \text{이다.}$$

- **저가산성**^{sub-additivity}: 2개의 포트폴리오를 합한 위험이 2개의 포트폴리오를 각각 합한 위험보다 더 작아야 한다. 이 조건은 분산의 법칙을 나타낸다.

$$\sigma(X_1 + X_2) \leq \sigma(X_1) + \sigma(X_2), X_1, X_2 \in R^n$$

- **양의 동질성**^{positive homogeneity}: 포트폴리오 가치에 상수를 곱했을 때 위험도 같은 값만큼 곱해진다.

$$\sigma(\lambda X) = \lambda \sigma(X), X \in R^n, \lambda \in R$$

- **불변성**^{translation invariance}: 포트폴리오에 상수값을 더했을 때 같은 값만큼 위험이 줄어든다. 다음 식을 참조하자.

$$\sigma(X + \varepsilon) = \sigma(X) - \varepsilon, X \in R^n, \varepsilon \in R$$

1990년도 초반에 모건^{J. P. Morgan}의 CEO인 데니스 웨더스톤^{Dennis Weatherstone}은 "표준편차가 신뢰할 만한 위험 측도가 아니라면 무엇을 이용할 수 있을까?"라는 질문을 던졌다.

그는 유명한 4:15 보고서를 위해 회사의 부서들을 불렀다. 이것은 주식 시장 마감 15분 전의 최대 예상 손실액을 합산하는 것이다. CEO는 다음 거래일에 회사가 손실을 볼 수 있는 가치의 합산 측정값을 원했다. 이것은 1987년 블랙 먼데이를 볼 때, 완전히 계산할 수 없으므로 분석가들은 95% 확률을 추가했다.

특정 기간 동안 특정 확률(유의수준) 안에 얼마나 손실을 볼지 보여주는 것을 최대 예상 손실액^{value at risk}이라고 부른다. 이것이 소개된 지 얼마 되지 않았지만, 위험 부서와 금융 감독관 모두에게 널리 사용되고 있다. 최대 예상 손실액을 계산하는 여러 방법이 있으며, 세 가지 다른 방법으로 분류할 수 있다. 분석적인 최대 예상 손실액을 계산할 때 기초 자산과 수익률의 확률 분포를 알고 있다고 가정한다. 이런 가정을 직접 만들기 원하지 않는다면 과거 수익률 및 자산 가치를 이용해 역사적 최대 예상 손실액 계산을 이용할 수 있다. 이 경우 내포된 가정은 주어진 상품의 과거 성장은 미래 분포의 좋은 예측값이 된다는 것이다. 분석으로 다루는 것보다 좀 더 복잡한 분포를 사용하기 원한다면 몬테-카를로 시뮬레이션이 최대 예상 손실액을 계산하기 위한 가장 좋은 선택이 될 수 있다. 이것은 상품의 분석적 분포를 가정하거나 과거의 값을 이용할 수 있다. 뒤의 것은 역사적 시뮬레이션이라고 부른다.

분석적 VaR

분석적 접근 방법으로 최대 예상 손실액을 계산할 때 금융 상품의 수익률은 특정 수학 확률 분포를 따른다고 가정할 필요가 있다. 가장 일반적으로 정규분포를 사용한다. 그래서 최대 예상 손실액 계산 방법을 보통 델타 노멀delta-normal 방법이라고 부른다. 수학적으로 $X \sim N(\mu,\sigma)$이며, μ와 σ는 분포의 평균과 표준편차 모수다. 최대 예상 손실액을 계산하기 위해 임계값(T)을 구할 필요가 있다. 여기서 임계값보다 큰, 모든 데이터의 확률은 α다(α는 유의수준이며, 95%나 99%, 99.9% 등이 될 수 있다). 함수 F에 대한 표준 정규 누적 분포를 사용하자.

$$P\left(X \le \frac{T-\mu}{\sigma} \right) = F\left(T\right) = 1-\alpha$$

다음은 역누적 분포 함수inverse cumulative distribution function에 $1-\alpha$를 적용할 필요가 있다는 것을 가르킨다.

$$\frac{T-\mu}{\sigma} = F^{-1}\left(1-\alpha\right) \rightarrow T = \mu + \sigma \cdot F^{-1}\left(1-\alpha\right)$$

누적 분포의 누적 함수나 그것의 역함수의 공식을 알지 못하더라도 컴퓨터를 이용해 계산할 수 있다.

2년 동안의 데이터를 바탕으로 델타 노멀 방법을 이용해 95%, 1일 동안의 애플 주식의 최대 예상 손실액을 계산하기 위해 R을 사용하자. 계산된 애플 수익률의 평균과 표준편차 값은 0.13%와 1.36%다.

다음 코드는 애플 주식의 최대 예상 손실액을 계산한다.

```
Apple <- read.table("Apple.csv", header = T, sep = ";")
r <- log(head(Apple$Price,-1)/tail(Apple$Price,-1))
m <- mean(r)
s <- sd(r)
VaR1 <- -qnorm(0.05, m, s)
print(VaR1)
[1] 0.02110003
```

수익률에 적용할 경우, 임계값은 최대 예상 손실액과 동일하며, 다음 수식과 같이 계산할 수 있다. 최대 예상 손실액은 양의 숫자로 인식되기 때문에 언제나 결과값의 절댓값을 취한다.

$$VaR = T = \left| 0.14 + 1.36 \cdot (-1.645) \right| = 2.11$$

최대 예상 손실액(95%, 1일)은 2.11%다. 이것은 애플 주식이 하루에 2.11% 이상 손실을 보지 않을 확률은 95%라는 것을 의미한다. 이것은 또한 반대로 설명할 수 있다. 애플 주식이 하루 동안 2.11% 이상의 손실을 볼 가능성은 5%다.

다음 그림의 차트는 과거 위험 가치에 바탕을 둔 애플 수익률의 실제 분포다.

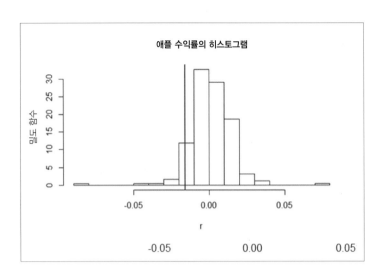

과거 VaR

최대 예상 손실액을 계산하는 가장 단순한 방법은 과거 접근 방법이다. 여기서는 금융 상품의 수익률에 대한 과거 분포가 미래 또한 나타낸다고 가정한다. 따라서 α 부분의 값보다 위쪽에 있는 임계값을 찾아야 할 필요가 있다. 통계에서는 이것을 백분위수라고 부른다. 예를 들어, 95% 유의수준의 최대 예상 손실액을 이용한다면, 이것은 데이터 중 하위 5 백분위수를 의미한다. 다음 코드는 R로 백분위수를 계산하는 방법을 보여준다.

```
VaR2 <- -quantile(r, 0.05)
print(VaR2)
        5%
0.01574694
```

이것을 애플 주식에 적용하면 하위 5퍼센타일은 1.57%다. 최대 예상 손실액은 이 백분위수의 절댓값이다. 따라서 애플 주식이 하루 동안에 1.57% 잃을 확률은 5%거나 주식이 1.57% 이하로 잃을 가능성은 95%라고 이야기할 수 있다.

몬테-카를로 시뮬레이션

최대 예상 손실액을 계산하는 가장 정교한 접근 방법은 몬테-카를로 시뮬레이션이다. 하지만 이것은 문제가 복잡하거나 가정 확률 분포가 어려워 다른 방법이 사용될 수 없을 때 가장 가치가 있다. 그럼에도 이것은 위험 관리에 사용되는 R의 가장 강력한 기능을 보여 줄 수 있는 좋은 방법이다.

몬테-카를로 시뮬레이션은 다른 많은 금융 분야와 과학 분야에서 사용될 수 있다. 기본적인 접근법은 모델을 설정하고 외생 변수^{exogenous}의 분석 분포를 가정하는 것이다. 다음 단계는 가정 분포에 따라 모델의 인풋 데이터를 무작위로 생성하는 것이다. 그런 다음, 결과를 모으고 결론을 도출한다. 시뮬레이션된 결과 아웃풋 데이터가 준비됐을 때, 과거 접근법과 동일한 과정을 따를 수 있다.

애플 주식의 최대 예상 손실액을 계산하기 위해 10,000스텝의 몬테-카를로 시뮬레이션을 이용하는 것이 지나쳐 보일 수도 있지만, 데모용으로 사용해보자. 관련된 R 코드는 다음과 같다.

```
sim_norm_return <- rnorm(10000, m, s)
VaR3 <- -quantile(sim_norm_return, 0.05)
print(VaR3)
        5%
0.02128257
```

시뮬레이션된 수익률의 하위 5 백분위의 최대 예상 손실액의 결과값은 2.06이다. 델타-노멀 방법에서 추정한 2.11과 매우 유사하며, 이것은 우연이 아니다. 수익률이 정규분포를 따른다는 기본 가정은 동일하다. 따라서 시뮬레이션 무작위성의 결과라는 점만 약간 다를 뿐이다. 시뮬레이션 더 많은 스텝을 거칠수록 결과는 델타-노멀 추정값과 가까워진다.

몬테-카를로 방법의 수정안은 가정 분포를 금융 상품의 과거 데이터에 바탕을 둔 역사적 시뮬레이션$^{historical simulation}$이다. 여기서 데이터를 생성할 때는 분석적 수학 함수가 아니라 무작위로 생성된 과거 값에 바탕을 두고 있으며 독립적이고 동일한 분포 방법^{independent} ^{identical distribution method}이 선호된다.

애플 주식 수익률에 대한 1만 가지 요소의 시뮬레이션을 이용한다. 과거 값을 무작위로 선택하기 위해 숫자들을 지정한다. 다음 스텝은 무작위 정수를 1에서 251로(과거 데이터의 숫자) 시뮬레이션한 다음, 관련된 수익률을 구하기 위해 함수를 이용하는 것이다. R 코드는 다음에서 볼 수 있다.

```
sim_return <- r[ceiling(runif(10000)*251)]
VaR4 <- -quantile(sim_return, 0.05)
print(VaR4)
         5%
0.01578806
```

최대 예상 손실액의 결과값은 1.58%며, 이것이 원래의 역사적 방법을 통해 구한 값에 가깝다는 것은 놀랍지 않다.

요즘에는 많은 금융 분야에서 위험 측도로 최대 예상 손실액을 사용하고 있다. 하지만 일반적으로 저가산성이 아니기 때문에 위험 일관 측도의 조건을 만족하지 않는다. 즉, 특정 경우에는 다양성을 만족하지 않을 수 있다. 하지만 수익률에 대한 타원형 분포 함수^{elliptically distributed function}를 가정한다면 최대 예상 손실액은 위험 일관 측도라는 것을 증명할 수 있다. 이것은 본질적으로 최대 손실 예상액을 측정할 때 정규분포가 완벽하게 부합한다는 것을 의미한다. 유일한 문제점은 실제 주식 수익률은 가우시안 곡선에 비해 첨용(꼬리가 두꺼운)됐다는 점이다.

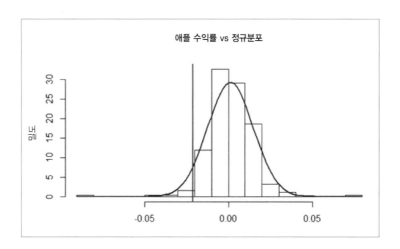

즉, 실제 주식은 정규분포로 설명되는 것보다 더 극단의 손실과 이익을 보이는 경향이 있다. 따라서 발달된 위험 분석은 두꺼운 꼬리를 갖는 주식 수익률과 실제 수익률의 불완정성에 대응하기 위해 좀 더 복잡한 분포를 가정한다.

좀 더 발전된 위험 분석은 **예상 손실액**Expected Shortfall, ES을 사용하며, 이것은 어떤 분포를 가정하든 위험 일관 측도다. 예상 손실액은 분포의 꼬리에 집중돼 있다.

이것은 최대 예상 손실액 이상인 분포의 예상 가치를 측정한다. 즉, 유의수준이 α인 예상 손실액은 모든 경우 중 가장 좋지 않은 경우의 a 퍼센트에 대한 기대 가치다.

$$ES_\alpha = \frac{1}{\alpha} \int_0^\alpha VaR_\gamma \left(X \right) d\gamma,$$

여기에서 $VaR\gamma$는 수익률 분포의 최대 예상 손실액이다.

때로 예상 손실액은 **조건 최대 예상 손실액**conditional value at risk, CVaR이라고 불린다. 하지만 두 가지 용어가 정확하게 같은 것을 의미하는 것은 아니다. 위험 분석에 연속 분포 함수가 사용된다면 동의어로 사용할 수 있다. R이 예상 손실액과 같은 복잡한 이슈들도 다룰 수 있는 능력이 있지만, 이것은 이 책의 목적을 넘어선다. 이 주제에 대한 더 많은 정보를 원한다면 아체르비Acerbi, D와 타쉐Tasche, D의 연구를 살펴보길 바란다.

▌ 위험 카테고리

은행은 고객 파산이나 시장 상황의 변화, 리파이낸싱 문제, 사기와 같은 많은 종류의 위험에 직면한다. 이런 위험들은 신용 위험과 시장 위험, 운영 위험으로 분류된다.

시장 리스크

시장 가격의 움직임으로 발생할 수 있는 손실은 시장 리스크다. 은행이나 금융 기관의 트레이딩 포지션에 따른 손실을 포함할 뿐 아니라 은행의 핵심 사업과 관련 있는 이자나 환율에 따른 손실 또한 시장 위험에 포함된다. 시장 위험은 주식 위험과 이자율 위험, 환율 위험, 원자재 위험과 같은 여러 소분류를 포함할 수 있다. 유동성 위험 또한 이 토픽에 포함된다. 바젤 II 지침의 발달된 접근에 따르면, 자본은 최대 예상 손실액 계산법에 바탕을 둔 위험을 포함할 필요가 있다.

환율 위험은 외국 환율(예를 들어, EUR/USD)이나 그것의 파생 상품의 움직임에 따른 가능한 손실을 의미하며, 원자재 위험은 원자재 가격의 움직임에 따른 손실을 의미한다(예를 들어, 금이나 원유, 밀, 구리 등). 환율 위험은 자금과 대출에 대한 FX 익스포저 사이에 불일치가 있을 경우, 은행의 핵심 사업에 영향을 미칠 수 있다. FX 불일치는 은행에 심각한 위험을 줄 수 있기 때문에 금융 기관은 항상 오픈 FX 포지션의 최대 금액을 엄격히 제한한다. 이로 인해 은행의 부채와 자산 간의 FX 익스포저가 일치하지 않게 된다. 이것은 특정 통화 스왑이나 통화 선물, 포워드, FX 옵션 등과 같은 특정 헤지 거래로 해결할 수 있다.

주식 리스크는 주식, 주식 지수 또는 주식 파생 상품에 발생 가능한 손실이다. 표준편차나 최대 예상 위험 손실액을 이용해 주식 위험을 측정하는 방법에 대한 예를 살펴봤다. 이제 이미 언급된 테크닉을 이용해 주식 파생 상품 포트폴리오의 위험을 어떻게 측정하는지 알아보자. 우선 싱글 콜 옵션의 최대 예상 손실액을 살펴본 후, 이 방법을 이용해 콜과 풋 옵션의 포트폴리오를 처리할 수 있는 방법을 분석한다.

우선 블랙 숄 모델의 모든 조건이 마켓을 이루고 있다고 가정한다. 블랙 숄 모델과 그 조건들에 대한 정보를 원한다면 헐^{Hull}의 책을 참고하길 바란다. 현재 주식은 S = USD 100에 거래되고 있다. 이것은 배당을 지불하지 않으며, μ는 20%고, Σ는 30%인 기하 브라우니안 모션$^{geometric\ brownian\ motion}$을 따르고 있다.

이 주식의 등가격 콜 옵션$^{at\text{-}the\text{-}money,\ ATM}$은 지금으로부터 2년 안에 만기되며, 이 옵션의 1년 동안 95% 최대 예상 손실액을 결정하려고 한다. 주식값은 로그 노멀 분포를 따르며, 수익률의 로그값은 m과 s 모수를 갖는 정규분포를 따른다는 것을 알고 있다.

$$m = \mu - \frac{\sigma^2}{2} = 15.5\text{와 } s = \sigma = 30\text{일 경우}$$

$$dS = \mu S dt + \sigma S dW(t)\text{라면}$$

$$ln(S) \sim \mathrm{N}(m, s)\text{이다.}$$

이제 블랙 숄 조건을 만족시키는 파생 상품의 현재 가격을 산출해보자. 블랙 숄 공식을 이용하면 2년의 옵션은 USD 25.98로 거래되고 있다.

$$c = S_0 \cdot N(d_1) - PV(X) \cdot N(d_2) = 25.98$$

콜 옵션 가격은 기초 자산의 현물 가격에 대한 단조 증가 함수다.

이런 특징은 문제를 해결하는 데 많은 도움을 준다. 우리가 필요한 것은 5% 확률만 갖고 있는 옵션 가격의 임계값이다. 하지만 S의 함수는 단조 증가 함수기 때문에 주식 가격에 대한 임계값만 알면 된다. m과 s 모수가 주어질 때 다음 수식을 이용하면 이 값을 쉽게 발견할 수 있다.

$$T = S_0 \cdot e^{\mu + \sigma \cdot F^{-1}(1-\alpha)} = 100 \cdot e^{0.155 + 0.3 \cdot (-1.645)} = 71.29$$

따라서 1년 안에 주식 가격이 USD 71.29 이하로 내려갈 확률이 5%라는 것을 알 수 있다 (m과 s 모수에 대한 기간은 1년이다). 옵션의 만기까지 1년이 남았을 때, 이 값에 블랙 숄 수식을 적용하면 콜 옵션 가격에 대한 임계값을 구할 수 있다.

$$c = S_T \cdot N(d_1) - PV(X) \cdot N(d_2) = 2.90$$

이제 옵션 값이 1년 동안 USD 2.90 이상이 될 확률은 95%라는 것을 알고 있다. 그래서 95%의 확률을 갖는 최대 손실 가치는 실제 옵션 가격과 임계값의 차이다. 따라서 1년 동안 콜 옵션의 95% 최대 예상 손실액은 다음과 같다.

$$VaR = 25.98 - 2.90 = 23.08$$

$$VaR = \frac{25.98 - 2.90}{25.98} = 88.82\%$$

따라서 주어진 주식의 콜 옵션은 콜 옵션이 1년 동안 USD 23.08 또는 88.82%, 손실을 볼 확률은 5%다.

다음 R 코드에서 확인할 수 있다. 이 코드는 실행하기 전에 이 명령어를 이용해 fOptions 라이브러리를 설치할 필요가 있다.

```
install.packages("fOptions")
library(fOptions)

X <- 100
Time <- 2
r <- 0.1
sigma <- 0.3
mu <- 0.2
S <- seq(1,200, length = 1000)
call_price <- sapply(S, function(S)GBSOption("c", S, X, Time, r, r,
  sigma)@price)
```

```
plot(S, call_price, type = "l", ylab = "", main = "Call option price
    in function of stock prompt price")
```

위 명령어의 결과에 따른 스크린샷은 다음과 같다.

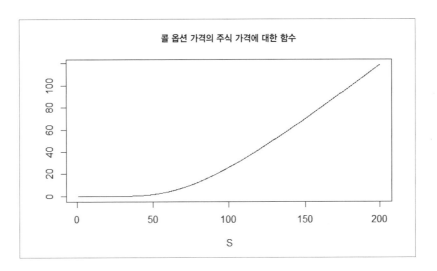

특정 콜과 풋 옵션의 포트폴리오에 대한 최대 예상 손실액을 구하는 것은 단순하지 않다. USD 100에 거래되고 있는 주식에 대한 위의 예제를 사용하자. 이제 등가 콜 옵션을 갖고 있는 포트폴리오에 등가 풋 옵션을 추가해 금융에서 스트래들straddle이라고 알려져 있는 복잡한 포지션을 형성할 수 있다. 이 포트폴리오의 문제점은 주가 함수의 비단조성non-monotonicity이다. 다음 이미지의 차트에서 알 수 있듯이, 이 포트폴리오 가치는 주가 함수로, 포물선 또는 만기 직전에는 V와 유사하다.

따라서 여기서는 옵션 가격의 임계점을 계산하기 위해 적절한 주식 가격 임계값을 찾았던 앞의 방법을 사용할 수 없다. 그러나 원하는 값을 도출하기 위해 몬테-카를로 시뮬레이션 방법을 사용할 수 있다.

우선 앞에서 계산했던 콜 가격을 풋-콜 패리티에 대입해 풋 옵션 가격의 가치를 구하자. 풋-콜 패리티는 다음과 같이 계산된다.

$$c - p = S - PV(X) \rightarrow$$

$$\rightarrow p = c - S + PV(X) = 7.85$$

여기서 c와 p는 권리 행사 가격 X와 실제 주식 가격 S를 갖는 콜과 풋 옵션 가격(Hull, 2002)이다. 결과적으로 전체 포트폴리오 가치는 USD 33.82다.

이제 무작위로 생성된 인풋 데이터를 통해 도출된 1만 개의 가능한 포트폴리오 가치를 수집한 시뮬레이션을 이용한다. 주식은 기하 브라우니안 모션을 따르며, 수익률의 로그는 m과 s 모수를 갖는 정규분포를 따르는 것을 확인한다(15.5%와 30%). 생성된 로그 수익률을 기존 주가에 적용하면 지금부터 1년 동안의 시뮬레이션된 주가를 구할 수 있다. 이것은 블랙 숄 수식을 이용해 콜과 풋 옵션의 가치를 모두 재계산할 때 사용할 수 있다. 여기서 기존 주가를 시뮬레이션된 값으로 대체했으며 계산을 위해 만기 전 1년을 사용했다는 것에 주의하자. 마지막 단계에서는 1만 개의 시뮬레이션된 포트폴리오 가치(c + p)를 생성한 후, 하위 5퍼센타일을 구했다.

이것은 옵션 포트폴리오 가치가 전체 경우의 5% 이하인 임계값이 된다. 다음 코드에서 단계들을 확인할 수 있다.

```
X <- 100
Time <- 2
r <- 0.1
sigma <- 0.3
mu <- 0.2
S <- seq(1,200, length = 1000)
call_price <- sapply(S, function(S)GBSOption("c", S, X, Time, r, r,
  sigma)@price)
put_price <- sapply(S, function(S)GBSOption("p", S, X, Time, r, r,
  sigma)@price)
portfolio_price <- call_price + put_price
  windows()
plot(S, portfolio_price, type = "l", ylab = "", main = "Portfolio
```

```
   price in function of stock prompt price")
# 포트폴리오 VaR 시뮬레이션
p0 <- GBSOption("c", 100, X, Time, r, r, sigma)@price +
GBSOption("p", 100, X, Time, r, r, sigma)@price
  print(paste("price of portfolio:",p0))
[1] "price of portfolio: 33.8240537586255"
S1 <- 100*exp(rnorm(10000, mu - sigma^2 / 2, sigma))
P1 <- sapply(S1, function(S) GBSOption("c", S, X, 1, r, r,
  sigma)@price + GBSOption("p", S, X, 1, r, r, sigma)@price )
VaR <- quantile(P1, 0.05)
print(paste("95% VaR of portfolio: ", p0 - VaR))
```

위 명령어는 다음과 같은 결과를 출력한다.

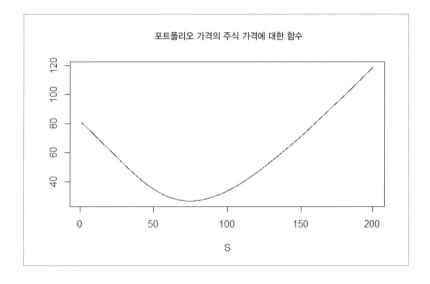

임계값은 USD 21.45다. 그렇기 때문에 포트폴리오의 최대 예상 손실액은 33.82 − 21.45 = USD 12.37이다. 따라서 포트폴리오가 1년에 12.37 이상 손해를 볼 확률은 5%다.

이자율 리스크는 핵심 사업, 즉 은행의 대출과 재융자 활동에서 일어난다. 하지만 이자율 리스크는 예상치 못한 이자율 변화에 따라 발생할 수 있는 채권이나 파생 상품의 손실 또한 포함한다. 이자율 리스크는 은행이 장기 자산(담보 대출, 국채 등)을 리파이낸스하기 위해 주로 단기 자금(예금, 은행 간 대출 등)을 이용한다는 점에서 은행의 가장 중요한 마켓 리스크다.

포지션이나 포트폴리오 전체의 최대 예상 손실액을 계산을 통해 은행이나 금융 기관의 마켓 리스크를 유용하게 측정할 수 있다. 하지만 이자율 리스크를 측정하고, 이에 대처하는 데는 여러 가지 방법이 있다. 그중 하나는 자산과 부채의 이자율 민감도 차이를 분석하는 방법이다. 이 방법은 이자율 위험을 측정하고 처리하는 자산 부채 관리의 첫 번째 테크닉 중 하나지만, 현재 위험 측정 방법보다는 덜 정확하다. 이자율 민감도 차이를 분석할 때 자산과 부채 요소는 평균 만기 또는 자산이나 부채가 일정하지 않을 경우, 이자율이 다시 설정되는 타이밍으로 분류된다. 그리고 이자율 민감도 불일치를 자세히 살펴보기 위해 자산과 부채 요소를 각 기간에 따른 클래스에 따라 비교한다.

최대 예상 손실액에 바탕을 둔 접근 방법은 은행이나 금융 기관의 이자율 리스크를 측정하기 위한 좀 더 발달되고 정확한 방법이다. 또한 이 방법은 이자율의 민감도에 바탕을 두고 있으며, 자산과 부채 요소의 만기 불일치보다 고정 수입 포트폴리오의 듀레이션(그리고 볼록성)에 의해 표시된다.

신용 리스크

은행이 직면하고 있는 1차적 위험은 요구된 지불을 할 수 없는 대출자의 파산이다. 여기서 위험은 대출 기관이 원금과 이자 그리고 그와 관련된 모든 지불금을 잃는 것이다. 담보나 다른 손실 완화 요소에 따라 손실은 부분적이거나 전체일 수 있다. 파산은 담보 대출이나 신용카드, 개인 대출의 지불 실패와 같이 많은 상황에 따른 결과일 수 있다. 회사나 은행, 보험사의 지불 불능 상태, 만기가 된 청구서에 대한 지불 실패, 채무 증권에 대한 발행자의 지불 실패 등이다.

신용 위험의 예상 손실액은 세 가지 다른 요인, 즉 PD와 LGD, EAD로 표현된다.

$$예상\ 손실액 = PD \cdot LGD \cdot EAD$$

파산 확률Probability of default, PD은 지불 실패가 일어날 확률이다. 이것은 모든 신용 위험 모델에서 가장 중요한 요인이며, 이 값을 추정하는 다양한 종류의 접근 방법이 있다. 파산 시 손실loss given default, LGD은 청구된 액면가에 비례한 손실의 비율이다. **회수률**recovery rate, RR은 LGD의 반대값이며, 대출자가 파산하더라도 회수할 수 있는 금액이다. 이것은 담보나 다른 손실 완화 요소에 영향을 받는다. 파산 시 익스포저는 특정 신용 위험에 노출되는 값이다.

은행과 금융 기관들은 신용 리스크를 측정하고 다루는 다른 방법을 사용한다. 이를 줄이기 위해 3개의 모든 요인에 중점을 둘 수 있다. 은행은 익스포저를 관리하기 위해 특정 그룹의 고객에게 대출할 때 한계와 제약을 둘 수 있다. 파산 시 손실을 낮추기 위해 부동산이나 증권, 보증에 대한 저당권을 이용할 수 있다. 담보는 대출자에게 안정을 제공하며, 적어도 돈의 일부를 되돌려받을 수 있도록 한다. 또한 신용 파생 상품과 신용 보험과 같이 파산 시 손실을 줄일 수 있는 다른 도구가 있다.

신용 파산 스왑credit default swap, CDS은 제삼자의 파산에 대한 보험으로 작용하는 금융 스왑 계약이다. CDS의 발행자나 판매자는 채무자가 파산할 경우 매수자를 보상하는 것을 동의한다. 매수인은 채권 액면가나 채무 증권의 비율을 매도인에게 정기 수수료를 지불한다. 신용 사건이 일어날 경우, 매도인은 매수자에게 액면가를 지불하고 채권을 받는다. 채무자의 파산이 일어나지 않는다면 매도인의 지불 없이 CDS 거래는 종료된다.

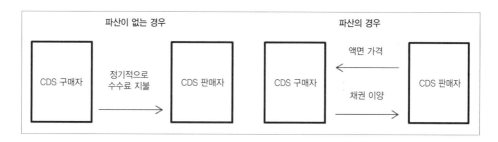

사업 파트너나 채무자에 대해 규정과 엄격한 정책으로 실행한 실사를 통해 파산 확률을 줄일 수 있다. 은행은 표준화된 채점 과정부터 좀 더 복잡하고 상세한 고객 연구에 걸친

다양한 실사를 사용하고 있다. 은행은 이 방법을 적용해 파산할 확률이 높은 고객을 선별할 수 있다. 또한 신용 위험은 위험에 바탕을 둔 가격 책정을 통해 완화될 수 있다. 파산 확률이 높을수록 신용 리스크에 대한 예상 손실은 높아진다. 이 손실을 메우기 위해 특정 고객에게 가산 이자율interest rate spread을 부과한다. 은행은 이런 예상할 수 있는 손실을 일반적인 영업 업무로 해결해야 하고, 예측할 수 없는 손실에 대해서만 자본을 형성할 필요가 있다. 따라서 상품 가격을 책정할 때 신용 위험에 대한 손실을 예측하는 것이 기본적인 부분이 돼야 한다.

파산 가능성을 측정하는 것은 모든 은행과 금융 기관의 매우 중요한 이슈다. 이것에는 여러 접근 방법이 있으며, 세 가지 다른 방법으로 설명할 수 있다.

- 위험 채권이나 신용 부도 스왑의 시장 가격 결정으로 도출할 수 있는 내재 확률 (예: 훌-화이트 방법)
- 구조 모델structural model(예: KMV 모델)
- 신용 등급의 현재와 과거 움직임(예: CreditMetrics)

첫 접근 방법은 신용 리스크를 갖고 있는 기초 자산과 관련된 상품이 시장에서 거래되고 있다고 가정한다. 그리고 상품의 시장 가격에는 리스크가 완벽하게 반영돼 있다고 가정한다. 예를 들어, 위험한 회사의 회사채가 시장에서 거래되고 있다면, 이 회사채의 가격은 무위험 증권 가격보다 낮다. 시장에서 특정 채권에 대한 신용 부도 스왑이 거래된다면 이 증권의 위험에 대한 시장의 평가를 반영한다. 시장에 충분한 유동성이 있다면 예상 신용 위험 손실은 위험의 관측된 가격과 동일하다. 이 가격을 알고 있다면 부도 가격의 내재 확률을 결정할 수 있다.

간단한 예를 살펴보자. BBB-등급 회사에서 발행한 USD 1,000 액면가를 갖고 있는 1년 만기의 제로 쿠폰채Zero coupon bond가 5%의 YTMyield-to-maturity, 만기 수익률으로 거래되고 있다고 가정해보자. 신용 위험은 없지만 비슷한 성격을 갖고 있는 AAA 등급 정부의 T-bill은 3%에 거래되고 있다. 회사가 부도나면 액면가의 30%는 회수할 수 있다는 것을 알고 있다. 시장 가격이 적절하다면 채권의 불이행 가능성은 얼마일까?

우선 회사와 정부 채권 모두의 현재 시장 가격을 산출할 필요가 있다.

$$P_c = \frac{CF}{(1+r)^t} = \frac{1,000}{(1+0.05)^1} = \text{USD } 952.4$$

이와 유사하게 두 정부 채권은 $P_g = \frac{1,000}{(1+0.03)^1} = \text{USD } 970.9$ 에 거래돼야 한다.

두 채권의 가격 차이는 USD 18.5다. 1년 동안의 예상 신용 손실은 PD · LGD · EAD다. 보험이나 CDS를 통해 신용 손실을 헤지하기 원한다면, 현재 이 금액이 최대로 지불해야 할 가치다. 결과적으로 두 채권의 가격 차이는 예상 신용 손실의 현재 가치와 같다. 부도가 날 경우 액면가의 30%를 회수할 수 있으므로 LGD는 70%다.

따라서 $PV(PD \cdot LGD \cdot EAD) = \frac{PD \cdot 0.7 \cdot 1,000}{1.03} = 18.5$ 이나 $PD = \frac{1.03 \cdot 18.5}{0.7 \cdot 1,000} = 2.72\%$ 다.

따라서 시장 가격이 적절하다면 내년의 부도 내재 확률은 2.72%다. 이 방법은 특정 채권에 관련된 시장에서 거래되는 신용 파생 상품이 있을 경우에도 사용할 수 있다.

구조적 방법은 신용 위험에 노출돼 있는 금융 상품의 특징에 바탕을 둬 수학 모델을 생성한다. 이 모델의 가장 일반적인 예로는 3명의 수학자가 설립한 합작 회사가 만든 KMV 모델이 있다. 현재 이 회사는 2002년에 무디 신용 평가에 인수된 이후, 무디스 애널리틱스 Moody's Analytics 사라는 이름으로 운영되고 있다.

KMV 모델은 머튼 신용 모델에 바탕을 두고 있으며, 이것은 신용 위험을 갖고 있는 회사의 부채와 주식 증권을 모두 옵션과 유사한 파생 상품으로 여긴다. 기본 아이디어는 만일 회사가 지불 능력이 있다면 회사 자산의 시장 가치는 부채의 액면가보다 커야 한다는 것이다. 따라서 회사채의 만기 직전에 액면가와 주식 가치를 측정한다(상장 회사의 시가총액). 하지만 만약 자산의 가치가 만기 시 부채의 액면가를 상실하면 소유자는 자본을 늘리거나 파산을 선택한다. 후자의 경우, 회사채의 시장 가치는 자산의 가치와 같으며, 주식 소유자는 청산 과정 중 아무것도 얻지 못한다.

파산과 자본 조달 중 하나를 선택하는 것은 풋 옵션의 성격을 갖는 파산 옵션이라고 부른다. 주주는 회사에 대해 투자한 가치 이상의 책임이 없기 때문이다. 좀 더 구체적으로 말하면, 회사채의 가치는 신용 위험이 없는 채권과 부도 옵션의 조합이며, 채권 소유자의 입장에서는 숏 풋 옵션이다(롱 채권 + 숏 풋).

회사의 주식은 콜 옵션처럼 다룰 수 있다. 회사의 자산 가치는 다음 수식과 같이 모든 방정식의 합이다.

$V = PV(D) - p + c$, D는 회사 부채의 액면가, V는 자산 가치, c는 주식의 시장 가치, p는 부도 옵션의 가치다.

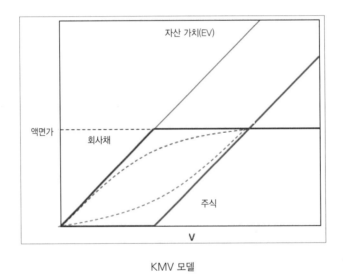

KMV 모델

실제로 위험한 회사채의 실제 가치를 계산하기 위해 자산 가치와 주식 모두의 변동성이 필요하다. 상장사의 주식 변동성은 주식 가격의 움직임을 통해 쉽게 측정할 수 있지만, 실물경제 상품이 보통 공개적으로 거래되지 않기 때문에 자산의 변동성은 구할 수 없다. 이와 같은 이유로 자산의 시장 가치 또한 구하기 어렵다. 따라서 KMV는 2개의 방정식과 2개의 알려지지 않은 변수가 있다.

2개의 방정식은 블랙 숄즈 방정식의 조건이다. $E = V \cdot N(d_1) - PV(D) \cdot N(d_2)$는 블랙-숄 방정식에 기초한다. 그리고 $\sigma_E \cdot E = \dfrac{\partial E}{\partial V} \cdot \sigma_V \cdot V$는 이토의 보조 정리[Ito's lemma]에 기초한다.

E와 V는 주식과 자산의 시장 가치며, D는 채권의 액면가, σ_E와 σ_V는 주식과 자산의 변동성이다. $\dfrac{\partial E}{\partial V}$는 V에 대해 E를 미분했으며, 이것은 $N(d_1)$과 같다. 2개의 알려지지 않은 변수는 V와 σ_V다.

이제 80% 변동성을 갖고 있는 회사 주식의 시장 가치가 USD 30억인 예시를 살펴보자. 회사는 액면가가 USD 100억이며, 정확히 1년 후에 만기가 되는 무이표 채권을 갖고 있다. 로그를 취한 무위험 수익률은 1년에 5%다.

R을 이용한 앞 방정식의 해는 다음과 같다.

```
install.packages("fOptions")
library(fOptions)
kmv_error <- function(V_and_vol_V, E=3,Time=1,D=10,vol_E=0.8,r=0.05){
  V <- V_and_vol_V[1]
  vol_V <- V_and_vol_V[2]
  E_ <- GBSOption("c", V, D, Time, r, r, vol_V)@price
  tmp <- vol_V*sqrt(Time)
  d1 <- log(V/(D*exp(-r*Time)))/tmp + tmp/2
  Nd1 <- pnorm(d1)
  vol_E_ <- Nd1*V/E*vol_V
  err <- c(E_ - E, vol_E_ - vol_E)
  err[1]^2+err[2]^2
}
a <- optim(c(1,1), fn = kmv_error)
print(a)
```

회사채의 총액은 USD 94억, 만기 이율은 6.44%며, 자산 가치는 USD 124억, 21.2%의 변동성을 갖고 있다.

부도 확률을 추정하는 세 번째 방법은 등급에 바탕을 둔 접근 방법이다. 이 추정 방법은 다른 금융 기관이나 경제 주체(회사, 정부, 기관)의 신용 등급으로부터 시작한다. 신용 매트릭스 분석CreditMetrics analytics은 1997년 제이피 모건의 위험 관리 부서에서 최초로 만들었다. 신용 매트릭 분석은 그 후 빠르게 발전했으며, 지금은 위험 관리 도구로서 널리 사용되고 있다. 신용 매트릭의 기본 아이디어는 주식의 신용 등급이 시간이 지남에 따라 어떻게 바뀔 수 있는지 그리고 같은 기관에서 발행된 증권의 가치에 어떤 영향을 미치는지에 대한 확률을 측정하는 것이다. 우선 과거 등급을 분석한 후 신용 등급이 어떻게 발전될 수 있을지에 대한 확률을 포함하는 전이 행렬을 생성한다. 신용 매트릭스에 대한 더 많은 정보를 원한다면 MSCI에서 출판한 기술서(Committee on Banking Regulations and Supervisory Practices, 1987)를 참고하길 바란다.

운영 리스크

세 번째 주요 위험 카테고리는 운영 리스크다. 은행이나 금융 기관 또는 다른 회사를 운영할 때 일어날 수 있는 모든 가능한 손실을 의미한다. 이것은 자연 재해, 내부 또는 외부 사기, 시스템 오류 및 실패, 부적절한 작업 프로세스에 대한 손실을 포함한다. 이 위험은 다음과 같이 4개의 다른 그룹으로 분류할 수 있다.

- **낮은 확률을 갖는 적은 영향**: 운영에 대한 위험뿐 아니라 잠재적 영향 또한 낮다면 고려할 필요가 없다.
- **높은 확률을 갖는 적은 영향**: 위험한 사건이 자주 일어난다면 회사의 일부 프로세스가 다시 구성되거나 특정 운영의 가격 결정에 포함돼야 한다.
- **낮은 확률을 갖는 높은 영향**: 높은 영향을 갖는 사건이 일어날 확률이 낮다면 가장 적당한 방법은 위험을 완화시키기 위해 보험에 가입하는 것이다.
- **높은 확률을 갖는 높은 영향**: 위험에 대한 영향과 확률이 모두 높다면 운영을 멈추는 것이 낫다. 구조 조정을 하거나 보험에 가입하는 것 모두 효과가 없다.

이 부분의 위험 관리는 금융 분석보다는 계리에 포함돼 있다. 하지만 R에서 제공하는 도구를 이용해 이런 문제도 다룰 수 있다. IT 시스템에 문제가 생겼을 경우, 발생할 수 있는 운영 손실에 대한 예시를 살펴보자. 오류 횟수는 λ가 20인 푸아송 분포를 따른다. 각 손실의 크기는 모수가 m은 5, s는 2인 로그 정규분포를 따른다. 푸아송 분포에 따르면, 1년 동안 시스템에 20번 문제가 생길 수 있으며, 손실에 대한 예상 가치는 $e^{\left(m+\frac{s^2}{2}\right)} = 1097$이다.

그러나 결합 함수$^{joint\ distribution}$와 예상값, 종합 연간 손실의 99.9%의 사분위수를 결정할 필요가 있다.

가장 나중 것은 고급 측정 접근법$^{advanced\ measurement\ approach,\ AMA}$에 따라 필요 자본을 결정할 때 사용된다. 1만 가지 요소의 몬테-카를로 시뮬레이션을 사용했다. 첫 번째 스텝은 푸아송 분포를 따르는 이산 확률 변수를 생성하는 것이다. 그런 다음, 로그 정규분포를 이용해 앞에서 생성된 정수의 개수와 독립된 변수를 생성하고 집계한다. 이 과정에서 1만 번 반복을 통해 집계된 손실에 대한 분포를 생성할 수 있다. 집계된 손실의 예상값은 USD 21,694 며, 99.9% 사분위는 USD 382,247이다.

따라서 1년 동안 전체 경우 중 0.1%의 IT 실패에 따른 손실은 USD 38만 2,000 이상이다. 이 계산은 R에서 확인할 수 있다.

```
op <- function(){
n <- rpois(1, 20)
z <- rlnorm(n,5,2)
sum(z)
}
Loss <- replicate(10000, op())
hist(Loss[Loss<50000], main = "", breaks = 20, xlab = "", ylab = "")
print(paste("Expected loss = ", mean(Loss)))
print(paste("99.9% quantile of loss = ", quantile(Loss, 0.999)))
```

위 명령어에 대한 스크린샷은 다음과 같다.

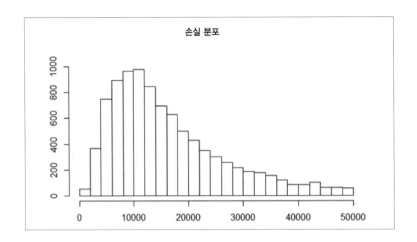

위 그림에서 보이는 차트의 집계된 손실의 분포를 볼 수 있으며, 이것은 로그 정규분포와 유사하지만 로그 정규분포일 필요는 없다.

요약

12장에서 바젤 협약의 기본 규정과 은행 감독 기관의 자본 적정성 요구, 위험 측정과 다양한 위험 타입, 가장 중요하게는 위험 관리에 사용되는 강력한 툴인 R에 대해 배웠다.

바젤 협약은 전 세계를 아우르는 은행 감독 기관 프레임워크라는 것을 확인했으며, 계속 발전하고 있는 사항과 금융 규제 기관들이 어떻게 좀 더 정교하게 접근하고 있는지에 대해 배웠다. 더 나아가 가장 단순한 수익률의 표준편차부터 시작해 좀 더 정교한 위험 측도인 최대 예상 손실액까지를 다룸으로써 위험 측도를 이해하는 데 도움을 줬다. 그러나 VaR가 위험 일관 측도가 아닐 수 있다는 것을 살펴봤지만, 여전히 금융 규제와 위험 관리에 가장 널리 사용되고 있다.

은행이나 금융 기관들이 직면하고 있는 주요 위험 형태인 신용 위험과 시장 위험, 운영 위험에 대해 다뤘다. 서로 다른 위험 관리 접근 방법을 이용해 각각 다른 위험 타입의 가능한 손실과 관련된 자본 적절성 계산을 어떻게 계산하는지 볼 수 있었다. 마지막으로 R을 이용해 위험 관리의 복잡한 문제들을 쉽게 해결하는 방법을 보여주는 여러 예시를 살펴봤다.

▌ 참고문헌

- History of the Basel Committee
- Basel Committee on Banking Supervision(Charter)
- Committee on Banking Regulations and Supervisory Practices(1987). Proposals for international convergence of capital measurement and capital standards;
  Consultative paper; December 1987
- Basel Committee on Banking Supervisions(1999). A New Capital Adequacy Framework; Consultative paper; June 1999
- Artzner, P.; Delbaen, F.; Eber, J. M.; Heath, D.(1999). Coherent Measures of Risk.
- Mathematical Finance, 9(3 ed.). p. 203
- Wilmott, P.(2006). Quantitative Finance 1(2 ed.). p. 342
- Acerbi, C.; Tasche, D.(2002). Expected Shortfall: a natural coherent alternative to Value at Risk. Economic Notes 31: p. 379 – 388
- Basel II Comprehensive Version
- Hull, J. C.(2002). Options, Futures and Other Derivatives(5th ed.)
- Principles for the Management of Credit Risk – final document. Basel Committee on Banking Supervision. BIS.(2000)

- Crosbie, P., Bohn, J.(2003). Modeling default risk. Technical Report, Moody's KMV
- Crouhy, M., Galai, D., Mark, R.(2000). A comparative analysis of current credit risk models. Journal of Banking & Finance, 24:59 – 117
- MSCI CreditMetrics Technical Book

13

시스템 리스크

현재의 금융 위기로부터 배울 수 있는 교훈 중 하나는 특정 금융 기관의 경우, 그 기관의 규모나 특별한 역할 때문에 금융 시스템에 중대한 리스크를 갖고 있다는 것이다. 위기가 왔을 때 이런 기관들은 전체 시스템이 무너지는 것을 막기 위해 보통 정부 보조금을 받으며, 이것은 국가나 실물 경제가 더 높은 비용을 감당해야 한다는 것을 의미한다. 가장 좋은 예 중 하나는 AIG다. 어느 누구도 이 기관의 파산으로 인한 효과를 알지 못했기 때문에 연방 정부가 보험 회사가 파산하는 것을 막기 위해 도와줬다.

이것은 중앙은행과 다른 감독 기관이 **금융 시스템에 영향을 미치는 주요 금융 기관**systemically important financial institutions, SIFI의 심사와 규제에 좀 더 중점을 두는 동기가 됐다. 이를 위해 SIFI를 정교하게 선정하는 것이 금융에서 점점 더 중요해지고 있다. 중앙은행과 금융 당국은 처음의 단순한 테크닉을 확장해 금융 시장의 트랜젝션 데이터를 이용한 네트워크 이론 접근 방법에 기본을 둔 좀 더 복잡한 방법을 이용하고 있다. 이 정보는 금융 부문에 대한 투자가 다양해지는 데 도움을 주기 때문에 투자자에게 중요하다.

13장에서는 SIFI를 선정할 때 일반적으로 사용되는 중심성 척도central measure를 뛰어넘는 네트워크 이론에 바탕을 둔 두 가지 테크닉을 소개한다.

▌ 시스템 리스크의 간단 요약

세계 금융 위기로 인해 몇몇 금융 기관의 경우, 실물 경제에 비해 규모가 너무 크거나 다른 중요한 회사들과 너무 많은 관계를 맺고 있다는 점이 부각됐다. 이런 금융 기관에 문제가 생긴다면, 결과적으로 전체 금융 시스템과 실물 경제에도 큰 영향을 미칠 수 있다. 정부나 중앙은행이 보증이나 자본 투입, 자금 대출, 금융 시스템에 영향을 미치는 주요 금융 기관의 인수 지원과 같은 여러 국제적 예시가 있다(예: Northern Rock 또는 AIG, Bear Stearns).

이런 과정이 없을 경우, 붕괴 가능성은 매우 높아지며 이것은 구제 금융으로 인한 매우 높은 비용을 동반한다. 무엇보다 금융 시스템에 영향을 미치는 금융 기관의 선정은 매우 뜨거운 주제가 됐다. 금융 위기의 가장 중요한 교훈 중 하나는 규모가 가장 크고, 다른 금융 기관들과의 상호 연계성이 높은 금융 기관은 평소에도 다르게 다뤄야 한다는 점이다. 새로운 바젤 프레임워크에 따르면, 금융 시스템에 영향을 미치는 금융 기관은 덜 중요한 다른 기관보다 더 엄격하게 규제돼야 한다. 이런 금융 기관의 중심적 역할과 상호 연계성 때문에 금융 기관이 파산할 경우, 금융 시스템에 충격을 줄 수 있고, 더 나아가 실물 경제에 해를 끼칠수 있다. 금융 기관은 그 기관이 금융 시스템에 미칠 수 있는 부정적인 영향을 고려하기보다는 가능한 최대 수익을 창출하는 것을 목표로 하고 있다. 따라서 금융 기관의 활동은 시스템 전체에서 봤을 때 금융 시스템을 위한 것이 아닐 수 있다.

금융 위기 전에는 주로 최종 대출자의 지원을 결정할 때 금융 기관의 시스템적 역할을 평가했다. 이 은행에 심각한 문제가 발생했을 경우, 중앙은행이 이 은행에 지원을 할지에 대한 결정을 할 때 이 은행의 시스템적 역할을 고려했다. 여러 나라에서 많은 경우에 사용되는 분석 테크닉에 대한 조사에 따르면, 각 나라에서 시스템적 중요성을 평가할 때 이와 비슷한 방법을 적용한다. 전통적인 테크닉(예: 시장 점유율에 중점을 둔 지표 접근법)과 복잡한 정량 모델부터 시장 정보market intelligence를 포함하는 정량적 평가를 비롯한 매우 다양한 방법을 실제로 사용하고 있다. 지표 접근법에는 다양한 타입의 비율이 사용된다(BIS, 2011). 주로 금융 시장과 금융 인프라, 금융 중개가 평가의 중심이지만 각 나라의 은행 시스템이 다르기 때문에 실제로 사용되는 지표들은 나라마다 다르다.

지표 기반 방법은 주로 은행업의 각 분야에서 은행의 시장 점유율에 중점을 둔다. 자산에서 부채와 OTC 파생 상품의 명목상 가치부터 청산 및 결제된 지불까지 여러 분야를 포함한다. BIS(2011) 지표 기반 방법들은 간혹 금융 시장의 기관의 상호 연결에 대한 정보를 포함하지 않을 수도 있다. 다로치 등(2013)은 금융 시스템에 영향을 미치는 주요 은행을 선정할 때 이 정보를 포함하는 방법에 대해 제안한다. 각 은행에 적용되는 단순한 네트워크 측도를 이용하면 전통 지표 기반 방법을 확장할 수 있다. 금융 문건에서 네트워크의 안정성 평가나 개별 기관의 역할을 평가할 때 많은 측도가 사용된다. 이제타와 만나Jazetta and Manna(2009)는 네트워크의 회복력resilience을 평가하기 위해 매개betweenness와 도수degree를 사용했다. 이 비율의 사용은 시스템에서 중요한 기관들을 선정할 때 도움이 된다는 것을 발견했다. 베를링거Berlinger 등(2011)은 또한 개별 기관의 시스템적 영향을 평가하기 위해 네트워크 측도를 사용한다.

다로치 등(2013)이 이론과 R의 적용을 다뤘기 때문에 13장에서는 이 방법을 포함하지 않는다. 여기서는 시스템적 중요성을 식별하고 쉽게 적용할 수 있는 두 가지 다른 방법을 중점적으로 다룬다. 첫 번째로 금융 시장의 중심-주변부 분류core-periphery decomposition를 다룬다. 두 번째로 개별 기관이 파산한 경우, 주변에 전파될 수 있는 전염 효과들을 확인할 수 있는 시뮬레이션 방법을 살펴본다.

예제에 사용된 데이터셋

13장에서는 가상의 은행 시스템과 은행 간 예금 시장을 이용한다. 이 시장을 이용하는 이유는 담보가 보장되지 않아 가장 큰 잠재 손실을 항상 갖고 있기 때문이다.

이 분석을 위해 필요한 네트워크를 구성한다. 이 네트워크는 각각의 은행에 대한 익스포저 정보를 포함해야 한다.

일반적으로 테이블 13.1과 같은 거래 데이터를 갖고 있다. 은행 간 시장 거래의 평균 만기는 매우 낮기 때문에 이 데이터를 사용하는 것이 가능하다. 예를 들어, 모든 은행 조합 간의 평균 월간 거래를 사용해 네트워크를 구성할 수 있다 . 이런 형태의 분석을 위해서는 각 거래의 파트너와 거래 규모가 중요하다.

대출자	대출 기관	거래 시작	거래 완료	규모	이율(%)
1	2	02-Jul-07	03-Jul-07	5,00	7,70
2	28	02-Jul-07	03-Jul-07	2,00	7,75
7	28	02-Jul-07	03-Jul-07	4,90	7,75
11	24	02-Jul-07	03-Jul-07	2,00	7,90
13	7	02-Jul-07	03-Jul-07	1,00	7,70
21	23	02-Jul-07	03-Jul-07	4,00	7,75
39	11	02-Jul-07	03-Jul-07	1,20	7,70
39	20	02-Jul-07	03-Jul-07	1,20	7,60

표 13.1 거래 데이터셋

이 모든 정보를 금융 시장에 대한 행렬로 만들 수 있다(네트워크로 시각화할 수 있다).

1	2	3	4	5	6	7 ....
	11,1	1		11,6		5,5
						8,4
				7		23,4
		1		87		12,3
		9,9			3	26
	11,3	7,1		9		21,5
	1,5	8,4			1,5	
				2,5	2	6,5

사용된 매트릭스

첫 번째 스텝은 매트릭스의 중심–주변 분해core-periphery decomposition다.

이 경우, 인접 행렬adjacency matrix이라고 불리는 A 행렬을 사용한다. 시뮬레이션 방법은 은행과 거래 모두에 대한 더 많은 정보가 필요하기 때문에 약간 더 복잡할 수 있다. 인접 행렬을 이용하는 대신 거래 크기가 가중값이 되는 가중값 행렬 W를 사용한다.

$$A_{i,j} = \begin{cases} 1, & \text{i 은행이 j 은행에 빌려줄 경우} \\ 0, & \text{기타} \end{cases}$$

$$W_{i,j} = \begin{cases} w, & \text{i가 j에게 빌려준 총 거래량} \\ 0, & \text{기타} \end{cases}$$

그림 13.2는 샘플 기간 동안 평가한 시장의 가중 네트워크를 보여준다.

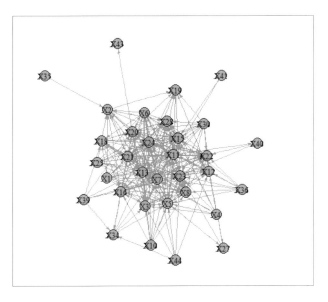

그림 13.2 은행 간 거래 시장의 네트워크

은행 관련 정보 또한 필요하다. 벡터 C는 은행의 자본에 대한 정보를 포함한다. C_i는 규제되고 있는 최소 요구 자본보다 자본을 얼마나 더 많이 갖고 있는지를 나타내는 자본 버퍼

capital buffer를 보여준다. 이것은 사용되고 있는 통화를 기준으로 한다. 물론, 자본 버퍼나 전체 규제 자본capital buffer 중 어떤 것을 고려할지는 판단의 문제다. 은행이 자본 버퍼를 모두 잃는다면 감독 기관의 제재를 받을 수 있기 때문에 자본 버퍼를 사용하는 것이 낫다. 벡터 S는 각 은행의 사이즈를 포함한다. S_i는 은행 i에 대한 제무제표 총액이 된다.

	대차대조표 총액	최소 규제 금액의 자본 버퍼
1	693	9
2	2 018	17
3	2 189	29
4	149	47
5	1 921	25
6	641	32
7	1 313	7
.	.	.
.	.	.
.	.	.
.	.	.

그림 13.3 자본 포지션과 규모의 벡터

▌ 중심-주변부 분해

은행 간 시장은 단계적이며 계층적 방식으로 운영된다. 많은 은행이 몇몇 큰 금융 기관과만 거래하며, 이 큰 기관들은 중개자 혹은 머니 센터 은행처럼 활동한다는 것은 시장의 잘 알려진 특징이다. 이런 큰 금융 기관들이 네트워크의 중심이 되며, 다른 은행은 주변부다.

많은 논문이 실제로 존재하는 네트워크의 이런 특징에 중점을 뒀다. 예를 들어, 보르가티와 에버릿Borgatti and Everett(1999)은 논문의 인용 데이터로 이뤄진 네트워크를 조사했으며, 3개의 논문이 네트워크의 중심이 된다는 점을 발견했다. 크레이그와 본 피터Craig and von Peter(2010)는 독일 은행 간 시장의 중심/주변부 구조를 사용했다. 그들은 각 은행의 고유한 특징은 은행 간 시장에서 각 은행이 취하는 포지션을 설명하는 데 도움이 된다는 것을 발견했다. 네트워크에서 은행의 규모와 은행의 포지션 사이에는 강한 상관관계가 있다. 계층은 무작위한 것이 아니라 행동에 따른 것이기 때문에 은행의 시스템이 머니 센터 은행을 중심으로 배치되는 것은 경제적으로 설명할 수 있다(예: 고정 비용). 이것은 중심성이 시스템적 중요성을 측정하기에 좋다는 것을 의미한다.

네트워크의 완벽한 중심-주변부 구조는 그림 13.3의 행렬로 쉽게 확인할 수 있다. 중심 은행은 행렬의 왼쪽 위에 있다. 모든 은행은 서로 연결돼 있다. 중심 은행은 중개인으로 간주될 수 있다. 중심 은행은 시장의 안정성에 책임이 있으며, 주변부 은행들은 이 핵심 은행들을 통해 서로 연결돼 있다. 오른쪽 아랫부분에는 주변부 은행들이 있다. 주변부 은행은 서로 연결돼 있지 않다. 다음 스크린샷에서 보이는 것과 같이 서로 핵심 은행들을 통해서만 연결돼 있다.

Bank codes	1	14	3	4	38	32	6	33	36	26	24	15
1	0	1	1	1	1	0	0	0	0	0	0	0
14	1	0	1	1	0	0	0	0	1	0	0	0
3	1	1	0	1	0	0	1	0	0	0	0	0
4	1	1	1	0	0	0	0	0	0	0	0	1
38	0	0	0	0	0	0	0	0	0	0	0	0
32	1	0	0	0	0	0	0	0	0	0	0	0
6	0	1	0	0	0	0	0	0	0	0	0	0
33	0	0	0	1	0	0	0	0	0	0	0	0
36	0	0	0	0	0	0	0	0	0	0	0	0
26	0	0	1	0	0	0	0	0	0	0	0	0
24	0	0	0	0	0	0	0	0	0	0	0	0
15	0	0	0	0	0	0	0	0	0	0	0	0

그림 13.4 중심 주변부 구조의 인접 행렬

또한 크레이그와 본 피터는 행렬의 중심-중심 또는 주변-주변부 부분뿐 아니라 중심-주변부 부분 또한 중요하다고 제안했다. 그들은 모든 핵심부 은행들이 주변부 은행과 적어도 1개 이상의 연결을 가져야 한다는 것을 강조했다. 이 특징은 주변부 은행이 중심 은행과 연결돼 있지 않다면 시장에 있을 가능성이 없다는 것을 의미한다. 이것은 중요한 이슈지만, 전염 가능한 효과 때문에 중심 은행이 된다는 것 자체가 시스템적으로 중요하다.

많은 경우, 실제 네트워크에서 순수하게 중심-주변부를 분해하는 것은 불가능하다. 특히 중심-주변부 행렬에 요구 조건이 있을 경우 불가능하다.

이런 이유로 처음 단계에서 최대의 클리크clique 문제를 해결하며, 두 번째 단계에서는 주변부-주변부 부분에 대해 가장 낮은 평균 차수degree를 갖도록 결과를 선택한다. 중심-주변부 분해에 대한 다양한 방법이 있다. 이 책에서는 단순함 때문에 이것을 선택했다.

R로 구현

이 절에서는 중심-주변부 분해를 어떻게 프로그램하는지 보여준다. 필수 R 패키지 다운로드부터 데이터 로딩까지 그리고 분해부터 결과의 시각화까지 모든 관련 정보를 다룬다. 코드를 여러 부분으로 나눠 각각에 대한 자세한 설명을 한다.

시뮬레이션에 사용할 라이브러리를 설정한다. 이 코드는 라이브러리의 인풋 데이터 파일을 살펴본다. 금융 네트워크를 시각화할 때 중요한 도구인 igraph 패키지를 다운로드한다. 물론 이 코드를 처음 실행한 후, 설치 프로세스가 반복되지 않도록 이 줄을 삭제해도 된다. 마지막으로 설치 이후에 우선 R 세션에 패키지를 로드한다.

```
install.packages("igraph")
library(igraph)
```

두 번째 단계에서는 행렬인 데이터셋을 로드한다. 가져온 데이터는 행렬 형태로 변환돼야 하는 데이터 프레임이다. 이전에 살펴봤던 것처럼(그림 13.1), 두 은행 간의 거래가 없다면 행렬은 데이터를 포함하지 않는다. 이런 셀의 경우에는 0으로 채우며, 코드의 세 번째 줄에서 이 작업을 수행한다.

그리고 우리가 필요한 것은 인접 행렬이기 때문에 0이 아닌 모든 셀을 1로 바꾼다. 마지막으로 인접 행렬에서 오브젝트로 그래프를 생성한다.

```
adj_mtx <- read.table("mtx.csv", header = T, sep = ";")
adj_mtx <- as.matrix(adj_mtx)
adj_mtx[is.na(adj_mtx)] <- 0
adj_mtx[adj_mtx != 0] <- 1
G <- graph.adjacency(adj_mtx, mode = "undirected")
```

Igraph 패키지는 largest.clique라고 불리는 함수를 포함하며, 이것은 가장 큰 클리크 문제clique problem의 해결책을 리스트 형태로 리턴한다. CORE는 모든 가장 큰 클리크의 집합을 포함한다. 명령어는 다음과 같다.

```
CORE <- largest.cliques(G)
```

가장 큰 클리크는 그래프의 중심부가 되며, 그 외 나머지는 주변부가 된다. 모든 가장 큰 클리크에 대해 주변부를 생성한다. 그리고 중심과 주변부는 각각 다른 색상으로 지정한다. 차트에서 이것을 쉽게 구별하기 위해서다.

```
for(i in 1:length(CORE)){
core <- CORE[[i]]
periphery <- setdiff(1:33, core)
V(G)$color[periphery] <- rgb(0,1,0)
V(G)$color[core] <- rgb(1,0,0)
print(i)
print(core)
print(periphery)
```

그 후 주변부–주변부 행렬의 평균 차수를 알아본다. 금융 시스템에 영향을 미치는 금융 기관을 선정할 때 평균 차수가 가장 낮은 것이 가장 좋은 경우다.

```
H <- induced.subgraph(G, periphery)
d <- mean(degree(H))
```

마지막으로 새로운 창에 그래프를 그린다. 이 차트는 주변부 행렬의 평균 차수를 포함한다.

```
windows()
plot(G, vertex.color = V(G)$color, main = paste("Avg periphery
  degree:", round(d,2)))}
```

결과

이 코드를 실행하면 중심-주변부 분해의 모든 해에 대한 차트를 구할 수 있다. 모든 경우에 대한 평균 주변부 차수는 이 차트에 표시된다. 우리는 가장 작은 평균 주변부 차수를 갖는 해결책을 선택했다. 이것은 주변부 은행들이 서로에 대해 매우 제한된 연결 관계를 갖는다는 것을 의미한다. 중심에 문제가 생겼을 경우, 주변부 은행들이 시장에 접근하지 못할 수도 있다. 다르게 말하면, 중심이 완벽하게 연결돼 있기 때문에 전염 과정이 빠를 수 있고, 모든 은행에 영향을 미칠 수 있다. 중심 은행의 파산은 주변부 은행의 시장 접근을 위태롭게 하며, 전염 프로세스의 근원이 될 수 있다. 그림 13.5는 단순한 방법의 중심-주변부 분해의 가장 좋은 해결책을 제시한다.

결과에 따르면, 12개의 은행인 5과 7, 8, 11, 13, 20, 21, 22, 23, 24, 28, 30은 금융 시스템에 영향을 미치는 주요 기관으로 간주될 수 있다.

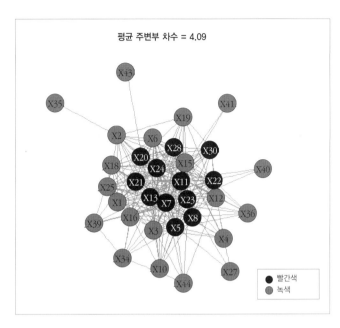

그림 13.5 가장 작은 주변부 차수를 갖는 중심-주변부 분해

시뮬레이션 방법

시스템 관점에서 은행의 역할을 이해하는 가장 좋은 방법은 파산이 미치는 영향을 시뮬레이션하는 것이다. 이 방법을 이용하면 은행의 시스템적 중요성에 대해 가장 정확하게 알아볼 수 있다. 보통 이런 방법의 주요 문제점은 데이터의 필요성이다. 개별 기관의 주요 특징(예: 자본 버퍼 또는 사이즈)은 이런 종류의 문제에 충분하지 않다. 가장 중요한 전염되는 통로는 금융 시장이기 때문에 다른 은행의 금융 시장에 대한 익스포저를 정확하게 알아야 한다.

이 절에서는 금융 시스템에 영향을 미치는 주요 금융 기관을 선정하기 위한 단순한 방법을 제시한다. 이를 가능한 가장 단순하게 하기 위해 몇 가지 가정을 한다.

- 특이 파산idiosyncratic default의 효과에 대해 조사한다. 파산 이후 모든 전염성 있는 효과는 즉시 네트워크를 통해 영향을 미친다.

- 모든 효과가 즉시 나타나기 때문에 은행이 취할 수 있는 조정 절차는 없다.

- 모든 은행의 LGD는 상수다. 은행 간의 LGD는 변화할 수 있다는 것을 사실을 근거로 하는 모델이 있지만(예: Eisenberg와 Noe, 2001), 이것은 모델을 너무 복잡하게 한다.

- 파산 이후 법적 절차의 규모는 고려하지 않는다. 하지만 실제로는 이것을 LGD에 고려해야 한다.

데이터 절에서 언급했듯이 세 가지 데이터셋이 필요하다. 우선 은행 간 예금 시장에서 각각의 은행에 대한 익스포저를 포함하는 행렬이 필요하다. 이런 거래는 담보가 보장되지 않았기 때문에 잠재 손실이 시장에서 가장 크다. 두 번째로 각 은행에 대한 자본 버퍼 사이즈가 필요하다. 자본 버퍼가 높다면 전염 효과가 다소 완화될 수 있다. 이런 이유로 어떤 것을 자본 버퍼로 고려할지 체크하는 것이 항상 중요하다. 이 연습 문제에서는 가능한 한 최소 규제액을 초과하는 자본만 고려한다. 세 번째로 각 은행의 사이즈가 필요하다. 한 은행의 파산 영향을 평가하기 위해 영향을 받은 은행의 사이즈가 필요하다. 이 예시에서는 대차대조표 총액을 이용하고 있지만, 다른 측도 역시 사용할 수 있다. 선택된 측도는 실물 경제에 대한 효과를 대신해야 한다(예를 들어, 회사 대출 포트폴리오의 사이즈나 주식 예금 등이 될 수 있다).

시뮬레이션

첫 번째 단계로 무작위로 은행을 선택하고(모든 은행에 대해 이 과정을 실행하기 때문에 은행 중 한 은행을 선택) 특이한 충격 이후 파산했다고 가정했다. 행렬은 이 은행에 대출해줬던 은행에 대한 모든 정보를 포함한다. W_{ij}는 은행 j가 은행 i에게 대출받은 사이즈다. L은 LGD며, 익스포저에 비례하는 손실 크기다. 다음 부등식이 계속될 때, 즉 은행 j의 파산에 따른 은행 i의 손실이 은행 i의 자본 버퍼를 넘어설 때, 은행 i는 파산한 것으로 간주된다.

$$E_{ij}L > C_i$$

결과적으로 은행 j의 붕괴 이후 파산한, j 은행의 모든 파트너 은행을 갖게 된다. 새로 파산한 모든 은행의 파트너 은행의 경우에도 첫 번째 단계를 거친다. 더 이상의 새로운 파산이 없는 균형 상태에 이를 때까지 이 시뮬레이션을 계속한다.

모든 은행에 대해 이 시뮬레이션을 실시하며, 전염적인 효과로 인해 은행의 붕괴 이후 어떤 은행이 파산하는지 찾도록 노력한다. 마지막으로 각 경우에 파산한 은행의 대차대표를 집계한다. 마지막 결과는 영향을 받은 은행의 시장 점유율에 바탕을 둔 각 파산 은행의 잠재 효과를 포함하는 리스트가 된다.

R 구현

이 절에서는 R에서 이 시뮬레이션 테크닉을 어떻게 실행하는지 살펴본다. 예전과 같이 전체 코드를 표시한다. 코드의 일부분은 중심–주변부 구분에서 사용됐기 때문에 이것에 대한 상세한 설명을 생략한다.

처음 몇 줄에서 몇 가지 기본 정보를 설정한다. 설명이 필요한 두 줄이 있다. 우선 LGD 가치를 설정한다. 나중에 살펴보겠지만 시뮬레이션이 LGD 레벨에 민감하기 때문에 다양한 LGD를 이용해 평가하는 것이 중요하다. 그 값은 0부터 1까지 가능하다. 두 번째로 네트워크를 그래프로 표현하는 알고리즘은 난수 발생기$^{random\ number\ generator}$를 이용한다. Set. seed 명령어는 같은 결과를 갖는 그래프를 얻도록 난수 발생기의 초기 숫자를 설정한다.

```
LGD = 0.65
set.seed(3052343)
library(igraph)
```

코드의 다음 부분에서는 모델에서 사용될 데이터, 즉 네트워크 행렬(mtx.csv)과 자본 버퍼 (puf.csv)의 벡터, 은행 사이즈(sizes.csv)의 벡터를 로드한다.

```
adj_mtx <- read.table("mtx.csv", header = T, sep = ";")
node_w <- read.table("puf.csv", header = T, sep = ";")
node_s <- read.table("sizes.csv", header = T, sep = ";")
adj_mtx <- as.matrix(adj_mtx)
adj_mtx[is.na(adj_mtx)] <- 0
```

시뮬레이션 중 중심–주변부 차이와 반대로 인접 행렬이 충분하지 않다. 가중값 행렬인 G 가 필요하다.

```
G <- graph.adjacency((adj_mtx ), weighted = TRUE)
```

다음 단계는 필수라기보다 테크닉한 것이지만 나중의 실수를 막는 데 도움을 준다. V는 그래프 노드의 모음이다. 각 노드에 대한 모든 관련 정보, 즉 파산이 일어나는 단계에 자본 버터나 사이즈 정보를 모은다.

```
V(G)$default <- 0
V(G)$capital <- as.numeric(as.character(node_w[,2]))
V(G)$size <- as.numeric(as.character(node_s[,2]))
```

그 후 쉽게 네트워크를 그래프로 그릴 수 있다. 그림 13.2를 생성하기 위해 코드를 사용했다. 물론 시뮬레이션에 필수는 아니다.

```
plot(G, layout = layout.kamada.kawai(G), edge.arrow.size=0.3,
  vertex.size = 10, vertex.label.cex = .75)
```

앞에서 언급한 대로 우리의 목적은 은행의 리스트와 은행 시스템에 그 은행의 붕괴가 미치는 영향을 얻는 것이다. 하지만 모든 케이스에 대한 전염 프로세스를 살펴보는 것 또한 가치가 있다. 이런 이유로 이것에 대한 차트를 생성할 수 있는 함수를 이용한다. sim 함수는 4개의 속성이 있다. 파산값을 갖고 있는 마지막 2개의 속성이 있지만, 실행하는 동안 다른 값을 줄 수도 있다. 또한 파산을 하는 단계에 따라 각 노드에 다른 색상을 지정한다.

```
sim <- function(G, starting_node, l = 0.85, drawimage = TRUE){
node_color <- function(n,m)c(rgb(0,0.7,0),rainbow(m))[n+1]
```

전염의 정지 여부를 알기 위해 도움을 줄 수 있는 변수를 생성한다. 또한 파산한 은행을 포함하는 리스트를 생성한다. 리스트의 j번째 요소는 j번째 단계에서 붕괴된 모든 은행을 포함한다.

```
stop_ <- FALSE
j <- 1
default <- list(starting_node)
```

다음은 모든 코드 중에 가장 중요한 부분이다. while를 시작하며 전염이 이뤄지고 있는지 여부를 체크한다. 처음에는 물론 작동한다. j번째 단계에서 파산한 은행들의 파산 속성을 j에 지정한다.

그 후 for 루프에서, 은행과 연결 관계를 갖고 있는 모든 은행의 자본에서 *exposure*LGD*를 빼준다. 이후 파산한 은행은 파산 리스트에 오르게 된다. 그 후 새로 파산한 은행의 익스포저로 다시 시작하고 더 이상 새로운 파산이 없을 때까지 계속한다.

```
while(!stop_){
V(G)$default[default[[j]]] <- j
j <- j + 1; stop_ <- TRUE
for(i in default[[j-1]]){V(G)$capital <- V(G)$capital - l*G[,i]}
default[[j]] = setdiff((1:33)[V(G)$capital < 0], unlist(default));
if(length(default[[j]] )> 0)stop_ <- FALSE
}
```

Sim 함수에서 drawimage가 T와 같아질 때 코드는 네트워크를 그래프로 표현한다. 전에 언급한 것과 같이 각 노드의 색상은 파산 시간에 따른다. 나중에 파산한 은행일수록 더 연한 색상을 갖고, 파산하지 않은 은행은 초록 색상을 갖는다.

```
if(drawimage)plot(G, layout = layout.kamada.kawai(G),
    edge.arrow.size=0.3, vertex.size = 12.5,
    vertex.color = node_color(V(G)$default,
      4*length(default)), vertex.label.cex = .75)
```

그 후 파산 리스트에 포함된 붕괴된 은행의 비율을 계산한다.

```
sum(V(G)$size[unlist(default)])/sum(V(G)$size)}
```

함수를 이용해 벡터의 모든 요소에 대해 같은 함수를 실행하고 리스트의 결과를 모을 수
있다.

```
result <- sapply(1:33, function(j)sim(G,j,LGD, FALSE))
```

마지막으로 시스템의 모든 은행에 대한 결과를 포함하는 바플롯을 만든다. 이 차트는 시
스템의 중요성에 대해 판단하는 것을 가능하게 한다.

```
dev.new(width=15,height=10)
v <- barplot(result, names.arg = V(G)$name, cex.names = 0.5,
  ylim = c(0,1.1))
text(v, result, labels = paste(100*round(result, 2), "%", sep = ""),
  pos = 3, cex = 0.65)
```

결과

연습 예제에서 가장 중요한 질문은 '어떤 은행이 금융 시스템에 영향을 미치는 주요 기관인
가?'다. 마지막 하위 장에서 보여준 코드의 실행을 통해 이 질문의 정확한 답을 얻었다. 마
지막 실행 이후 생성된 차트로 시뮬레이션의 주요 결과를 요약할 수 있다. 가로축은 은행
의 코드를 갖고 있으며, 세로축은 특이한 충격에 영향을 받은 은행 시스템의 비율을 갖고

있다. 예를 들어, 그림 13.6에서, X3의 76%는 3개의 은행이 특이한 충격으로 인해 파산한다면 전체 은행 시스템의 76%가 연쇄 결과로 파산한다는 것을 의미한다. 어떤 레벨 이상의 은행을 금융 시스템에서 중요하다고 간주할지는 판단의 문제다. 이 예시에서는 SIFI로 판단되는 기관과 시스템에 적은 영향을 갖고 있는 은행 간의 차이를 구분하기 쉽다. 그림 13.6에 따르면, 10개의 은행을 시스템에서 중요하다고 판단했다.

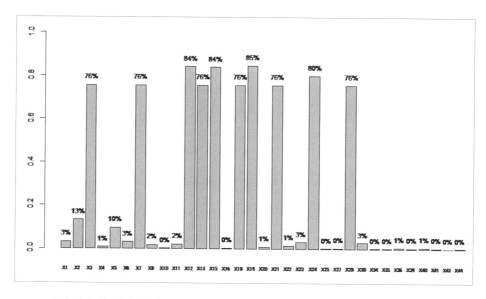

그림 13.6 특이한 충격 LGD = 0.65에 영향을 받은 대차대조표에 바탕을 둔 은행 시스템의 비율

코드에서 설정되는 LGD 변수에 따른 결과를 언급하는 것이 중요하다. 첫 번째 실행에서 LGD는 65%로 설정됐지만, 다른 케이스에서는 매우 다를 수 있다. 예를 들어, LGD가 90%라면 결과는 많이 좋지 않을 수 있다. 특이한 충격이 있는 경우, 은행 시스템에 매우 부정적인 효과를 갖고 있는 5개의 은행(코드는 2와 8, 11, 16, 20)이 더 있다. 하지만 LGD가 더 낮다면 결과 역시 더 약할 수 있다. 예를 들어, LGD 레벨이 30%와 은행 숫자 13으로 설정돼 있다면 은행 시스템에 더 큰 영향을 갖는다. 하지만 이것을 앞의 예시와 비교하면 이 영향은 매우 한정적이다. 36%의 은행 시스템이 이 경우에 파산한다. 30%의 LGD 레벨을 사용하면 4개의 은행만이 시스템에서 10% 이상의 효과를 갖는다.

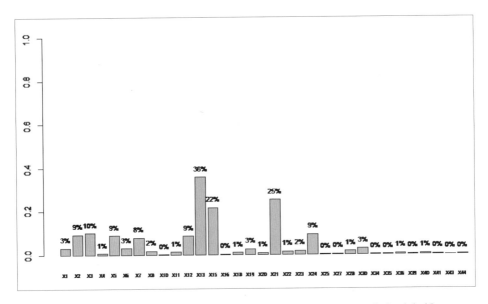

그림 13.7 특이한 충격 LGD = 0.3에 영향을 받은 대차대조표에 바탕을 둔 은행 시스템의 비율

또한 R 코드는 연쇄 과정을 보여줄 수 있다. 함수를 실행해 평가된 은행의 파산에 의해 직접적으로 어떤 은행이 영향을 받는지와 두 번째나 세 번째, 마지막 단계의 시뮬레이션에서 어떤 은행이 영향을 받는지 발견할 수 있다. 예를 들어, 은행 15가 파산할 때 어떤 일이 일어나는지 알고 싶다면, R 콘솔에 다음의 명령어를 적으면 된다.

```
sim(G, 13, 0.65)
```

여기서 G는 매트릭스, 13은 은행 번호 15의 원래 번호, 65%는 LGD다. 결과적으로 그림 13.8을 갖는다. 연쇄 효과^{contagion}가 나타나기 시작한 은행은 빨간색으로 표시한다. 오렌지색으로 표시된 기관은 은행 번호 15의 특이한 충격으로 인해 직접적인 영향을 받은 기관이다. 그 후 색깔이 연해진다면 그 은행은 나중에 영향을 받은 것이다. 마지막으로 초록색 노드의 은행은 생존자다. 이 예시에서 LGD는 65%로 설정됐다. 은행 번호 15는 5개의 다른 은행(8, 18과 20, 21, 36) 파산의 직접적인 결과라는 것을 볼 수 있다. 그 후 이 은행의 파산으로 더 많은 은행이 자본을 잃게 된다. 마지막으로 은행 시스템의 80% 이상이 파산하게 된다.

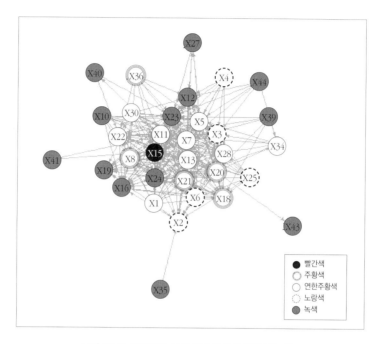

그림 13.8 은행 번호 15가 파산한 이후 전염 프로세스

이 시뮬레이션 방법에서 강조되는 것은 은행 간 익스포저뿐 아니라 주요 파트너의 사이즈와 자본 버퍼 또한 고려돼야 한다는 것이다. 이 경우 시스템적인 중요성은 과소 출자한 파트너의 결과가 될 수 있다. 또는 반대로 많은 파트너와 대출한 돈을 갖고 있는 은행은 직접적인 파트너가 충분한 자본 버퍼를 갖고 있기 때문에 시장에 부정적인 영향을 미치지 않는 것이 가능하다. 은행 번호 20은 이것의 좋은 예다. 중심-주변부 분류에서 이것은 확실하게 중심부다. 그러나 65%의 LGD로 sim 함수를 실행할 때 결과는 매우 다르다. 그림 13.9는 특이한 충격 이후 다른 은행들이 파산하지 않는다는 것을 나타낸다.

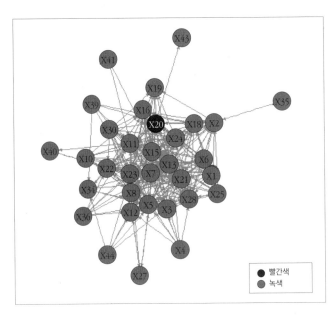

그림 13.9 은행 번호 20이 파산한 이후의 전염 프로세스

▌ 가능한 해석과 제안

시스템적 중요성을 평가할 때 가장 어려운 점은 항상 엄청난 양의 데이터의 필요다. 이 관점에서 볼 때, 중심-주변부 분해는 은행 간 시장의 은행 익스포저만 필요하기 때문에 더 쉬운 방법이다. 비록 많은 경우 은행 간의 직접적인 관계는 알려지지 않기 때문에 어려움이 있을 수 있다. 하지만 많은 문건에서, 최소 밀도 접근법과 같이 이 차이를 메울 수 있는 다른 좋은 해결책을 찾을 수 있다. 그대신 시장 데이터로부터 네트워크를 어떻게 생성할지에 대한 다른 제안도 있다(예: Billio 등, 2013)).

이 두 방법의 차이 때문에 결과가 헷갈릴 수 있다. 결과를 어떻게 해석해야 하는지 설명해보겠다. 중심-주변부 분해는 오직 한 가지 시장에만 중점을 둔다. 중심에 있는 은행은 이 시장에서 중요하다는 것을 의미한다. 전체 은행 시스템의 중요성은 이 시장의 중요성에 좌우된다. 이 정보가 없다면 중심 은행은 시장 운영에 중요하다고밖에 말할 수 없다.

이와 반대로 시뮬레이션 방법은 엄격하게 은행 시스템의 안정성에 중점을 두고 있다. 결과적으로 심각한 위기를 갖고 올 수 있는 은행들을 찾을 수 있다. 하지만 다른 은행들은 시장 간 거래 시장의 운영에 중대한 영향이 없다는 것을 의미하지는 않는다. 자본화가 잘된 파트너를 갖고 있는 은행은 전체 은행 시스템의 안정성을 위태롭게 하지 않으면서 시장을 정지시킬 수 있다. 시장이 잘 기능하고 있지 않다면 비효율적인 유동성 관리를 초래할 수 있다.

▎ 요약

금융 시스템의 안정을 유지해야 하는 책임을 갖고 있는 감독 기관과 중앙은행에 있어 금융 시스템에 영향을 미치는 주요 금융 기관은 중요한 정보다. 그러나 이 정보는 투자자들이 금융 섹터에 따른 익스포저를 다양화하는 데 도움을 주므로 투자자에게도 중요하다.

13장에서 금융 시스템에 영향을 미치는 주요 금융 기관 선정에 도움을 줄 수 있는 다양한 방법 중 두 가지를 살펴봤다. 이 두 가지 방법은 네트워크 이론의 도구를 바탕으로 한다. 첫 번째는 금융 네트워크에서 각 기관에서 취하고 있는 위치에만 중점을 둔다. 따라서 각기관의 재무제표의 구조는 고려하지 않는다. 두 번째는 은행의 자본 상태에 대한 중요한 데이터를 고려하는 시뮬레이션 방법이다. 두 방법의 결과는 좀 더 명확하게 파악하기 위해 모두 고려해야 한다.

▌ 참고문헌

- Anand, Kartik, Ben Craig and Goetz von Peter(2014). Filling in the blanks: network structure and interbank contagion, Discussion Paper Deutsche Bundesbank, No. 02/2014

- Berlinger, E., M. Michaletzky and M. Szenes(2011). A fedezetlen bankközi forintpiac hálózati dinamikájának vizsgálata a likviditási válság előtt és után(Network dynamics of unsecured interbank HUF markets before and after the liquidity crisis). Közgazdasági Szemle, Vol LVIII. No. 3

- Billio, Monica, Mila Getmansky, Dale Gray, Andrew W. Lo, Robert C. Merton and Loriana Pelizzon. Sovereign, Bank, and Insurance Credit Spreads: Connectedness and System Networks, Mimeo, 2013

- BIS(2011). Global systemically important banks: assessment methodology and the additional loss absorbency requirement, Rules text November 2011

- Borgatti, Stephen, and Martin Everett(1999). Models of core/periphery structures, Social Networks 21

- Bron, Coen and Kerbosch, Joep(1973). Algorithm 457: finding all cliques of an undirected graph, Communications of the ACM volume 16(9), 575 – 577

- Craig, Ben and Goetz von Peter(2010). Interbank tiering and money center banks – BIS Working Papers No 322, October 2010

- Daróczi, Gergely, Michael Puhle, Edina Berlinger, Péter Csóka, Daniel Havran, Márton Michaletzky, Zsolt Tulassay, Kata Váradi, Agnes Vidovics−Dancs(2013). Introduction to R for Quantitative Finance, Packt Publishing(November 22, 2013)

- Eisenberg, L., Noe, T.H.(2001). Systemic risk in financial systems. Management Science 47(2), 236 – 249

- FSB, IMF, BIS(2009). Guidance to Assess Systemic Importance of Financial Institutions, Markets, and Instrument: Initial Considerations – Background Paper, Report to the G−20 Finance Ministers and Central Bank Governors, October 2009

- Furfine, C.H.(2003). Interbank exposures: quantifying the risk of contagion. Journal of Money, Credit, and Banking 35(1), 111 – 128

- Iazzetta, I. and M. Manna,(2009). The topology of the interbank market: developments in Italy since 1990, Banca d'Italia Working Papers No. 711, May 2009

찾아보기

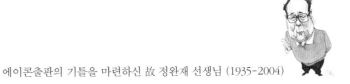

에이콘출판의 기틀을 마련하신 故 정완재 선생님 (1935-2004)

금융공학으로 R 마스터하기

R로 거래전략을 최적화하고 내 손으로 위기 관리 시스템 구축하기

발 행 | 2018년 7월 25일

지은이 | 에디나 벨린게르, 페렌츠 일레, 밀란 바딕스, 아담 바나이, 게르게이 더로치, 바바라 도모토르, 게르게이 개블러,
대니엘 허브런, 페테르 주하즈, 이스트반 마르기타이, 발라츠 마커스, 피테르 메드베예프, 줄리아 몰나,
발라츠 아르패드 슈스, 아그네스 투짜, 타마스 바다스, 커터 바러디, 어그네시 비도비츠던치
옮긴이 | 김 지 영

펴낸이 | 권 성 준
편집장 | 황 영 주
편 집 | 이 지 은
디자인 | 박 주 란

에이콘출판주식회사
서울특별시 양천구 국회대로 287 (목동)
전화 02-2653-7600, 팩스 02-2653-0433
www.acornpub.co.kr / editor@acornpub.co.kr

한국어판 ⓒ 에이콘출판주식회사, 2018, Printed in Korea.
ISBN 979-11-6175-152-8
ISBN 978-89-6077-210-6 (세트)
http://www.acornpub.co.kr/book/mastering-r-quant-finance

이 도서의 국립중앙도서관 출판시도서목록(CIP)은 서지정보유통지원시스템 홈페이지(http://seoji.nl.go.kr)와
국가자료공동목록시스템(http://www.nl.go.kr/kolisnet)에서 이용하실 수 있습니다.(CIP제어번호: CIP2018022410)

책값은 뒤표지에 있습니다.

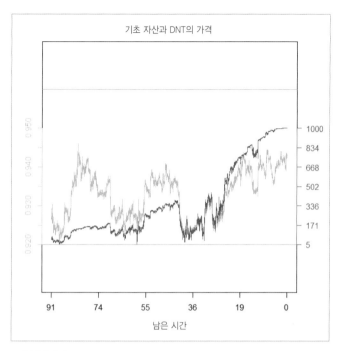

▲ 210페이지

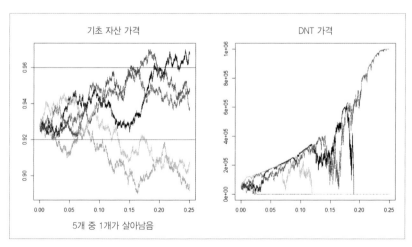

▲ 212페이지

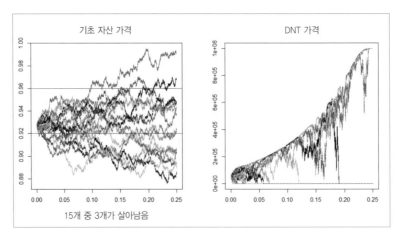

▲ 213페이지

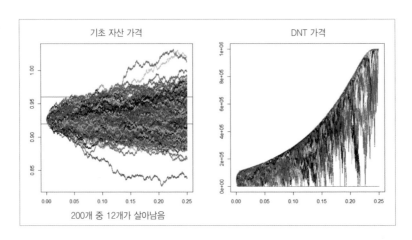

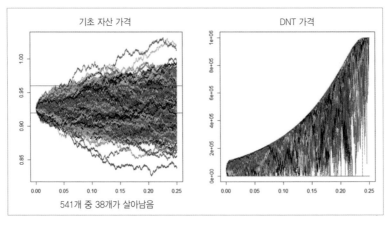

▲ 214페이지